阿Qの連帯は可能か？

来たるべき東アジア共同体のために

丸川哲史

せりか書房

阿Qの連帯は可能か？

来たるべき東アジア共同体のために◉目次

Ⅲ　政治編

Ⅳ　自治編

序文

二〇一五年の「風景」

本書は、二〇一一年の三月一一日〜一二日に発生した福島第一原発事故から約四年後の時空に投げ出されている。また直近の出来事としては、五二・六六％（小選挙区）という戦後最低の投票率を記録した、二〇一四年一二月の衆議院選挙の後の時空でもある。『東京新聞』によれば、原発推進を志向する議員への投票数、また戦後憲法の変更の意思を持つ議員への投票数も減少傾向にある。にもかかわらず、この選挙は上記二つの目標を志向する政権与党の圧倒的勝利に終わった。この状況をどう表現すべきか、様々な分析はあろうものの一言で言い表すならば「代表制の危機」である。

周知の通り、三年前の二〇一二年の夏、尖閣諸島の領有問題に端を発した外交／安全保障の「危機」が政府とマスメディアによってずっと煽られていた。にもかかわらず、憲法九条を変える意思を持つ議員への投票数は減っているのである。そして原発政策に関して、安倍政権の成立以降、日本政府は原発輸出を積極的に推し進めている。『日本はなぜ原発を輸出するのか』（平凡社新書）の著者、鈴木真奈美が指摘しているのは、税金を使っても原発輸出を進めるその思惑は「日米合意」によるものであり、その際に、原発輸出をすべき国家の原発が一基も動いていない状態は国際市場上「信用のおけない」状態となってしまう。これが、原発再稼働を推し進める政治的理由であるという。そして、選挙民の反応と言えば、先に述べたように、原発推進派の議員への票は減っている。このような現在の日本の政治の流れについては、多くの評論家がその政治的正統性の脆さを指摘するなど、既に多くの分析が費やされている。

ここでは、やや視点を移してそのような日本の不安定な状況を、沖縄を通じて瞥見してみたい。同時期において、沖縄では米軍基地の継続的使用の是非が争点となっており、県知事選も沖縄選挙区での衆議院議員選も反基地派が勝利を収めた。そこで興味深いのは、反基地派内部の「旧保守派」は観光産業への展開を期待しているという点である。すなわち、投票行動は、「基地を取るか観光を取るか」という選択になったという推測が成り立つ。ただ先に述べたように、二〇一二年の夏から秋にかけて、沖縄のエリアで領土問題が発生している。いわば、その危機に煽られる形で、米軍基地の存在が肯定されるべきとの論調も強まっていたはずである。さらに選挙の具体的争点となった普天間基地の辺野古地区への移設に関しても、その使用が将来的に自衛隊（防衛省）に引き継がれることなども、潜在的にささやかれていた。ではなおさらのこと、沖縄での選挙は「防衛」や「外交」も含んだ極めて緊張度の高い選択を沖縄選挙民に試したことになる。だが、沖縄の選挙民は、日本本土のあり様とはかなり違った意思を示した。

ある意味では、ここまでの私の分析は、実はさほど新鮮味のないものである。だがここにもう一つの視点を加えるとさらなる流動性が見えて来る。それは、大阪に既にあるＵＳＪ（ユニバーサル・スタジオ・ジャパン）が沖縄の名護市にテーマパーク施設を置こうとし、それを現政権が支援する意図を表わしている点である。あからさまな、観光資本の動力によって生じたネジレが伺える。ここで注意すべきは、沖縄の地元の感覚に沿って考えてみることだ。名護市に計画されているＵＳＪが見込む観光客には、確実に多くの中国人、韓国人が含まれる。その同じ名護市に、辺野古の米軍基地（さらにそれを相続しようとする自衛隊）が構えられるのだ。いわずもがな、沖縄の軍事施設が「照準」を合わせているのは、大陸中国であり、朝鮮半島である。これは沖縄の選挙において、「保守」が分裂することになった矛盾が、潜在的に東アジア全体の安全保障／軍事的緊張とリンクして浮かび上がらんとする奇妙な絵である。

「東アジア」の東アジアでの反応

少しだけ時代を遡ろう。鳩山政権時代、尖閣諸島付近の石油資源の共同開発を一つの大きな柱とする東アジア共同体「構想」が輝きをもって語られていた時代があった。これは偶然のことではなく、主に経済的指標から見た統計学的帰結でもあった。成長センターとしての東アジアの比重の増大があり、その経済的分業体制の緊密化がさらなる「成長」を誘発するのではないか、との外部評価を経由した思考であった。その歴史的視野を醸成したのは、ＥＵ（ヨーロッパ共同体）の前身がＥＥＣ（ヨーロッパ経済共同体）から来ている由来であり、この文脈はソフトな意味で、米国集中型の世界経済に対する一つの「対抗」を意味していた。実に、米国はそのような意味での「東アジア共同体」に対する警戒を隠していないのであり、それは今日、ＴＰＰ（環太平洋戦略的経済協力協定）推進の行動として現れている。

ただ、日本から見ておくべきＥＵ形成のもう一つの歴史的効果として、その過程において第二次大戦にかかわる反省と和解の文脈が形成された事蹟がある。この方面に関しては、特に日本の歴史認識問題のあり様が、一九九〇年代に形成された一つの問題系として想起されることになるだろう。いわゆる河野談話（一九九三年）、村山談話（一九九五年）と呼ばれるものは、潜在的に「東アジア共同体」の形成と不即不離の関係にあったとも結論づけられよう。しかして今日、このような構図が消滅の危機に瀕している。戦後七〇年の節目を迎え、それらに代わって「安倍談話」が出されることになっているからだ。

筆者は、以上の問題意識を持ちながら二〇一〇年代前半、韓国、台湾、大陸中国などに赴く機会を得て来た。それで気になったのは、まさに「東アジア共同体」というコンセプトについて、それぞれの国／地域の人々がどう感じているかということであった。

まず韓国は金大中政権期より、自身こそ「東アジア共同体」の中核地域となることを念頭におき、それを国家戦略とも位置付けていた。ただその際に出くわした光景として、日本から「東アジア共同体」が提起される時、常にかつての大東亜共栄圏と結びつけて日本を牽制する反応があった。もう一つ、韓国の場合には、「東アジア」政策と必ずリンクするのが朝鮮民主主義人民共和国との関係であり、「東アジア共同体」論は常に分断体制とともに語られることになる。

その際に具体的な懸案事項とは、分断体制の克服にかかるコスト問題もさりながら、将来の「米軍基地」のあり様、そして北の共和国における核兵器開発の問題であった。ここで個人的に興味深く思われたのは、北の共和国に対する日本国内の一般的姿勢とは違った感覚である。韓国社会一般として、日本のようには「豊富」に共和国関係の書籍など見ないし、人々は北の共和国をどう見るかということについて軽々に意見を言ったりはしない。しかし確実にあるのは、心の中で常に北の共和国の人々と未来を常に思い続ける習慣であった。

次に台湾。台湾の場合には「東アジア共同体」よりも、むしろ「両岸関係」（大陸中国との関係）についての複雑な思考を習慣化させている。そこでの主要な政治志向の構図は、独立か統一か、あるいは現状維持か、といったパターンである。ただこの時、朝鮮半島情勢にかかわる韓国との大きな違いとして見えて来るのは、特殊な文脈として、もはや米軍基地は片付いているということである。一九七九年の米中国交樹立をメルクマールとして、台湾内部から米軍が撤退しているからだ。台湾における米軍基地がなくなった主導因は、大陸中国政府からの米国政府への要求にあるのだが、日常的に台湾の人々はこの問題について曖昧な意識しか持てない。興味深いのは、沖縄の米軍基地によって台湾（自分たち）は護られている、という見方を持つ人々も結構見かけることである。ただその一方、大陸中国との関係でいえば、任意にある人に経済的な位相での質問をすれば、本人か、あるいはその家族において必ず大陸中国との関係で商売をしている人がいるという現実――これが現在の台湾の姿である。そしてもう一つ面白いのは、大陸中国系の書店がその安さとも相まって、大学街を中心に繁盛している光景である。中でも人気なのは、欧米理論の翻訳書である。学術書の翻訳のスピードやその豊富さにおいて、数年前から台湾の条件をしのいでしまったとのことである。

次に大陸中国。現在の大陸中国にとって「東アジア共同体」とは、自身の国土の東側の出来事に過ぎない、という感覚が強くなっているようである。関係が良好になって来ているロシアをはじめとして、さらに西に中央アジア諸国を抱え、南にはまた大国化しているインドがあって、必ずしも日本や韓国だけが主要な外交対象ではないのだ。もちろん、日本とも経済的なパートナーシップを発展させることを望んでいるが、日本人が日中問題に頭を悩ましている時に、その同テーマにおいて中国の人々が考えているのは、主に米国との関係である。中国にとっての日本は米国の傀儡国としてしか見えざるを得ず、米国との関係さえ調整していればそれでよい、とする見方が多い。その意味では、「東アジア共同体」の進展において実際に重要なことは、日本による米国からの独立となる。さてここで、中国にとっての「西」にかかわるモメントについて補足しておく。二〇〇〇年代より経済的軍事的パートナーシップとして、中央アジア諸国やロシアとの関係を安定化させた「上海協力機構」の枠組みで外交戦略を展開する機会が多くなっている。さらにこの「上海機構」に絡ませるようにして、例えば中央アジア・ロシアからのパイプライン敷設の推進、またはミャンマーやインドなどの国を介してインド洋をさらに活発な交易エリアにしようとする戦略展開など、いわゆる二つのシルクロード経済圏構想が習近平政権によって推進されようとしている。すなわち、中国は東アジアにおける（日本との関係を主因とする）パートナーシップ形成の不調を鑑み、残念ながら本格的にユーラシア大陸志向（インド洋も含む）に傾いているのである。日本国内においては、このような中国のユーラシア志向について注意を払うウォッチャーはほとんどいない。興味深いのは、いわゆるウクライナ危機の進展がもたらした産物として、ロシアは欧米とのパートナーシップ形成の不調を見るや、石油・ガスにかかわる中国への売却額を一挙に値下げするなどの施策に打って出ている。元々は、中央アジアにおける「反テロ」協調の必要から接近した中露、そして中央アジア諸国を網羅した「上海協力機構」の形成であったが、今や着々と太い経済的裏づけを持った関係性が構築されつつある。中国の大学などを訪れた時も明確に感じることは、日本ではあり得ないほどロシア人や中央アジアからの留学生が多いということである。

米国という関数、中国という関数

以上、韓国、台湾、大陸中国における「東アジア共同体」の受容（あるいはその困難）を瞥見してきたが、まさにこの「東アジア共同体」受容の背後にある一つの大きな問題とは、米国との関係性であろう。周知の通り、アフガン戦争・イラク戦争の「成功」＝「失敗」以降、米国はオバマ政権時代となってから、軍事的プレゼンスも含め世界関与のあり方について「アジア回帰」を宣言するに至っている。ただ、米国はもはや一国としてアジア全体をコントロールできなくなっており、例えば沖縄の米軍基地にしても、長期的にそこに基地を置き続けるメリットについて総体として冷静に思考するようにもなっている。ある意味、安倍政権こそが米国の意向に事寄せながら、「辺野古移設」に強くこだわっているようでもある。そこでこそ改めて考えなければならないのは、米国の意向が内部化された日本の主体性の問題であろう。

ただ日本の米国に対する主体性についての分析は、既に多くの論者が一定の答えを出している。そこで考えてみなければならないのは、米国の東アジア政策にかかわる態度そのものが、さらにまた中国のあり様との関数で決定されているという点である。北の共和国をどのように「安定」させるかといった東アジアの最も重要な問題についても、米国が期待している相手は中国である。つまり、外交にかかわる現象的な側面から見ても、明らかに米国は日本よりも中国を重視するようになっているのである。

そこで興味深いのは、日本のマスメディアなどでよく出される「好感度」「嫌悪感」にかかわる調査である。このような調査の指標（好悪）の取り方にこそ問題があるのだが、とにかく二〇一〇年代において日本の調査対象者たちの中国に対する嫌悪感は七〇～八〇％を越えている。周知の通り、観光なども含む貿易・交易の最大の対象者が中国であるにもかかわらず、である。もちろんここには、中国の経済的（また政治的）台頭に対しての日本人側の優越感の阻喪が根にあることが予想されるのだが、もう一点考える必要がある。かつて八〇年代では、むしろ日本人は中国に対して七〇％から八〇％の好感度を指し示していた事蹟である。確かに、中国の存在が今日のようには脅威と考えられていなかったからだろうが、それとともに当時の国際的環境の違いも考える必要があるだろう。当時は、ソ連という「共通の敵」が存在しており、世界冷戦の構図において、例えばアンゴラの内戦では米国と中国が軍事的に共同戦線を張っていた時代である。

米国はしきりにいわゆる「中国カード」を利用しており、米中は今とは比べられないような蜜月期にあった。このような国際環境において、日本の八〇年代における対中国「好感度」が成立していた、と私は予想する。

しかし今、かつての国際環境は完全に過去のものとなり、中国の台頭にともない、米中関係は非常に曖昧なものとなっている。そして、日本は改めて別次元において中国と向き合わねばならなくなっている。そこで日本政府の外交、あるいはマスメディアが否認していることを述べるとすれば、それは中国内部の政治経済的矛盾とは別に評価が与えられなければならない、その外交戦略のしたたかさである。一九七九〜八〇年の中越戦争以来、中国は一度も対外的には武力衝突にうったえていないし、その成長戦略からも一貫して言い続けているのは「平和」である。中国の北の共和国に対する対応の原則もまた、この「平和」というコンセプトによって説明できるだろう。

平和観＝文明観の吟味

ここで改めて想起したいのは、人民共和国が日本に対して本格的な接触を持つこととなった原点である。それは、一九七二年の国交正常化であり、その時に発表された「日中共同声明」に暫し立ち返ってみたい。これは当然のこと、かつての戦争を終わらせる両者の意図、すなわち「平和」への志向を深く刻み込んだものであるが（後に七九年の日中平和条約の締結に結び付く）、中国側からの「賠償の放棄」がまた大きなモメントとして刻印されている。興味深いのはこの「共同声明」の叙述である。二つの政府が共有しているはずの「平和」の中身が気になる。例えばそれは、九つ示された項目の六番目と七番目に提示されている。第六番目に「日本国政府及び中華人民共和国政府は、主権及び領土保全の相互尊重、相互不可侵、内政に対する相互不干渉、平等及び互恵並びに平和共存の諸原則の基礎の上に両国間の恒久的な平和友好関係を確立することに合意する」とあり、また第七番目には「日中両国間の国交正常化は、第三国に対するものではない。両国のいずれも、アジア・太平洋地域において覇権を求めるべきではなく、このような覇権を確立しようとする他のいかなる国あるいは国の集団による試みにも反対する」とある。

ここで一歩深い読みが試されるのは、「主権」と対位法を為す「覇権」である。この「覇権」は一般的に日本ではあまり使われないものである。「共同声明」の中でその意味内容は名指しされないものの、当時の常識からすれば、米国とソ連のことである。これは当時の人民共和国にとっての「敵」であり、日本側は不思議なことにこの文言を「共有」したのである（ただ惜しむべきことに、お互いの立法機関において「共同声明」は批准されていない）。このことをどう考えるかは、やはり今日非常に重要なことである。つまり、二ヶ国間の領土問題が危機的状況にあった二〇一二年以降、日本政府はことごとくその「領土」が日米安保条約の保護義務の範囲の中にあることを米国側に照会していた。

この問題の根の深さは、今更のことではないのであろうが、長期的な日本と中国の関係を鑑み、さらにこの「覇権」という言葉にこだわってみたい。そこで思い出されるのは、中華民国を立ち上げた孫文が晩年に残した言葉——帝国主義列強の中国への侵入の危機に際して日本との提携を模索し呼びかけた「大亜洲主義」演説（一九二四年、神戸）である。その最後の言葉は、既に人口に膾炙されている。曰く「日本民族は既に一面、欧米の文化の覇道を取入れると共に、他面、亜細亜の王道文化の本質を有している。今後日本が世界の文化に対して、西洋覇道の犬となるか、或は東洋王道の干城となるかは、日本国民の慎重に考慮すべきことである」と。

ここに一つの歴史空間を想定してみたい。つまり、この孫文演説の一九二四年から日中国交正常化の一九七二年までの間のそれである。この中で中国人にとっての世界認識が大きく変化したこと、またその反面としてその持続性も感じ取れるのである。それは端的に、「王道／覇道」から「主権／覇権」への認識軸の移動である。前者は、儒教概念に根差したもので、思いやりや慈しみを表す仁義に基づいた「王道」と武力や権謀に頼った支配を示す「覇道」との対比である。しかしこの組み合わせは、明らかに古い中華思想（朝貢冊封システム）のイデオロギーであり、例えば「王道」はその後においては、国民国家の認識枠組みたる「主権」に書き換えられねばならなくなった。しかしてこの書き換えの意味が最も鮮明に示されるのは、朝鮮半島やベトナム、モンゴルなどの旧冊封国の中華システムからの自立である。ただし、それら旧冊封国の外側に位置した日本においては、中国における「王道」から「主権」への書き換えの意味について、さほど重視されないかもしれない。さてここでもう一つ付け加えると、「〜道」に取って代わった「〜権」の意味合いである。権（かり）という訓読も存在するように、「権」とは臨機応変の処置の意味もある。つまり話し合いの後に決定されるもの、「権」は移動可能性を有しているなど、明らかに「道」に代わる近代性が暗示される。いずれにせよ、近代的な国際条約間の取決めに適った概念だと言えよう。

ただもう一方、「覇」の文字は「覇道」から「覇権」への移行の後も残ることとなった。孫文が語った「覇道」もまた人民共和国成立以降の「覇権」も、その意味内容は、社会科学の用語に照らせば帝国主義勢力のことである。すると、近代国家としての中国の宗旨は「反帝国主義」ということになる。この時重要なことは、同時にその帝国主義が、儒教の伝統的な教義に基づいた「覇」（武力や権謀に頼った支配）として表現されたということである。ここでさらに考えてみたいのは、まさにその「覇」の由来である。中国が統一王朝によって有効に統治されていなかった時代、つまり春秋戦国時代など諸侯が都市国家ごとに群雄割拠していた時期の概念で、諸侯の中から力で勝ち取った盟主の地位を「覇」と称していた。いわば、そのような都市国家の群雄割拠を克服する形で統一王朝が、武力ではなく、制度（科挙）に基づいた行政システム（官僚制）を発達させ中華システムを形成したのであり、つまり中国とは元よりEUのような「国家連合」ということになる。いずれにせよ、近代国家の形成においてこの「覇」を残した意味合いは非常に興味深いものがある。いわば、自身の伝統の中にあるものを継続的に使用することで、それに自身が背くことへの強い戒めの作用を持つことになるからだ。

今世界は、実に興味深い文明の交換期にあると言える。一八世紀に誕生し、二〇世紀の前半に世界のリーダーとなった若い国家、アメリカ合衆国の衰退が誰の目にも明らかになっている半面、次の覇権を担う国家はいまだ明らかではない状態である。どの国家も覇権を握る条件にはなく、ある論者によれば、誰も覇権を取れない「Gゼロ」状態が続くのではないかとの指摘もある。一方、この二一世紀において、世界史の中で最も古く、また文明アイデンティティの保存度の高い中国が発言権を高めている状態は、まさに世界平和の問題を考える条件の中に、文明観の吟味が必要になって来ている事態を意味しよう。

そこで「文明」とは何か、と一度考えてみたくもなる。一般的に、日本において文明は物質的なもの、制度的なものを表し、一方文化が精神的なもの、習慣的なものを表示する、と考えられている。その一方、中国では、文明と文化の区別は薄く、いずれも礼儀正しさや安定した秩序のあり様を表している。ただし、ここで問題として考えたい文明とは、平和の根にある思考方法を吟味するという意味合いからで、一般化して文明を論じたいがためではない。

再び沖縄の地から「東アジア」を考える

平和を文明の側から表現している具体的な個物として、私は例えば「墓」に着目してみたいと思う。ピラミッドや兵馬俑などの古陵や墳墓、それらの「遺跡」は既に観光的なものとして通俗化してしまった嫌いはあるものの、多くそれらが遺されていること、遺されようとしたこと自体は興味深い。翻って、私たちが日常的に目にしている「墓」こそ最も息が長く、文明のパターンを伝えているし、伝えようとしている、と言えるのかもしれない。それはもちろん、近代戦争の暴力の結果として亡くなった方々を葬る「墓」も含むのであり、なおさらのこと「墓」を建てようとした側の文明の質を表示することとなろう。

この序文を書いている直前の二〇一四年の一二月、私は友人数人と沖縄を訪れていた。二〇〇一年の九・一一事件以降、観光客が減ったと言われつつも、統計的には徐々に回復しているとのこと。那覇市の目抜き通りの国際通りでもそうであるが、さらに沖縄戦の最後の激戦地となった糸満の摩文仁の丘の平和祈念公園にも、大陸中国、台湾、韓国など東アジアからの観光客が訪れていた。その平和祈念公園に設置された被害者の名の刻された慰霊碑「平和の礎《いしじ》」は、日本軍兵士、米軍兵士、沖縄住民など、全ての人間の被害を網羅せんとする意志――まさしく平和を祈念し続ける礎として――を貫徹させるべく、亡くなった方の身元の判明した時点で随時名簿化する仕組みとなっている。今回興味深く思われたのは、碑の文字の中で時々「～の子」といった表記があり、訊ねてみると、果たして名づけられる前に亡くなった幼子だったそうである。沖縄戦で最も被害の大きい年齢層は、やはり〇歳児から六歳までの年齢層なのだ（しかも戦闘終了の後の死者も多い）。

話を元に戻そう。友人たち数人と「平和の礎」の慰霊碑の間で佇んでいたところ、韓国人らしき観光客がやって来た。偶然のことだが、私たちも、その観光客の団体も、同じ場所に釘づけになっていた。幾つかの慰霊碑の中で、日本軍などに徴用されていた台湾出身者、そして朝鮮半島出身者の名を刻したものであったが、実は朝鮮半島の出身者に関しては、朝鮮民主主義人民共和国の枠と韓国の枠とが隣り合いながら分かたれた形となっていた。それら観光客たちは、確かに二つに分かたれた碑の名簿を見比べ何やら議論していた。彼／彼女たちが何を話しているのか知ることは出来なかったのだが……。それらの死者は、この世を去る時点では南と北とに分けられる運命を知らなかったはずである。この沖縄の地にして、東アジアのアポリアがこのように「平和の礎」に穿たれているのである。しかもそれは、名目的には観光という形態によって確認されるという、曰く言い難い状況である。

さらに私は、友人たちとともに「平和の礎」のすぐ傍、沖縄戦の最終局面で人々が追い詰められた摩文仁の断崖下の海岸に降り立った。ここに逃げ込んだ人々は、日本兵からの圧迫と、海から迫る米兵からの射撃に苦しんだという。沖縄の海と海岸の美しさに、何かとほうもない歴史の残酷な刻印を見る思いであった。しばらく佇んでから、引き返そうと切り立つ崖を登りきり、丘（平和の礎）に戻って来た。またそこで偶然なのだが、公園内でランニング練習をしている中学生の部活動の集団に出くわした。崖下から登って来る私たちを見かけ、不思議そうに声をかけて来た。どうやら、崖下に降りられることを知らなかったらしい。自分たちも降りてみようか、と相談し始めたのだが、即座にある生徒が意外な発言をして立ち消えになった。「そんなところに降りて行ったら、後ろから幽霊に押されんど」と。結局中学生たちは、指導するコーチにも促されその場を去って行った。私は一瞬、虚を突かれる思いがした。私の感覚では、幽霊は暗闇の向こうから仄見えて来るものと思っていたので、「後ろから押す」という表現に、まずはっとしたのだ。しかして、「幽霊に後ろから押される」というイメージは、宿に帰った後の私の脳裏からずっと離れなかった。……今、なぜこのことを書き記しているのか、自分の中でほとんど筋道の立った理由は見つからない。ただ、私はこう思っている。私がこれまでずっと書いて来たもの――東アジアの過去と平和にかかわる文字――は、そのようにして何者かに「後ろから押されて」出て来たものではないか、と。

その何者かには、おそらく名のない者たちも多く含まれている。おそらく大半であろう。振り返ってみて、「平和の礎」に刻まれているのは、いわば「名」だけであった。純粋に名だけを取り出された人々とは、逆説的には無名のまま死んだ死者たちのことである。原理的に考えてみれば、分かるであろう。そこに刻された名であったとしても、そこを訪れる者にとって縁者や親戚以外の名は、すべて無名の者である。その無名の者たちとの出会いが、この「平和の礎」のもう一つのコンセプトでもあるのだ。「礎」に刻まれた名とは、そのような意味でみな無名の名なのだ。「東アジア共同体」とは実は、そのような名のない者たちの集合のことではないだろうか。名のない者たちの未来の文明形態のことではないだろうか。

ここで思い出したのが魯迅である。魯迅が書いた『阿Q正伝』の阿Qとはそのような純粋な無名性を表示する。しかも、名もない者を「正伝」として伝えるとは、中国の伝統的な意味からすれば、全くのアイロニーに他ならない。しかし魯迅によって発明されたこの究極のアイロニーは、むしろ途方もない真面目さの表れかもしれない。阿Qという純化した無名性によって魯迅が表したかったのは、やはり文明の再建だったのではないか、と私は思う。阿Qとは無名のまま死んだ人々であると同時に、未来に生まれて来る誰か、Xのことである。

I 戦争編

東アジア共同体の原点を求めて

日清戦争、朝鮮戦争と「永遠平和」

はじめに――原点をどこに？

第二次安倍政権の現在時点、日中関係は二〇一二年の後半期に集中した尖閣＝釣魚島にかかわる領土問題を中心的矛盾として、政府間レベルでの交流が途絶え、一九七二年の日中国交正常化以来、最悪の時期を迎えている。目下、日本政府は中国のみならず韓国とも竹島＝独島にかかわる領土問題を抱えており（加えて北方領土問題の進展もなく）、政権全体として米国の支持を取り付けることに腐心しつつも、総体としては東アジア全体の中での孤立を深めている。

ここで振り返ってみたいのは、現在の日本国内において東アジアの危機、とりわけ日中間の危機に関連して、知的活動を展開する学術の世界がどのような反応を示しているかである。近年の目立ったアクションとして、日中間の領土問題に直面したところで、中国学者たちが中心となり、任意参加の団体「新しい日中関係を考える研究者の会」が立ち上げられている。この会は、社会科学を中心に多くの中国研究者を包摂する緩やかな研究団体として、大手新聞も含めジャーナリズムの世界でも注目を集めている。本稿は、この会の主張と方向性を問題意識の出発点として、日本の知的主体のこの危機への対応がどのような方向性と意味を含んでいるかを探ってみたい。以下の引用は、二〇一三年一〇月二三日の『朝日新聞』のネットニュースからである。

「排他的なナショナリズムを越えて」(「新しい日中関係を考える研究者の会」は訴える)

私たちは、昨年九月の尖閣諸島(中国名・釣魚島)をめぐる衝突をきっかけとして深まった日本と中国の対立に強い懸念を抱いています。対立の緩和と関係の再構築に力を尽くしたいと考え、志を同じくする呼びかけ人が、二〇一三年七月、「新しい日中関係を考える研究者の会」を発足させようと集まりました。

一九七二年、国際環境が大転換する中で、日本と中国の国交が正常化しました。しかし、きわめて遺憾なことですが、四十年たった今、日本と中国は、政府間でも世論のレベルでも強い緊張の状態に入ってしまいました。東シナ海(中国名・東海)では、両国の漁船や巡視船の衝突が突発的に起こりうる、そして軍事衝突さえ起こりうる危険な状況が続いています。東アジアの平和と発展の鍵を握る両国の間で、小さな島を巡る争いで軍事衝突が起こるなど、白昼の悪夢以外のなにものでもありません。こうした状況から脱し、事態を緩和させるために、私たちは、両国の政府、関係機関、教育・研究者、国民の皆さんに次の点を訴えたいと思います。

ここから読み取れるのはまず、歴史的な地平として、一九七二年の日中国交正常化を日中和解の原点にする、という意図である。そしてもう一点は、東アジアの平和を達成する担い手として、日本と中国という二つの国家を重視する姿勢である。また総じて「排他的ナショナリズムを越える」と述べられている決意は、幅広いコンセンサスが得られる方向性と判じられる。

しかしながら、ここで一歩立ち止まって考えてみた場合、この宣言は、領土問題を介して、より深い歴史的思考へと発展して行く別の入口を指し示しているようにも思われる。その入口とは、例えば一九七二年の日中共同声明の条項に当たった場合、すぐさま気づくことである。

日中国交正常化の共同声明の第三項にはこうある。曰く「中華人民共和国政府は、台湾が中華人民共和国の領土の不可分の一部であることを重ねて表明する。日本国政府は、この中華人民共和国政府の立場を十分理解し、尊重し、ポツダム宣言第八項に基づく立場を堅持する」(1)。台湾のことが書かれているからには、やはりこれも過去の歴史から連なる「領土問題」なのである。そして何よりも重要なことは、この共同声明は、ポツダム宣言とリンクした条約文だということだ。すなわち、ポツダム宣言とのリンクによって、日中共同声明は形式としての二ヶ国間だけの約束に止まらないもの、ということになる。ポツダム宣言という第二次大戦を終わらせた「約束」を踏まえるのであれば、この共同声明に含まれる潜在的な当事者としては、中国以外にも、米国、イギリス、そして宣言の内容を追認したソ連(現ロシア)も含まれることになる。では次に、当のポツダム宣言の中で領土問題を扱った第八項を見てみよう。

曰く「「カイロ」宣言ノ条項ハ履行セラルヘク又日本国ノ主権ハ本州、北海道、九州及四国並ニ吾等ノ決定スル諸小島ニ局限セラルヘシ」とある(2)。ここでの「吾等」とは先の米国、イギリス、中国、ソ連であり、その「吾等」（安保理常任理事国の五分の四）が日本列島周辺の「諸小島」の権原を有することになる、と否応なく読める文言である。すなわち、この約束の内容を日中共同声明は含んでいることになる。さらにここでまた気になるのは、ポツダム宣言第八項がカイロ宣言の条項と強く関連付けられている事態である。そのカイロ宣言の中で領土問題にかかわる箇所を振り返るならば、以下の文言に行き着く。すなわち、「右同盟国ノ目的ハ日本国ヨリ千九百十四年ノ第一次世界戦争ノ開始以後ニ於テ日本国ガ奪取シ又ハ占領シタル太平洋ニ於ケル一切ノ島嶼ヲ剥奪スルコト竝ニ満洲、台湾及膨湖島ノ如キ日本国ガ清国人ヨリ盗取シタル一切ノ地域ヲ中華民国ニ返還スルコトニ在リ」[3]。ここではっきりしていることは、このカイロ宣言の想定する歴史の範囲はここで語られている一九一四年、つまり第一次大戦に止まるものでないということである。何故なら、「台湾及膨湖島ノ如キ日本国ガ清国人ヨリ盗取シタル」という行動は、日清戦争とその後の処理から始まったものであるからだ。

日清戦争の遺した歴史の問い

以上の意味合いから、先に挙げた「新しい日中関係を考える中国研究者の会」が設定した和解の歴史的モメントは、必ずしも一九七二年に固定化し得ないものであり、潜在的には日清戦争にまで遡らなければならない、ということになる。これは、ある意味では当然のことであろう。元に戻ると、一九七二年の日中共同声明において、日清戦争の処理に端を発する台湾の領土問題が言及されていた。ここからも明らかなのは、ある国際的約束は過去の複数の約束との関係性の中でこそ、その内容の十全な解読と実行の方途が明かされるということである。

そこで日清戦争が遺した歴史の問いを振り返ってみたいのだが、ここで尖閣＝釣魚島問題の由来について若干触れておく必要がある。何故なら、これも日清戦争と深いかかわりがあるからだ。

この領土問題に関連して、日本政府外務省の現在の公式見解は、日清戦争の勝敗の帰趨がはっきりしはじめた一八九五年の一月一四日という日付とともに、現地に標杭を建設する旨、この日の閣議決定を通じて尖閣諸島を日本の領土に編入した、ということになっている。実に、日清戦争の最中であり、しかも戦況が日本側に有利になっていた段階である。

さて同年の五月に下関条約が締結され、日清戦争の戦後処理が始まる。周知の通り、台湾及び膨湖島の割譲がなされ、賠償金として、二億両が清国側に課せられる。ただしその後の三国干渉により遼東半島が還付された結果、その代償としてさらに三千万両が上乗せされ、結局のところ合計すると、二億三千両（現在の価格で一兆二百九十四億円前後、当時の価格で三億六千万円前後）である。当時の日本の国家予算が八千万円程度であるから、およその四倍強に当たる金額が三年分割で、しかも英ポンド金貨で支払われたことになる。日本は、この財源を利用して一八九七年、官製の八幡製鉄所を設置するなど、重工業化への発展が可能となった。すなわち、日本は他国からの武器輸入に頼ることなく、国民経済の力でそれを手に入れる条件を得たことになる。しかし問題はそれだけではない。さらに一八九九年には念願の日英通商航海条約を発効させ、治外法権の撤廃の起点を築くこととなった。その一方、膨大な賠償金の支払いは清国（中国）にとって大きな負担となり、これを契機に清国は急速に弱体化する。その弱体化の現れとして、一九〇〇年の義和団事件にかかわる清朝政府の判断ミスも重なり、以後清国は自身の首府に複数の帝国主義国家の軍隊を駐留させることを余儀なくされることになる。

総じて、日本の帝国主義列強への仲間入りの起点は、上記に述べたように、（日露戦争に先んじて）日清戦争の勝利にあったと判断されるべきであろう。また台湾を植民地として領有できたこと、これがまさに日本の「国際的」地位を決定づけた。当初、日本帝国議会の内部の討論では、コストのかかり過ぎを理由として、台湾を放棄することも念頭に置く議論もあった。にもかかわらず、当時の趨勢において植民地経営をなし得ることが一等国たる証立てとして認識され、台湾領有のための施策が打ちだされることとなった。

さてもう一つ言わずもがなのことだが、日清戦争は二ヶ国間戦争としてだけでは説明できない部分がある。主な戦場と戦争の掛け金は、朝鮮半島とそれに対する主導権にあったことを忘れてはならない。しかして、先述したカイロ宣言に戻ってみよう。この内容に朝鮮半島の処遇にかかわる配慮が記されていることにも目を向ける必要がある。すなわち、「前記三大国ハ朝鮮ノ人民ノ奴隷状態ニ留意シ軈《やが》テ朝鮮ヲ自由且独立ノモノタラシムルノ決意ヲ有ス」とある。ここで一つ重要な指摘をすれば、中国の蔣介石自身が、朝鮮の将来の独立に関して肯定的な反応をしていたということである。日清戦争は、朝鮮半島をめぐる主導権争いから発したという事実が一方であったとして、この日清戦争から四〇年弱を経たカイロ宣言において、中国（中華民国）が朝鮮半島の独立を肯定する立場に転換したことをもってすれば、古い中華の冊封体制的な発想の放棄がここに伺い知れるのである。

以上述べたことからも、日清戦争から始まる歴史のサイクルは、決して日中の二ヶ国間の問題に止まらない、すなわち今日私たちが議論している東アジア（共同体）という概念の発生に結び付くものである。そしてまた、何よりも東アジアという概念は、過去の枠組みを継承しつつも、それに対して批判的な観点に立たねばならないものであろう。日本から提起されたかつての大東亜共栄圏は言わずもがなのこととして、古い中華体制を引きずった枠組みであってもならないのである。

朝鮮戦争とサンフランシスコ講和条約（もう一つの原点）

前節までのところで、日清戦争からの歴史的サイクルの潜在的あり様を幾つかの条約の解読を通じて示した。これは台湾問題、さらに朝鮮半島の現在の問題状況を踏まえた上でも、「来たるべき東アジア共同体」の設立のための原点ともなるべき歴史的枠組みである。今日の東アジア共同体のアクターすべてが同時に歴史的因果を形成した意味合いにおいて、やはり日清戦争を起点に置くべきなのだ。ただその上でも、付け加えてフォローしなければならないのは、先に示したポツダム宣言以降（第二次大戦後）の東アジア内部の枠組みの変動である。

一九四九年、大陸中国において内戦の結果として人民共和国が創設されたことは、戦後GHQ

による日本統治の路線に大きな影響を与えることになった。また続けざまに起こった朝鮮戦争の結果として、冷戦構造の構図が深く東アジアの主権状態に刻印されることとなった。ここで重要なことは、今日の東アジアの地図を確定させたサンフランシスコ講和条約（以下からサ条約）が朝鮮戦争の最中に調印され、そして発効したという事実である。これはまさに日本の再独立の「胡散臭さ」の背景となるものである。朝鮮戦争の最中に調印され発効したサ条約とは、いわば「朝鮮戦争」体制のことを指すのであって、それは第一に朝鮮半島の南北分断を前提にしているのだが、そこから派生して、第二に大陸中国と台湾の間の分断体制を固定化したことにもなる。なぜならば、朝鮮戦争をきっかけとして台湾海峡の防衛を明言していなかった米国が急遽、反共防衛ラインを引き直し、太平洋第七艦隊を台湾海峡に派遣することになり、一方大陸において準備されていた中国共産党による台湾上陸（台湾解放）の任務は、無期限に延期されることとなったからである。そしてまた第三にサ条約によって確定したこととして、本土日本と沖縄とを別々の統治システムの下に分断したことが挙げられる。サ条約の内容の最大の問題として、沖縄に対する米国の信託統治を確認する内容が書き込まれたのである。まさにそれが後の沖縄「返還」問題へと結びついてしまうわけだが、さらにこれによって日清戦争の以前において未確定であった琉球弧全体の主権構造が半ば確定させられたことになる。

以上述べたことの問題性を別角度から言い直すならば、それはサ条約の調印主体自体にかかわる「胡散臭さ」である。中国（大陸政府も台湾の中華民国政府も）の参加もなく、朝鮮半島（北も南も）の代表者も参加しなかった。またカイロ宣言からポツダム宣言まで、一貫して東アジアの条約体制の一員であったソ連も調印をしなかった。サ条約は東アジアの地図（冷戦）を確定した条約でありつつ、有態に言えば、日本以外の諸国民が全くそこに参加していない空虚な条約なのであった。

今日、日本の外務省の内部の反応を見ると、常にサ条約を起点にして発想する習慣が主流であるが、この条約体制が持つ「胡散臭さ」に全く頓着しない姿勢を貫いている。明らかにサ条約を起点とする思考法とは、冷戦構造の桎梏から解放されていない今日の日米安保体制下の日本のあり様を観察するための（マイナスの）起点となるものである。ただ一方で、この時に朝鮮戦争の担い手としてあった東側、つまりコミンフォルム体制（一九四七―五六年）は今日では全く解消されている。いわば、脱冷戦という歴史の要請にもかかわらず、サ条約体制が東アジアに未だに色濃く残ってしまっている、という負の現実である。

周知の通り、サ条約の不完全性を補うが如く、同時期に日本と中華民国政府（台湾）との間で日華平和条約が締結されている。一九五六年には日ソ共同宣言が調印され、さらに一九六五年の日韓基本条約によって日韓の間の条約関係が、そしてまた一九七二年には日中国交正常化がなされる（同時に日本と中華民国の間の国交関係は消滅）、という段階を経て現在がある。ここで意識しなければならないのは、二ヶ国間条約の持つ構造的な脆弱さである。カントが『永遠平和のために』で述べたように、二ヶ国間条約は周囲の国際関係の変化の影響を受けやすく、その効果に限界があることが一八世紀から指摘されていた。カントはこのように述べている。

――以上に述べた諸理由から、平和連合（foedus pacificum）とでも名づけることができる特殊な連合が存在しなければならないが、これは平和条約（pactum pacis）とは別で、両者の区別は、後者がたんに一つの戦争の終結をめざすのに対して、前者はすべての戦争が永遠に終結するのをめざすことにある、と言えよう。この連合が求めるのは、なんらかの国家権力を手に入れることではなくて、もっぱらある国家そのもののための自由と、それと連合したほかの諸国家の自由とを維持し、保障することであって、しかも諸国家はそれだからといって、（自然状態にある人間のように）公法や公法の下での強制に服従する必要はないのである。――連合制度は次第にすべての国家の上に拡がり、そうして永遠平和へと導くことになろうが、連合制度のこうした理念の実現可能性（客観的実在性）は、おのずから証明されるのである。(4)

カントが述べたように、恒久性のある平和構築は、多くの諸国間の約束（契約）を通じた平和連合の成立によってしかあり得ない。第二次大戦の結果として生じたものが、国際連合という名のカントの言う「平和連合」であったと言えるだろう。であるならば、それと比べれば地域的な限定はあるとしても、東アジアの複数の諸国家が関わってしまった朝鮮戦争という歴史的モメントこそ、その戦後処理の中で、新たな平和連合の基礎とならねばならない一つの歴史的起点であるしかして、その中で作られた諸国間の約束（契約）があの貧弱で歪んだサ条約のみであったのだ。今後の「来たるべき東アジア共同体」というもの、すなわち真の朝鮮戦争「後」の東アジアの体制とは、サ条約にとって代わるものでなければならないはずだ。

しかして、このサ条約が持つ歪みと偏りに関連して、近過去の六ヶ国協議（二〇〇三年）の枠組みこそサ条約の克服のチャンスを有していた、と言えるのではないか。何故なら、いわゆる六ヶ国協議とは、単に北の共和国における核兵器保有の問題を議論するだけでなく、朝鮮戦争の恒久的な処理、つまり停戦状態を本当に終わらせるための平和連合のシステムの構築をその課題に含んでいたものであったからだ。

まとめに代えて――「人間の意志に逆らってでもその融和を回復させる」（カント）

本稿の主旨をまとめると、日清戦争と朝鮮戦争が、東アジアの不和の根本的原因として認められるということである。ここでまた想起されるべきは、やはりカントの『永遠平和のために』である。カントは第一補説「永遠平和の保証について」の中で以下のように述べていた。

この保証を与えるのは、偉大な技巧家である自然（諸物の巧みな造り手である自然 **natura daedala rerum**）にほかならない。自然の機械的な過程からは、人間の不和を通じて、人間の意志に逆らってでもその融和を回復させるといった合目的性がはっきりと現われ出ているのであって、そこでこうした合目的性は、その作用法則がわれわれには知られていないある原因による強制と見れば、運命と呼ばれるし、また世界の過程におけるその合目的性を、人類の客観的な究極目的をめざし、この世界の過程をあらかじめ定めているような、いっそう高次の原因がそなえている深い知恵と考えれば、摂理と呼ばれるであろう。(5)

ここでの「自然」とは、やや分かり難い内容をもっているが、簡単に言うなら、人間が戦争という行為を発明してしまった結果に見合ったものとして、たとえ意識せずとも、戦争の後に平和に向かう法的結合が弁証法的に展開されてしまうはずだ、というカントの想定する「自然の狡知」の原理である。(6)その原理とは端的に「人間の意志に逆らってでもその融和を回復させる」という章句に集約される。これを我々の現在へと翻訳するならば、東アジアの平和に消極的な政府の欲望に逆らってでも、戦争後の法的処理への気運は諸国家の内部と間から立ち上るだろう、という希望である。

最後に提言的な内容を整理し、本稿の結びに代えたい。これまで述べたように、長期的視野に立って、「来たるべき東アジア共同体」を志向するならば、その枠組みは日中間に限られないものだということ。しかして東アジア全体の因果の鎖列が生じた歴史的原点としては、繰り返しになるが、一九七二年ではなく、むしろ日清戦争に原点を定めるべきだ、ということである。ただ、現在の東アジアの国家群体制は、朝鮮戦争後のサ条約システムの軛に止められている現状が克服されなければならない歴史的要請を強く孕んでいるわけで、今後の「来たるべき東アジア共同体」は、朝鮮戦争の克服という課題を中心としてその中期的課題を有するものであるべきであろう。さらに、この中期的課題は、日本が主体となる短期的目標としては日朝国交正常化として具体化しなければならないものであるが、この短期目標は先に述べた通り、二ヶ国間交渉にかかわる弱点を有することになる。現在進行中の「拉致被害者」にかかわる交渉にしても、米国や中国やロシア、さらに東アジア全体の動向に左右されざるを得ないところがある。とどのつまり、目下途絶えている六ヶ国協議の枠組みの進展という名の平和連合への胎動がなければ、実のところ日朝の協議も進展しないのではないか、という杞憂が想定されるのである。北の共和国の核兵器問題をめぐる緊張と不和があったとしても、それによって醸成された矛盾は、しかし東アジア全体の融和に繋がるところのカントの言う「自然の狡知」の原理に結び付き、東アジアに「永遠平和」をもたらすかもしれないのだ。[7]

注

（1）外務省 http://www.mofa.go.jp/mofaj/area/china/nc_seimei.html より。

（2）国立国会図書館 http://www.ndl.go.jp/constitution/etc/j06.html より。

（3）『日露間領土問題の歴史に関する共同作成資料』日本国外務省編・ロシア連邦外務省編、日本国外務省、一九九二年。

（4）カント『永遠平和のために』宇都宮芳明訳、岩波文庫、一九八五年、四二―四三頁（初出：一七九五年）。

（5）カント前掲書、五四頁。

（6）カント前掲書、五九―六〇頁参照。所謂「自然の狡知」と呼ばれる概念。以下、「自然は、――(1)人間のために、地球上のあらゆる地域で、人間がそこで生活できるように配慮した。――(2)戦争、によって、人間をあらゆる場所に、きわめて住みにくい地方にまで駆りたて、そこに人間を住まわせるようにした。——(3)やはり戦争によって、人間を多かれ少なかれ法的関係に立ち入らせるように強制した」。

(7) 東アジアにおける核危機の起源は、朝鮮戦争時にマッカーサーが核兵器の使用を中国東北部に対して想定していた事態から始まるものであり、この起源は後の中国の核実験の成功（一九六四年）に結び付く。次いでこの中国の核実験の成功は、結果として数年後の米中接近という東アジア冷戦の構造転換を促したものとして認識されている。目下の朝鮮半島の北の共和国の行動は、これをモデルにしたものと想定されるのだ。この連関の意味について、詳しくは拙著『思想課題としての現代中国——革命・帝国・党』（平凡社、二〇一三年）の第三章「「核」開発と冷戦の組み換え」を参照。

朝鮮戦争に帰れ！　第二次朝鮮戦争と「核」を回避する力

「人所帰為鬼」（『説文解字』より）
（人の帰るところを鬼という。筆者注：「鬼《gui》」と「帰《gui》」は中国語で同じ発音）

広島平和記念資料館から

朝鮮民主主義人民共和国（以下ＤＰＲＫ）が自国内で核実験を行ったとされる二〇〇六年一〇月九日から一四日目の一〇月二三日、筆者は広島平和記念資料館を訪れていた。今回の核実験について、平和資料館がどのような対応を示しているのか、知りたかったからである。資料館の入り口部分には、大きな時計台（地球平和監視時計）が設置されており、その時計盤の下には二つの電光掲示が、二つの数字を記録していた。一つは、広島に原爆が投下されてからの日数「２２３５８」が、そしてもう一つには、世界で起きた最後の核実験実施からの日数「14」が記されていた。この二つの数字は、今後いったいどのような運命を辿ることになるのか。「14」は、やがて大きな数となり、もう一つの日数と見まがうほどの数字へと成長するのであろうか、それとも新たな別の若い数字に取って代わられることになるのか、果たしてその新しい数字の出所は、どこになるのか……。

館内に入り、しばらく進んでいくと、「核の地球儀」と銘打った展示物にぶつかる。そこには、アメリカ合衆国やロシア、フランス、中国、インド、パキスタンなどの核保有国の弾道弾の数量を示すミサイルの模型が各々の領土に突き立てられている。その「核の地球儀」の隣に小さいプレートが立ててあった。そこには、「北朝鮮は、２００６年（平成18年）10月９日核実験を行ったと発表しました」と書かれている。ここにはもちろん、広島平和資料館としての抗議の意思が含まれていることが見て取れる。ただあの時計台の電光表示板のコンセプトがあくまで核実験の現場そのものを問わないものであったことからも類推されるように、もし別の国家による核実験が行われた際には、あの小さいプレートは、また別のものに取り換えられることが予想できる。もとよりその場を遠景から眺めるならば、その小さいプレートは、その隣の大きな「核の地球儀」とともにあることでしか効果を持たないように配置されていた。

これら展示物のコンセプトが象徴するように、平和記念資料館においては、あの核もこの核も、すべて抽象化されて扱われている。どの国（地域）が所有するかということを予め強調せず、いわゆる「あらゆる核兵器への批判」が維持され続けている、と言えよう。ここで思い出したのが、平和公園内の原爆死没者慰霊碑に刻まれた「安らかに眠って下さい、過ちは繰返しませんから」という有名な碑文にかかわる論争である。それは、極東軍事戦犯法廷の判事として裁判全体への根本的な批評をなしたパール博士が一九五二年に広島を訪れ、その碑文に接した際に持ち出され、多くの議論を呼んだ事蹟である。パール博士は、その過ちを犯した主語の不在、つまり原爆を投下した主体を明示しない曖昧さへの原理的批評を行ったが、日本側（広島側）の十数年後の解釈は、その主語について、世界人類・人類全体という方向に落ち着くことになった、と言われている。米山リサが鋭く指摘したように、この主語の不在は、日本の平和運動におけるナショナルな語りが内側に抱え込んだ一種の「普遍主義」であり、その言語構造の限界を指摘することもおそらく可能ではあろう。[1]だがその一面、広島のコンセプトは、ＤＰＲＫによる核実験についても、従来の「普遍主義」のコンセプトを堅持することにより、日本の大半のマスメディアが行っているＤＰＲＫの悪魔化への誘惑を回避している、と言えなくもない。

平和記念資料館の展示は、劇的にはこの言語構造の問題性を解決しないものの、別の意味で広島がアジアの中で主語となることについての努力の積み重ねの中にあり続けている。それは、特に軍事都市として発展し、アジア侵略への拠点となった広島の自己省察の導入において明らかである。日清戦争において明治天皇と大本営が広島に移動したことに始まる、軍都広島の経緯は、日露戦争からさらに日中戦争における広島の第五師団の「活躍」を伝え、さらに原爆投下後の歴史叙述において、韓国人被爆者問題を提起するまでに至る。[2]それらは、広島が自己とアジアとののっぴきならぬ関係を明るみに出す漸進的な努力の軌跡である。

筆者が知りたかったことは、戦後占領下の広島の平和運動が東アジアのコンテクストの中で自身をどのように位置づけようとしたかにあったが、またそれと踵を接して裏腹になるアメリカ合衆国の核政策をどのように見ていたかという点にもあった。特に今回は、ＤＰＲＫの核実験もあったことであり、アメリカ合衆国が朝鮮戦争において原爆投下の検討を行った期間、及びその経緯について、どのような叙述となっているかである。筆者の目には、以下の二つの説明文が留まった。

〈占領軍とプレスコード〉

敗戦で日本は約6年8か月間、連合国軍に占領され、広島は英連邦軍の管轄下におかれました。

占領政策のなかで、とくに1945年（昭和20年）9月実施のプレスコード（報道遵則）は、出版・報道への検閲を強め、原爆報道についてはとくにきびしい規制を加えました。長い間、原爆被害の全容や原爆の意味が全国に広まらなかったのはプレスコードも一因でした。

また、プレスコードは原爆を描いた小説の削除、原爆の画集の発売禁止に適用され、心理的な圧力が大きかったといえます。占領期が終わると、原爆関係の記事や出版物は急に増えました。

〈平和祭の中止〉

朝鮮戦争（1950年6月～1953年7月）ぼっ発直後の1950年（昭和25年）8月6日は、占領軍の指令で平和祭をはじめ、すべての集会が禁止されました。原爆の惨禍を繰り返させまいとする国際的平和運動に対し、占領軍が抑圧をはかったのです。当時の浜井信三広島市長はパリで「朝鮮半島での原爆使用に反対」と語っています。

この年の平和祭中止は、被占領期間の象徴的出来事でした。

朝鮮戦争からのサイクル

平和記念資料館の展示は、かつて市長が語ったとされる「朝鮮半島での原爆使用に反対」という談話と、今回のＤＰＲＫによる核実験への批判的言及の両方を併記するものの、この二つの間の歴史的繋がりについて、積極的な意味づけは与えない。ただ、いずれもが隣人たる朝鮮半島が問題になっている限りにおいて、その繋がりをどのように表象するのかは、そこを訪れた観客の手に委ねられることになる。

片や、アメリカ合衆国がＤＰＲＫの軍隊、及び中国からの人民志願軍の参戦に際して原子爆弾の使用を検討していた事態であり、もう片方の今回の実験はＤＰＲＫが自国の領土で実行したものである（しかし、その最終的な「核」の使用可能性及びその使用対象は、必ずしも明瞭ではない）。朝鮮戦争において検討された原爆投下と、今回の核実験との間を繋ぐ時空の回路は、とりあえず東アジアにおいて朝鮮戦争から継続する「冷戦」と名指される時空を指すわけだが、ともかくもその時空の内部に入ってみる必要がありそうだ。

※

朝鮮戦争の経緯とその主動因にかかわる叙述については、今日ソ連側の資料も発掘されるなど、研究水準が次第に整えられており、詳しくはそれらの成果に譲りたい[3]。ただ朝鮮戦争を考察するにあたって、朝鮮戦争以後三〇年以上に渡って空白に近かったのは、まさに中国側からの視点であった。朱建栄の労作『毛沢東の朝鮮戦争』（岩波書店、一九九一年）は、第一次資料の発掘が困難な時代にあって、丹念な調査と聴き取りにより、特に中国人民志願軍の参戦の経緯について大きな足跡を残した。

ただそれとは別に、ＤＰＲＫ側の開戦の決断の理由について、朱の労作から一点、興味深い視点が提出されており、興味を引いた。すなわち、中国の内戦の一応の決着を見た後、つまり一九四九年の一〇月以降、人民共和国側から朝鮮人兵士、三万五千人以上をＤＰＲＫ側に帰還させることが中朝間で取り決められた経緯である。この多くの兵士の帰還が実現し、朝鮮半島南北の軍事バランスが一変したことが、特に開戦への決断を促したと考えられる。その意味でも、潜在的に朝鮮戦争は、国共内戦の延長線上に位置づけられる必然性がある。それら朝鮮人部隊の帰還があってこそ開戦が決意されたのだが、そのためにこそ、結果的に中国は、初めから望んだわけではない朝鮮戦争への参軍をも余儀なくされ、また決定的にアメリカ合衆国との対立関係に入らなければならなくなった。

さて、今日のいわゆる六者協議と呼ばれる枠組みにおいても、その潜在的な交渉の主軸は、中米間の交渉にあることは紛れもない事実である。この二つの大国は今、お互いに不信感を残しつつ手を握り合っていると言える。その際に気になることは、朝鮮戦争の残響について、双方が実際のところどう感じているかである。国連軍（米軍）の仁川上陸以降、戦闘の最たる激突もまさに、国連軍（米軍）と人民志願軍との戦いであった。そこで、その部隊の多くの兵士が実は朝鮮族出身であったり、あるいは内戦過程において発生した元国民党軍の捕虜兵出身であったことなど、様々な議論もある。いずれにせよはっきりしているのは、人民志願軍の投入は、歴史の自然な流れであったというよりも、極めて高度な政治的判断によっていたということである。人民志願軍の投入は、ＤＰＲＫ側（金日成）のスターリンへの要請により、中国政府側（主に周恩来）とモスクワとの長い協議により決定されたものである。当初は、林彪など中国側の首脳部内においても慎重論が強かったのだが、毛沢東が慎重論を制し、最終的に参戦を決定したものと考えられている。[4] そして結果的に、国連軍（米軍）をともかくも三八度線にまで押し戻したことが、中国の社会主義圏における地位の向上と、毛沢東の権威化に寄与したとされる。

ここで再び確認しておかなければならないことは、先ほどの朝鮮戦争前の中国からの朝鮮人部隊の帰還と同様、この人民志願軍の参戦の経緯にしても、いかに中国の内戦過程と朝鮮戦争とに繋がりがあったか、という点である。付け加えれば、中国の人民志願軍の派遣は、内戦の仕上げ段階としての「台湾解放」の放棄と引き換えになされたという見解があるが、それもかなりの程度妥当性を持つ。朝鮮戦争の勃発により太平洋第七艦隊が台湾海峡に入ったことで、「台湾解放」の主力部隊と考えられていた中国東南部沿海地域の大量の部隊（主に第三野戦軍を中心とする数十万）が東北部へと引き抜かれ、朝鮮半島情勢に対応することとなった。有態に言ってしまえば、人民共和国は、この戦争の結果、台湾の代わりに三八度線以北から鴨緑江までの「地帯」を手に入れたという言い方も成り立つのである。

また指導者の視点からこの戦争過程におけるヘゲモニーの推移を見ると、人民志願軍の投入以後、実質的かつ全体的な軍事司令官の地位は、金日成ではなく、毛沢東の指導へと移管され、金日成と彭徳懐は同じ地位に甘んじなければならなくなった。聞き伝えによると、このコンプレックスは、毛沢東の死去まで金日成の心理から消えなかったそうである。いずれにせよ、結果論として言えば、人民志願軍の投入がなければ、国連軍（米軍）が鴨緑江までを占領していたことはほぼ間違いない。

さて以上の概観からも、朝鮮戦争は、少なくない部分として国共内戦の余波にあり、開戦の目的自体は朝鮮半島の統一を目指した内戦だったものが東アジア全体（とアメリカ合衆国）を引きずり込んだ総力戦へと転化し、そして今日の休戦を迎えた現状として叙述される必然性を有するものと言える。(5) その意味で朝鮮戦争は、朝鮮半島の内部に止まらないコンテクストをその歴史的脈絡に含んでしまった、ということになる。そしてまたそこに、「核」という次元が絡まりあう。つまり朝鮮戦争の休戦状態（東アジアの冷戦状態）は、トルーマンが原爆の投下を断念したことから始まる歴史的サイクルを描いて来たということである。冷戦を規定したと言われるトルーマン・ドクトリンであったが、そのドクトリンは結果的に、核使用の検討からその断念という文脈において、今日の私たちの知る東アジアの時空を規定し続けて来た。そして二〇〇六年一〇月九日のＤＰＲＫによる核実験もまた、その脈絡の中に置かれるべきものたることは、改めて確認されるべき事柄であろう。

だからこそ、同じ年、二〇〇六年一〇月二〇日、金正日総書記が中国の唐家璇国務委員に対し、父親の「遺訓」として朝鮮半島の非核化を謳った一九九一年の南北非核化共同宣言の立場を繰り返したことは、やはり一つの大きな焦点となり得る話題であろう。この非核化宣言にしても、間違いなく、先の朝鮮戦争における原爆使用の可能性を歴史的起源とするものだったからだ。

その意味でも、今回のＤＰＲＫによる核実験とは、原爆投下の検討とその回避から長らく続いた休戦状態からの逸脱の始まりであるのかないのか、あるいは休戦状態そのものを終わらせる何か別種の歴史的サイクルの始まりなのか……意見の分かれるところではあろう。

一〇月九日の核実験は、私たちに朝鮮戦争が終わっていなかったことを思い出させてくれたことは確かである。そしてまたＤＰＲＫが「核」を保有したとするなら、それは、実質的に「核」にかかわる新たな歴史的ステージが出現したことに他ならない。いずれにせよ、朝鮮半島の非核化というコンセプトは、朝鮮戦争をいかに終わらせるのか、さらに大きく言えば東アジア全体の戦争状態が如何に終焉するのか、という歴史課題として私たちの目前に改めて出現して来ているのではないか、と思われる。

中国の核実験から

朝鮮戦争の最中、アメリカ合衆国によって核爆弾の使用が検討された経緯は、少なくとも日本の中では、先に見たように広島における平和祭の中止として、具体的な暴力となって顕現していたのであり、広島平和記念資料館は、その暴力を記憶し続けていることになる。占領下におけるプレスコードの設定が広島・長崎に試練を与えたことが、明確に告発されていたのだから。そして占領が解除された翌年の五四年、ビキニ環礁における第五福竜丸の被爆から、日本の反核運動は、大いなる発展を遂げることとなった。

さて、このようにして始まった戦後の反核・平和運動において、今思い起こされるべき事件として、一つには一九六二年のキューバ危機があり、そして一九六四年の中国の核実験がある。周知のように日本の反核・平和運動は、既に核兵器を保有していたソ連への対応をめぐって燻っていた根本的な課題、つまり世界中のあらゆる核兵器に反対するコンセプトを採るのか、それとも社会主義圏の核兵器保有の正当性を留保するのか、という分岐に直面せざるを得なくなった。また、それら二つの連続した出来事は、当時のコンテクストにおいてさらに複雑な経緯を有していた。キューバ危機以降、むしろ米ソは平和共存論（デタント）へと傾くことになり、その一方、中ソ対立は決定的な段階に突入していた。つまり中国の核実験の緊急性は、ソ連への対抗の文脈が最も強かったのである。いずれにせよ、中国の核実験への対応は、日本の平和運動が孕み持っていた、「主語」をめぐる問題構造を別パターンながら一挙に露呈させてしまったことになる。

本稿では、一九六四年の中国の核実験が日本の反核・平和運動に及ぼした影響については、他の著作に譲ることにし、今日のＤＰＲＫの核実験に関連する位相においてのみ、中国の核実験が持つ思想を問題化してみたいと思う。そのような動機の発端は、当時の中国の位置が、ある意味では今日のDPRKの孤立状態に近似しているように見えるからである。当時、人民共和国は、日本とも、もちろんアメリカ合衆国とも国交がない状態であったが、さらに今日のDPRKよりも不利な状態として、国連でも発言権がなく、またソ連とも最も激しく対立していた。今日の国際的地位を獲得している現在の中国からすれば、雲泥の差があったと言わざるを得ない。

そのような中国の核実験について、先述したように、日本の反核・平和運動の分裂が生じたわけだが、そういった文脈とはやや外れたところで、冷戦思考とも無縁であり、なおかつ「あらゆる核兵器に反対」という議論とも違う態度が存在していたことは、忘れるべきではなかろう。以下、引用するのは、竹内好の「周作人から核実験まで」という文章の一部である。

中国の核実験は、不幸な出来事でした。あってはならない、あらしめてはならない出来事でした。人間として、わけても日本人として、この出来事を残念に思わぬ人は少ないでしょう。これは理性の立場から、私はこれまでも中国も含めてすべての核爆発に反対だったし、これからも反対するでしょう。けれども、理性をはなれて、感情の点では、言いにくいことですが、内心ひそかに、よくやった、よくぞアングロサクソンとその手下ども（日本人をふくむ）の鼻をあかしてくれた、という一種の感動の念のあることを隠すことができません。

（中略）

日露戦争のとき、清国政府は、ロシアの勝利を信じて、その打算の上でロシアと取引きしておりましたが、民衆は日本に協力的でありました。そして結果的に歓喜しました。中国だけではない。孫文がスエズでアラビア人から日本人にまちがわれて、感謝されたのは有名な話であります。

もし日露戦争がなければ、明治外交の懸案であった不平等条約からの完全離脱が、ずっと後まで引きのばされたかもしれません。それを思えば、中国の核実験の成功に対して、われわれが日露戦争当時の中国民衆とおなじ感情をもつことは、許されてよいと思います。

むろん、核保有の根本動機は、軍事的なものであります。朝鮮戦争からヴェトナム戦争にいたるまで、核攻撃でおどかされている中国として、対抗兵器を自力で開発するため、寝食を忘れてこれに没頭したろうということも、容易に想像されます。これは国際関係を権力政治の場としてとらえたときの理解の仕方であって、むろん、正しいと申せましょう。したがって、この論法からすれば、中国の核グループ参加は、中国だけの責任ではなく、大国すべての、なかんずくアメリカの責任が大きいことになります。

けれども私は、これだけの説明では不十分と思います。なるほど、威嚇に屈しないためだという理由づけは、中国の公式声明にもあり、それはそのとおりでありましょうが、その底に、もっと深い心理的動機があったと見るべきではないか。つまり、辱めを返上したい、という動機であります。そして私は、第一の動機には無条件賛成はできないが、この動機には膝をたたいて快哉を叫びたい気がします。(6)

今日日本で、ＤＰＲＫの核実験について、「膝をたたいて快哉を叫」ぶことは、ほとんど不可能である。竹内が述べた「もっと深い心理的動機」についても、それを擁護する態度は、日本ではほとんど成立しなくなっている。なぜそうなったのか、そこには様々な理由が考えられるのであるが、まず竹内の論理構造に注意を傾けてみたい。

竹内は、（現在では間違った方法と認定されるにせよ）日露戦争の勝利によって「辱めを返上した」日本にかつて中国の民衆が理解を示した過去の脈絡を通じて、日本人に今度の中国の核実験の「深い心理的動機」を理解させようとした。ここには、中国の立場にかつての日本の立場を転移させる思想作業が働いている、と言えよう。こういった思想作業のモデルは、かつて日中戦争の最中、中国が弱国であった時代の魯迅に竹内が自己を転移させた作業と同型である、と見做すことも出来よう。

この竹内の転移の作法は、第三世界主義の一つの大きな思想資源と見做すこともできる。しかし問題は、さらに複雑である。日露戦争こそ、朝鮮にとっては、日本に併合されて行く運命をもたらした一大起点なのだから。ここでは書かれていないが、竹内は、後の別の機会では孫文の言葉を引きながら、ここで言う中国の民衆の肯定的な反応とこの後の朝鮮半島の過酷な運命と、この二つを同時に見なければならないと説いている。(7) ここで必要なことは、日露戦争に対する反応が中国の民衆とおそらく朝鮮の民衆とでは、地域として全く隣接しながらほぼ反対の観点を取ることになったであろう、その歴史的・地政学的脈絡に注意することである。

中国、朝鮮（半島）、そして日本は、長いスパンを取れば、ほぼ半世紀ごとに別の枠組みの中にあったと言える。一九世紀後半においては、まず日本の明治維新が、西洋列強への防衛の仕組みにおいて、類稀なるスピードで天皇を頂点とする特異な中央集権体制を確立させ、その後日本は、念願の西洋列強との不平等条約状態を克服して行った。その間中国（清国）は、列強による半植民地化への転落を経験することになり、朝鮮は、清国と日本の間にあって自己が勢力争いの草刈場となる辛酸を舐めつくすこととなる。そして世紀の変わり目の最中、日本は帝国主義へと転化し、朝鮮を領有するが、この間中国では中国革命が進展するものの、満州事変が引き起こされ、徐々に日中は全面戦争への危機を深めて行く。ちょうどこの時、まさに日中の「国運」は、クロスすることになった、と言える。さてこの時点から朝鮮は、日本帝国の側に組み込まれつつ、中国との敵対関係を強制されることになるのだが、日中戦争から太平洋戦争への最終局面において、日本の敗北とともに独立への展望が一瞬開けることになった。しかし朝鮮の完全なる独立は果たされず分断を強制され、また中国の内戦のプロセスは「台湾解放」を残したまま、朝鮮戦争の勃発とともに、それぞれが強力な冷戦の磁場への突入を余儀なくされる――といった歩みを経て来たと言える。

こういった百五十年ほどの日本、中国、朝鮮の成り行きを見た場合に、まず一貫しているのは、それらのフォーメーションは、常に二項だけの関係を許さない歴史的・地政的脈絡にある、という事実である。例えば、明治維新以後に結んだ日清修好条規（一八七一年）により、当時清朝の朝貢国であった朝鮮が結果的に日本より下の地位に格下げされ、それが江華島事件（一八七五年）を経た日朝修好条規（一八七六年）により不平等条約の固定へと繋がった経緯など、最も象徴的であろう。だが二〇世紀においては、さらにこのように見てきた三項の関係の上に、アメリカ合衆国（日米軍事同盟）の存在と、「核」という関数が加わることになる。

まさに、その二〇世紀後半を規定する冷戦構造への突入の突端に朝鮮戦争があったのであり、そこで中国の人民志願軍の参戦がなければ、おそらく原爆使用は検討されなかった、ということである。そして繰り返しになるが、この朝鮮戦争において意識された「核」への恐怖がその後、ソ連との対立を直接の動機としながら、中国の核実験をもたらし、次いで今日のＤＰＲＫの核実験をもたらすこととなった。

ここでもう一つだけ、広島・長崎と朝鮮半島を結びつける見えない歴史の綾を付け加えたい。広島原爆平和資料館において強調されていたことだが、終戦後、アメリカ合衆国は、原爆投下にかかわる人体への影響を調査するために、一九四七年に広島と長崎とに「原爆障害調査委員会」（ＡＢＣＣ）を設置した。展示パネルには、そのＡＢＣＣが調査・研究だけで治療行為を行わなかったことから市民の反発を受けていたことなども祖述されている。さて問題は、その調査によって積み重ねられた基礎資料の見えざる効用である。実証的に確かめられたわけではないが、この基礎資料が次の核兵器使用にかかわる検討に対してどれほどかではあれ判断材料になったことは疑い得ない。つまり、朝鮮戦争の際の核兵器使用の検討に関してである。その意味でも広島と長崎の犠牲は、東アジアの歴史の中に登録されるべきなのだ。

「核」と国家

ＤＰＲＫによる核実験から一八日目の一〇月二六日（二〇〇六年）、国連総会第一委員会において、日本政府が主導して提出した核軍縮決議案「核兵器の全面的廃絶に向けた新たな決意」が、賛成一六九、反対三、棄権八で採択された。反対に回ったのは、アメリカ合衆国、インド、ＤＰＲＫ、棄権に回ったのは、中国、イスラエル、イラン、エジプト、キューバ、パキスタン、ブータン、ミャンマーなどの国家群であった。アメリカ合衆国とＤＰＲＫが同じところにあるなど、この取り合わせには、実に皮肉な空気が漂っている。また棄権の中にイスラエルとイランが同時に入っていることも、いかにも皮肉な取り合わせではある。アメリカ合衆国の反対理由は、決議案に盛り込まれた包括的核実験禁止条約（ＣＴＢＴ）の署名・批准の促進がネックとなったからであり、またＤＰＲＫの反対理由は、この日本の決議案にＤＰＲＫの核実験への非難が盛り込まれていたからだ。

じっくり考えてみれば、これら反対グループと棄権グループ、それぞれのストーリーも、実に分かりやすく出来ている。ただはっきりしているのは、日本政府の「核軍縮への願い」をそのまま額面通りに受け取ったとしても、ここには現在の核軍縮にかかわる限界が深く刻印されている、ということだ。なるほど、核軍縮という思想が今、正念場にあることは確かであろう。そこで考えてみたいのは、このようなジレンマが一体どこに存するのかという根源的な問いである。

一つの前提として、九・一一以後の合衆国の軍事行動のパターンを解析してみることが必要であろう。当時ブッシュ政権は自ら「ならず者国家 Rogue State」や「悪の枢軸 an Axis of Evil」なる国家群のグルーピングを発明した一方で、実際の軍事行動へ踏み切る基準としては、それら国家群が「アルカイーダ」などの、国家以下の活動グループと繋がっている恐怖が大きかったことを思い出してみたい。表面上、今回のDPRKによる核実験後の合衆国の対応には、その背後に中国が存在することが大前提ではあるのだが、日本ほどは過激な態度を示していない。インドの核所有への「承認」などその傍証ではあるのだが、合衆国にとっての恐怖のポイントとは、「核」が正しく、つまり国家によって所有されているかどうか、という基準に置かれているように思われる。だからいわゆる「臨検」にかかわる意図も、全く正反対となる。アメリカ合衆国が真に恐れているのは、DPRKから「核」が外側にアナーキーに漏れ出て行くことであり、日本政府が意図している外からの経済封鎖とは文脈を異にする。

ソ連崩壊以前の冷戦という枠組みにおいては、超大国の核管理を前提とした「核の虜」理論、あるいは「核抑止論」が成立していた。しかしてそれが、実質的に危うくなっていることは確かである。今日、先の日本から出された決議案の採択に際して、反対票や棄権票を投じた国家群の多くがかつての第三世界の国家群であることは、この一連の現象を解析する補助線となる。つまり「核」の所有をめぐる論理構造は、かつての冷戦の超大国による二項対立を前提とした安定構造から、中国を始めとした第三世界国家群へと順次下降しており（その中間にキューバ危機があった）、そしてついに国家以下のグループ、すなわちドゥルーズ&ガタリが提示した「戦争機械」、あるいはマルチチュードにまでその下降が迫ってきていると見做すことができる。しかし翻って考えてみれば、国家以下のグループまたは個人によって「核」が所有されるなら、おそらく「核」を所有すること自体の意味が蒸発するだろう（そこで最も痛手を被るのは、おそらく合衆国だ）。なぜなら「核」は、世界に遍在したのであり、持つことと持たないことの区別がなくなってしまうからである。つまり「核」がもはや国家による所有を超えるのであり、さらに「所有」の観念自体を揚棄するかも知れない、とも言える。

ただ実際のところ、国家以下のグループ・個人において、「核」にかかわる技術情報や人材、小単位の物資の運搬は可能であるにせよ、核開発や核保有を行うことは、理論上不可能に近い。九・一一の際の自爆攻撃の主犯たちの武器も、実にカッターナイフ一本であったと言われることからも分かるように、国家以下のグループ・個人が「核」に類する大量破壊兵器を持つこと、またそれを使うことも、実際には可能性が低い。ただ言えるのは、それらの国家以下のグループは、ある捻りを加えられた「模倣」によって反撃を加えたということである。湾岸戦争における自動誘導ミサイルは、人間によって誘導されたミサイルとなり、合衆国に飛来することになった。そこにあるのは、合衆国が自らなした行動の裏返されたイメージなのである。その意味で、九・一一とは、一種の合衆国の自壊作用の始まりなのだ。

いずれにせよ、まだ「核」所有という概念が無効になるまで、幾ばくかの時間がかかりそうである。おそらくそれまでの時間の長さと、次の「核」に由来する大惨事が引き起こされるまでの時間とが、いわば競争状態になって今世紀が進んでいくのではないか、とも思われる。しかしてその時間は、退屈なものでは決してないはずだ。ここで振り返ってみて、日本人（とりわけ知識人）が、「核」の問題を政治の対象として意識し始めたのは、米ソによる核所有の期間においてではなく、それが第三世界へと拡散されそうになっていた時期、つまり一九六〇年代においてであったことは想起され直す必要があろう。

一九六二年に発生したキューバ危機が回避された直後になされた、藤田省三と谷川雁の対談が示唆的である。これ以前に藤田は、「狂気からの解放――キューバ封鎖に想う」という論考を発表している。(8) 当時の日本のマスメディアの論調が、イギリスなどの先進核保有国の立場に同調することの欺瞞を指摘し、ソ連の出方に期待をかけるというスタンスであった（興味深いのは、今日の自民党若手グループの核武装論の言説が、日本を第二のイギリスにする位置づけとなっていることである）。それに対して谷川の論の張り方は、「核」にかかわる所有概念そのものに批判を差し向け、国家による「核」所有というコンテクストそのものへ揺さぶりをかけようとするものであった。

藤田　キューバ問題について、ぼくは、フルシチョフのとった態度についての一般的評価に対し、一定の反対意見を出してみたのです。伝統的国際社会の革命的変化・民主化というものがもしあるとすれば、わずかに今度の問題に関して示したソ連の方針、ああいうものとして存在するのではなかろうか、というより、貴族的義務に似た責任と余裕が、いまや、国際社会においては革命的なものだ、と考えるのです。そこをフルシチョフの腰が折れたというふうにみるのは……。

谷川　藤田さんのいうフルシチョフへの評価は、ちょっとわからないですね。ぼくなんかは、ソ連がロケットをキューバに持ってきて、据えつけたというときには、そのときにはもはや、だいたいそのロケットはキューバのものに近いと思うんです。それをなんで、おれのものだといって持ち帰っちゃったのか、それがわからない。

（中略）

藤田　だけど、ミサイルに対する所有権を、あらゆる所有権のなかでもっとも珍重すべき所有権であるとして、キューバが自分のものというのもおかしいでしょう。ミサイルは人間に必要な所有物ではないですよ。

谷川　そうじゃないんです。キューバに完全所有権があるとはいっていないんです。ソ連にも完全所有権がないのと同じように、キューバにもない。全一的な所有者がいないという状態はもの﹅の﹅真のあり方でしょう。だれも全一的には所有していない一大殺人兵器というものは貴重な存在であって、国際関係の力学を根本から変えるだけの意味をもつ。だから、それを簡単にもとの所有関係に還元したのはよくないし、資本主義的所有の観念を震ガイする絶好のチャンスを逃した、というのです。(9)

もちろん、ここに東アジアの現状に対して教訓となるべき直接的な知見があるわけではない。ただ、「核」を所有することが孕み持つ原理的臨界点が示されている、とだけは言えよう。一つのコンテクストを確認すると、まさに「核」が東西冷戦の管理の枠組みから離れようとする瞬間をレコードしている、ということになろう。そして現にキューバ危機の二年後、中国によってそれは完遂されたわけだ。しかし、「核」の第三世界への下降は、第一世界（また半第一世界）に住む知識人が想像していた麗しき第三世界へのイメージの一部をあっけなく破壊しただけではない。

それよりも重要なことは、第三世界（中国）が「核」を所有したことによって、少なくとも旧来の冷戦構造が崩壊して行く端緒が発生した、という事実である。つまりこの後、合衆国は、逆に中国との交渉を本気で模索し始めることになり、それが一九七二年のニクソンの北京訪問に繋がって行った。付け加えるならば、今日のＤＰＲＫは、このかつての米中関係の変化のプロセスをも自身が生き残るための参照枠にしているはずだ、ということである。

さて、ソ連崩壊以降の東アジアにおいて、「核」は、中国による所有と、日本に媒介されたアメリカ合衆国による所有の「共存」としてその基本線が推移して来ていた。しかし、そこに今日のＤＰＲＫによる「核」の所有が現実に近いものになり、否応ない変化がもたらされることになった、とは言えそうだ。もちろん私たちは、理性の立場に立ち、あらゆる国家による「核」所有に反対し、それを廃絶させるための具体的な努力を進めなければならない。ただそれと同時に、「核」を所有する意味の蒸発する世界史的展望が今後どのように立ち現れるのか、また特にそれが、どのようにしてこの東アジアから連鎖的に立ち現れるのか、その突端を掴むべく理論的な作業も怠ってはならない、ということだ。

そこで重要なことは、朝鮮戦争によって出来上がった既成の国家地図を超えた想像力を私たちがどのように持てるかということである。ＤＰＲＫの今回の核実験に関しても、またそれに遡る中国の核保有にしても、個別国家の問題ではなく、朝鮮戦争に端を発した東アジア全体の地図の中に刻印された歴史的経緯にほかならないものなのだから。東アジアにおける「核」は、私たちが知っている東アジアの地図と同様、そうされるべく追い込まれ、また国家の決断としてなされたものの結果であった。それは高度な政治決断であったのだから、ある意味では極めて主語のはっきりした放棄の決断も有り得るだろう。持つことをあたかも自然の権利としてでもあるように受け取って来た先進国国家群とは違う条件にあること、そのことは考慮さるべきであろう。

この時、おそらく原爆を投下されたこの島国の力量も改めて問われることになる。日本が経験した財産が東アジアに波及することが如何にして可能となるのか、まだまだ試練の時間が続くであろう。ただこの時必要なことは、「核」を持つことを余儀なくされた中国やＤＰＲＫの有する歴史的・地政的コンテクストに何度も立ち返り、その意味を汲み取ることである。それは何度も繰り返すように、日本に原爆が落とされた後、二度目の原爆投下（正確には三度目）が東アジアにおいて検討され、またその使用が（イギリスの強い諫止により）中止されることとなったこと、（それと同時に私たちが知る東アジアの地図がそこに固定された）この経緯を思い起こすことである。私たちは、この原爆使用の「中止」が東アジアにとって他律的な外からの判断によっていたことに思いを馳せなければならない。今試されているのは、東アジアにおける再度の核爆発を、そして第二次朝鮮戦争を中止する力を、東アジアの手の中に奪い返すことである。

この道しかない東アジアにおける核廃絶の道とは、朝鮮戦争の終戦の道、つまり朝鮮戦争の戦後処理が東アジアにおいて十全になされる瞬間にほかならないだろう。ＤＰＲＫの核実験より始まった私たちの悩みは、その悩みが生み出された光源としての朝鮮戦争という時空への帰還を私たちに求めている。東アジアに住む私たちが、朝鮮戦争という東アジアにとっての「鬼《gui》」とも言うべき時空に「帰《gui》」ってみることが必要なのである。

その一環として、おそらく日本は「我が朝鮮戦争」という課題に直面せざるを得なくなるだろう。もちろんそれは、「冷戦」に加担し朝鮮戦争の兵站基地と武器庫を担い、その取引きの中で「独立」を押し頂いた戦後日本の恥ずかしい「出自」を自覚する過程となるだろう。そしてこの「我が朝鮮戦争」の処理とは、また「我が大東亜戦争」の決着へと必ず連動せざるを得ないものではある。が、それを論じることは、別の機会に譲りたい。

参考文献

朱建栄『毛沢東の朝鮮戦争』岩波書店、一九九一年。
和田春樹『朝鮮戦争全史』岩波書店、二〇〇二年。
米山リサ『広島――記憶のポリティクス』岩波書店、二〇〇五年。
藤田省三『現代史断章』みすず書房、一九九七年。

注

(1) 米山リサ『広島――記憶のポリティクス』(岩波書店、二〇〇五年)、「序章」一二一―一二五頁参照。
(2) 同『広島――記憶のポリティクス』。一九七〇年に在日韓国人によって建立され、一九九〇年に平和記念公園内に移設されることになった韓国人原爆慰霊碑にかかわる議論についても、米山の議論「第五章 エスニックな記憶・コロニアルな記憶――韓国人原爆慰霊碑をめぐって」を参照されたい。
(3) ブルース・カミングスの『朝鮮戦争の起源(1)(2)』(シアレヒム社、一九八九―一九九一年)を初めとする多数の著書が既にある。日本でも和田春樹の『朝鮮戦争全史』(岩波書店、二〇〇二年)などもあり、特に、朝鮮戦争の勃発に繋がる歴史的経緯については、ほぼ明らかにされたと言えるだろう。

（4）その際、ソ連が空軍も含めた実質的な支援を留保したことが、中国内部における慎重論の論拠であったと言われているが、主に毛沢東による政治的決断によって慎重論が抑えられたと考えられる。朱建栄『毛沢東の朝鮮戦争』（岩波書店、一九九一年）「第七章 大論争」参照。

（5）ここで注意したいのは、中国が今日に至るまで、あの朝鮮戦争をどのように解釈しているかである。先の朱の説明によれば、毛沢東が存命であった一九七〇年代までは、国際共産主義の大義のために参戦したとの解釈が大半をしめていたが、八〇年代以降は、国防的な観点からの中国の参戦を評価するという軸に転換して来ている。

（6）竹内好「周作人から核実験まで」（初出：『世界』第二二九号、一九六五年）、引用は『竹内好全集 第一一巻』筑摩書房、二九五―二九七頁。

（7）竹内好「明治維新の中国革命」（初出：『専修大学新聞』一九六七年一一月号）『竹内好全集 第五巻』一六一―一六七頁参照。

（8）藤田省三「狂気からの解放――キューバ封鎖に想う」『現代史断章（藤田省三著作集3）』みすず書房、一九九七年、一七二―一八七頁（初出：『現代の眼』一九六二年一二月号、現代の理論社）。

（9）谷川雁＋藤田省三「默示録の響き」『思想の科学』一九六三年一月号。この後、藤田省三は、「「プロレタリア民主主義」の原型――レーニンの思想構造」を発表する。藤田が救済しようとするのは、西側資本主義国が採った議会制民主主義の対極にある革命独裁の形式を一つの伝統へと定着させることであった。藤田が強調するのは、革命独裁が孕み持つ政治的決断にかかわる緊張感が、政治的民主主義の絶えざる発展を促すという構図であった。予想されるのは、このような藤田の着想そのものの中に、キューバ危機という歴史的事件の残響が覗えることである。

複数の戦争、複数の裁き

東アジア戦争認識の分有に向けたノート

国の軍事組織と、国の経済体制および文化制度とのあいだの関連が、現在ほど緊密であったことはかつてない。だから、軍事的崩壊は深刻な政治的危機の始まりとならずにはおかなかった。すすんだ国とおくれた国との戦争は、すでにいくたびか歴史上にあったように、こんども偉大な革命的役割を演じた。（レーニン「旅順の陥落」一九〇五年より）

ヒトラー体制において「尊敬すべき」社会の人々が道徳的には完全に崩壊したという事実が教えてくれたのは、こうした状況においては、価値を大切にして、道徳的な規格や基準を固持する人々は信頼できないということでした。わたしたちはいまでは、道徳的な規格や基準は一夜にして変わること、そして一夜にして変動が生じた後は、何かを固持するという習慣だけが残されるのだということを学んでいます。（ハンナ・アーレント『責任と判断』より）

東アジア認識の盲点

中国社会科学院が主催し、抗日戦勝利六〇周年を記念したシンポジウム「東アジア現代文学における戦争と歴史記憶」が二〇〇五年夏に開催された。大陸中国、台湾、韓国、日本などの国家や地域が抱えた戦争観及びその戦争の記憶の処理のされ方を比較するということ、それがこのシンポジウムのテーマであった。このシンポジウムに参加した際、最も印象に残ったのは、ある中国の研究者からの問題提起だった。中国には抗日戦をテーマとした抗日戦文学は存在するが、何故ヨーロッパで成立したような戦争文学、つまり戦争それ自体を人類史的な危機や悲惨として捉えるような文学が成立し得なかったのか、という問いであった。

なぜ、先の大陸中国の研究者の問題提起が印象に残ったのかというと、それは、その発言が、思想史的なレベルで戦争を捉えようとしたからである。東アジアを席巻したあの戦争の諸々の影響を比較するにしても、その作業は実に生々しく、全体像を思想史的な脈絡において定位することは未だに不可能である。あくまで、個々の作家や民衆の記憶を辿りながら、それぞれの戦争の意味を確認することに大きなエネルギーを割かざるを得ない。そこで、むしろヨーロッパの視点が加わることにより、初めて思想史的な位置、つまり近代世界における固有の戦争の位置が浮かび上がるのではないか、という問題提起である。東アジアにおける歴史的対話の水準とは、実にこのようなものであらざるを得ない。つまり、ヘーゲルに遡るまでもなく、世界史の眼差しを担保する思想的資源は、やはりヨーロッパにあり、またヨーロッパ経由でなければならないという、東アジアが抱える困難がそこに見て取れる。

そしてもう一点、先のシンポジウムの中で私自身が気づきはじめた別の問題が見えてきた。それはそのシンポジウムにおける一つの盲点とでも言えることで、このシンポジウムにロシアからの参加者がなかったこと、つまり旧ソ連や第三インターナショナルの視点を全く欠いたまま東アジアの歴史が総括されてしまうことになにがしか不全感を感じ始めたのである。振り返ってみれば、冷戦期において東アジアの政治・経済の動向を探る上で、決定的な国家間の枠組みは、米中ソであり、さらに決定的な冷戦の変質を刻したのはスターリン批判（一九五六年）以降の中ソ対立であった。新中国成立以降の中国の独自性とは、このソ連との対立と対比の中に存していたといっても過言ではないからだ。ソ連（ロシア）との比較なしに、新中国のあり方はそもそも規定し得ないはずである。

振り返ってみれば、今日の東アジアを語る際の枠組み、つまり中韓日台という枠組みは、一九八〇年代後半のソ連圏の崩壊と韓国・台湾の民主化の進展を始まりとするのではないかと思われる。今日私たちは、容易にそれ以前の素地を忘れてしまっており、この忘却がまた東アジアにおける二〇世紀間の戦争認識において大きな欠落となっている。さらに、日本における旧来の共産主義勢力の公敵は、まず天皇制にあったが、その天皇制のモデルがロシアの皇帝（ツァーリ）から取られたものであることも、思い出しておくべき事柄であるだろう。

ロシア（また旧ソ連）は、ヨーロッパの眼差しにおいても、非常にアンビバレントな位置にあったことは間違いない。ロシアの前近代的な文化地盤は、ギリシア正教会とツァーリとの融合において成立していたのであり、この地盤は、ヨーロッパからは周辺的地方性として想定されるものであった。が、さらに第一次大戦を切っ掛けとするボルシェビキ政権の成立は、ヨーロッパのマルクス主義者においても、マルクス主義の東方化の兆候と受け止められ、また同時に、ヨーロッパの支配層においては、多分に「アジア的要素」の屹立として意識され、黄禍論の一変種としても認識されていた。

いずれにせよ、東アジアが東アジアとして成立する枠組みは、多分に長期的スパンにおいて、ヨーロッパとの関係、そしてその間に位置するロシアとの関数関係において大きな流動性を示してきたはずである。ここで言いたいことは、新中国成立以後の中国（そして朝鮮民主主義人民共和国）は、そのようなロシアを大きな影として、自身の国家運営を担って来たということであり、そのような冷戦の向こう側の問題を抜きにして、東アジアの二〇世紀を論ずることは不可能だと言わざるを得ない、ということである。

無理な戦争

「大東亜戦争」と当時の日本人によって呼ばれた戦争は、日本軍の一九四一年一二月のハワイ真珠湾への攻撃とマレー半島への侵入を戦端とし、それ以後の英米との間での戦争を含んで日本が当時戦いつつあった戦争の全体をさすことになる。それまでの日本は、一九三一年の満州事変以来、さらに一九三七年の盧溝橋での衝突を端緒として中国大陸を侵略しつつあったが、この日本の侵略戦争に対して大きな国際的な牽制力を発揮したのが、英米及びソ連であった。この日本の大陸侵略が膠着状態になるにつれ、次なる戦争がどのように始まるのかということは、しばらく流動的な状況が続いたようである。もとより陸軍は、ソ連を第一の敵と想像しており、海軍は主に太平洋を管轄するところからも、アメリカ合衆国との戦争を念頭においていた。日中戦争勃発以後の全面戦争の可能性は、北を中心に展開されるのか、それとも南を中心にして展開されるのかという予想については、予断を許さぬ状況が存在していた。そこに、一九三九年の五月から九月にかけて、「満州国」とモンゴル人民共和国との境界線を舞台にして日ソが激突した通称ノモンハン事件が発生する。この戦争は、一万八千名もの日本側の戦死者を出すこととなり、ほぼ日本側の敗北として受けとめられた。この後、ソ連が日本軍を深追いして来なかった理由は、やはり西部戦線への備えに力点をおかなければならなかったからであろう。一九三九年九月ソ連は、西部の憂いを無くすためにナチス・ドイツとの間に独ソ不可侵条約を結び、同時にポーランドの分割に向かうのだが、その後僅か二年も経たないうちに、ソ連はナチス・ドイツと決定的な戦端を開くことになる。ソ連は、一貫して西方に釘付けとなっていたのであるが、考えてみれば、このような西方への力の配分がなければ、一九四一年の日ソ中立条約もあり得ず、日本側からする「大東亜戦争」とは、主にソ連との戦いを中心に展開される可能性もあった。

もしそうであったならば、後に日本軍国主義が裁かれることとなった東京裁判（極東国際軍事裁判）においても、そのあり様は、大いに変わったものとなっていただろう。まずもって、日本の戦後の占領は、主にソ連によって担われた可能性が高い。また竹内好が「近代の超克」（一九五九年）で述べていたように、仮にそうなっていたならば、日ソ戦を強く導いた戦争計画への関与として、主に日本の中枢部における英米派が大いにその責任を問われることとなったことも想像され得る。(1)

ここで必要なことは、起こり得なかった歴史を想定し、ただ歴史の想像を逞しくすることではない。近代日本が背負った戦争、及びその戦争認識の持つべき幅をできるだけ大きくしておきたいだけである。さて、ここで再度吟味してみたいのが、先に取り上げた竹内の論文「近代の超克」において展開された「大東亜戦争」の二重の性格と呼ばれるもの、つまりあの戦争は、侵略戦争であったという側面とともに、帝国主義への抵抗の戦争であったとする戦争認識の枠組みである。ここで注釈を加えなければならないのは、竹内も認めている通り、この二つの戦争の性格は実態としては一体化したものであり、二つの性格はただ「論理」として腑分けされるものである。竹内も含めて当時の多くのインテリが中国への侵略に対して忸怩たる思いをしていたのが、太平洋戦争の勃発により、対帝国主義の防衛戦争へと戦争のディレクションが変更されたかの感慨を持ったという、その内在的な論理がどのように成立しているか、ということに限定される。

この論理の歴史的前提がどこにあるかと考えた時に、容易に想像されるのが日露戦争である。つまり当時、日露戦争の勝利は、ヨーロッパの帝国主義に対するアジアの勝利として認知された側面が多分に存在していた。当時孫文がカイロに立ち寄った際に、日本人と間違われ、現地人に握手を求められたエピソードを引くまでもなく、また旅順の陥落に際して、レーニンが日本の勝利を寿いだエピソードを引くまでもなく、当時の文脈ではアジアの新興ナショナリズムの勝利として日本の戦勝を理解する向きが大きかった（もちろん、朝鮮半島の住人などを除いてだが）。いわば、一九四一年の真珠湾攻撃は、この日本が戦争の対象を正しく選びなおした快挙として、多くの日本のインテリに受けとめられた。

ここで指摘したいことがいくつかあるが、それらを約めて言えば、日露戦争後の世界で起こった国際政治の変化であり、そこでの日本のポジションの変化である。「論理」としては反復であったとしても、既にそこには重大な差異が孕まれていた。一つは、第一次大戦において日本はほとんど血を流すことなく、戦勝国側（勝ち組帝国主義）の立場に立ち得たということ、つまり実質的に第一次大戦という渦巻きに巻き込まれず、漁夫の利を得たということが挙げられる。だがその裏面として、ロシアの方は、幾度かの革命過程を経てソ連を生み出し、民族自決と階級闘争を謳う世界革命のセンターとなって行く経緯がある。またこの経緯に際して、日本は、むしろシベリア出兵によって革命に干渉し、ロシア（ソ連）と敵対関係を発生させるに到ったことも忘れてはならない。(2)

さて、ここにおける日本のポジションを測定する際に、第一次大戦に実質上参加しなかった経緯を持ち出した場合においても、それがヨーロッパからの視点である、ということを意識化しなければならない。第一次大戦にかかわるヨーロッパの知的シーンは、この大戦の期間中にシュペングラーの『西洋の没落』を生み出したことに象徴されるような、帝国主義戦争の経験に根拠をおいたヨーロッパ自身によるヨーロッパ批判を生み出したわけであるが、日本はむしろ、その二十数年後に、いわゆる京都学派を通じて、このヨーロッパ批判の論理を西洋に対する東洋の優位へ、さらに東洋における日本の指導権の正当化へと転倒させたことになる。また一九二八年に成立したパリ不戦条約は、第一次大戦の悲惨を元手にしたものとして（ただ実際には帝国主義国家が自身の植民地エリアを保護するという配慮から）、その後ソ連もまた日本も批准するところとなったものの、その数年後に満州事変が勃発するわけである。

ここで付け加えたいのは、このような整理は、思想史や国際法だけの問題に極限されるわけではない、ということである。日本の軍隊組織、特に陸軍の戦争観は、その思想上の影響を普仏戦争に勝利したプロシア、つまりドイツの軍事思想に負うていたが、興味深いのは、第一次大戦におけるドイツ帝国の敗北を如何に正当化するかにおいて、かなりの苦心をしていた経緯である。ただ結果として、決戦主義をとっていたドイツが大戦の中で戦線の膠着状態に陥り、持久戦の備えのなさにより敗北したことに関して、日本陸軍は、論理的にその経験を真剣に受け入れなかった。つまり、近代戦において長期戦にかかわる問題意識からいわゆる「統制派」などは資源確保を重要視する発想を持ったが、さらにそれを支える近代的な生産関係及び国民民主主義の形成の問題を——これは多分にフランスの勝利の文脈を見直すことである——一つの課題として思考の俎上に載せ得なかった。このことは、後の日中戦争においても、また太平洋戦争においても、当初から日本軍が短期決戦しか想定せず、兵站を重視しなかったこと、さらに個々の分隊（や個人）の自主性をほとんど承認しなかった戦い方において現に表面化したことであった。(3)

総じて日本軍は、さながら日露戦争時における軍事思想の水準によって、第二次大戦に参加したことになる。さらに日本における第二次大戦とは、初めて自身が総力戦体制を構築し、そして敗北したという意味で第一次大戦の敗北に相当するものであった。だからこそというべきか、第一次大戦のヨーロッパ世界において打ち立てられる「戦争文学」に相当するものは、日本においては第二次大戦後に書かれることになり、また第二次大戦期におけるヨーロッパのレジスタンスも、戦中の日本では展開されなかった。だがこのようなポジションのとり方も、前述したように、明らかにヨーロッパという尺度から借りて来られたものである。果たしてそれによって、十全に日本にとっての戦争経験を言い表しているのかどうか、考察の余地は大いにあるに違いない。つまりそこから導きだされる問いはこうである。ヨーロッパそのものでも決してなく、またアジアのように抵抗のナショナリズムを晴れて打ち出すことも出来なかった、そのような曖昧な日本の位置がもたらした「無理な戦争」の意味を今一度、吟味し直すことである。

軍と「近代」

ここで検討したいことは、日本の軍国主義と呼ばれたものの体質を、歴史的な眼差しのもとに考え直すことである。終戦の翌年に書かれた丸山真男の「超国家主義の論理と心理」は、天皇制に対する原理的な批判をコミンテルンという歴史的権威とは別の文脈において日本人（読者）に提示し得たということで大きな意義を持ったことは、既に解説を要しない。この論文における主要な構図は、ナチス・ドイツがワイマール期の民主主義制度を通じて、それをエリート階層の外側から破壊する行動として成立していたことから、そこには政治的な決断の元手になる民主主義的主体が担保されているという観察を示し、それとは対照的に、日本における国家体制は、体制それ自体が明確な契機を持たないままズルズルとファシズム化したことをもってその主体性の希薄さを暴露した、といった構図を持つものであった。

この丸山真男の分析は、今日においてもかなりの妥当性を持つと思われるが、と同時にそれなりの限界も有していたと考えるべきだろう。まずその論文の叙述の材料として、東京裁判における軍国主義指導者の責任回避の態度が観察されていたことは象徴的である。丸山の視点は、軍国主義者の態度を過去（戦中）の反映と見るのであり、東京裁判の仕組み全体を批判的に捉えたわけではなかった。つまり東アジアにおけるアメリカ合衆国の政治へゲモニーの確立をその目的に含んでいた東京裁判のあり方、それをほとんど等閑視することになっている。その意味もあり、丸山の筆致も、当時のマルクス主義者やGHQの見方と同様、日本の軍国主義や組織について、セクト主義的な派閥意識、既成事実を積み上げる無計画性などを俎上に載せ、封建的・前近代的な組織体質として批評する、といった手続きを示すことになった。しかし素朴に考えてみて、日本の軍国主義は、それほど前近代的なものだったのであろうか。

そのことを問うのに、実証主義的な検証が十分に重ねられるべきであろうし、また「近代的」とは何かという定義確定のための議論も必要である。だがそれと同時にここで必要なことは、具体的な歴史の中でその意味を捉えることではないだろうか。例えば一つの例として、一九四五年の八月、ポツダム宣言の受諾の際に日本軍がどのような反応を示したか、ということが一つのテーマとなり得る。一九四一年の一二月八日と同様、一九四五年の八月一五日は、日本にとってもアジアにとっても、ある意味特権的な歴史の瞬間である。もちろん私たちは、ポツダム宣言の受諾に際して、海軍はそれを肯定的に捉え、陸軍は抵抗感を示したことを知っている。しかし陸軍は最後に、天皇ヒロヒトと経済界をバックとした重鎮たちに説得され、それを受け入れた。幾つかの叛乱の兆しや可能性があったものの、それらの芽も摘まれ、結果的には、ほぼ命令通り戦闘が停止され、自ら武装解除をすることとなった。

ここには一つの歴史的な眼差しの中に捉えられたアポリアが横たわっている。つまり、この時、日本の軍隊組織が、天皇の名のもとにほぼ一斉に戦闘を停止し、武装解除し得たことを、果たして近代的な組織の性格として評価し得るのか否か、という問題設定である。竹内好や花田清輝(また保守政治家では近衛文麿)など、多くの知識人や政治家は、一九四五年の夏に徹底抗戦派の決起により内戦が引き起こされ、革命に転化することを夢想し、あるいは恐怖していた。もしそうなっていた場合、天皇制は内戦の局面において廃止され、共和制が実現していたかもしれない。極めてヨーロッパ風のパースペクティブに過ぎるかもしれないが、ある種近代の歴史を凝縮した革命過程が進展していたかもしれない、ということは想像力としては十分に保証され得るものであろう。ただ考えてみれば、その前提となるのは、軍の分裂である。つまりそこでもし軍が分裂していたとすれば、むしろそのセクト主義的な体質が存分に証明されたことになる。しかしそれとは裏腹に、軍の分裂は引き起こされず、むしろ軍は統一行動をもって(実際には徹底抗戦の可能性も認められるものの)、降伏と武装解除に応じたのである。

私自身は、丸山の天皇制や軍国主義に対する政治学的分析に対して、根本的な疑義を有しているわけではない。しかし近代日本の政治・経済・文化の進展について、そこに軍及び軍需産業の大きな介在があったことを認めなければならないし、軍が果たした、また果たさざるを得なかった近代化の側面を除くことはできないものと考える。明治以来、軍が日本の近代化に資した側面への分析は、例えば山田盛太郎の『日本資本主義分析』（一九三二—三三年）に明確に現れている。山田はさらにマルクス主義者として、軍こそがマルクス主義の前提を構成するプロレタリアートを析出させる原器となっていたことを喝破していた。

厖大なる半農奴制的零細耕作を基調とする所の、広汎なる半隷農的零細耕作農民および半奴隷的賃金労働者に対する半隷農制的な衛備、制置、労役にもかかわらず、その圧力の下に、軍事機構＝鍵鑰産業を基軸とする所の総機構での序列＝陶冶＝作用を通じて、プロレタリアートは鍛冶せられる。(4)

山田の言い分は、こうである。日本の近代化において零細農業と家内工業を基盤とした体質が温存されざるを得ないが、しかしそこに軍事機構を中心とした基軸産業の発展と展開が上から実行され、その軍を中心とした基軸産業の深化と定着の中で、近代プロレタリアートが生成するという、ある意味凡庸でもある近代化と主体形成にかかわる議論を展開した。いうなれば、このような基盤の上に、一九四五年の夏における統制のとれた戦闘停止と武装解除が成立したことになる。

否応なく、近代日本は、少なくとも一九四五年まで、このような近代化、つまり軍事機構とそれを中心とした基軸産業を大きな牽引力として、「プロレタリアート」を、日本人（男性）を鍛冶して来た。このことを内在的に批判するのは、実はさほど容易なことではない。それらはある意味では、欧米以外の国家、特に軍事「独裁」を敷いていた第三世界の国家において、大なり小なり共通する体質でもあるからだ。またここでの「軍」の役割を「党」に代えるならば、旧社会主義諸国家のパターンにも近似するものではないか、とも思われる。振り返ってみれば、端的にロシア革命を推進した主導力は、離反した軍人・兵士によるものであった。

いずれにせよマルクス主義の見解に基づくとすれば、日本の「半農奴制的零細耕作」と「半奴隷的賃金労働」にかかわる土地と生産手段の所有を変革し得ないがために、その狭隘なる再生産軌道への対応として植民地圏の確保が要請されるという、帝国植民地主義への転化の側面はやはり強調されるべきであろう。絶えざる経済的バランスにおける供給の過多を外側に向けて需要の安定化を図ろうとしたその本質こそが、先の「無理な戦争」の根本をなすものであり、だからこそそこから、日本軍国主義というカテゴリーを越えて、日本近代のパターンそのものに肉薄する批評作業が要請されねばならないわけである。いずれにせよ、当時の日本のマルクス主義者は、日本の帝国主義への転化を、ほぼ経済決定論的にではあるが正しく論証していたことになる。

遡ることのアポリア

日本の軍国主義と呼ばれる対象に対する評価は、当然のこと現在を生きる我々にとって、日本帝国の敗北とその後の軍事裁判による裁きによって初めて確定され得るものであり、そういった歴史の契機を抜きにして、その性格を科学的にも抽出することはできない。少なくとも言えることは、目的として東京裁判は、近代日本を根本において駆動した軍事機構総体を裁こうとした。が、結果として、それは内在的批判とはなり得なかった。この裁判は、初めて「平和に対する罪」や「人道に対する罪」など、これまでなかった新しい理念を有したにもかかわらず、軍国主義そのものを、つまり軍事機構を中心にして成立した近代日本の社会構造そのものを批評の俎上に載せたわけではなかった。

ここで東京裁判の歴史的性格についての初歩的な前提を批評してみるならば、周知の通りそれは、天皇の訴追をアメリカ合衆国政府の意向によって封印し、七名のA級戦犯の死刑をもってその身代わりにすることで、以後日本に対する占領政策を掌握する括弧付きの「恐怖政治」を作り出した一大イベント、ということになる。この天皇の訴追問題に関して、第二次大戦の決戦ポイントにかかわり、また現に日本列島の治安の大半を押さえるとともに昭和天皇を抱きこみつつあった合衆国の意向が、ほぼその意思を貫徹できたことは言うまでもない。また結果的に言えば、ソ連や中国などは基本的にほとんどその影響力を東京裁判に与えることができなかった。考えてみれば、この枠組みは、一九五一年のサンフランシスコ講和条約において日本の独立を「承認」するプロセスとして正確に反復されることにもなった。その意味でも、この裁判は、アメリカ合衆国の極東地域における政治的影響力を確立する楔として成立したということは、二言を要さないものと思われる。

ただこの裁判は、一人のアクターによってほとんど想定していなかった効果をもたらした。インドの法学者、パール判事の裁判批判である。パール氏に対する評価としては、特に戦後の右翼陣営において東京裁判の不当性を主張してくれた、との感謝の念が吐露されるケースが多い。パール氏は、「法の不遡及」、つまり後でできた法律で過去の出来事をさかのぼって裁くことはできないという原則から被告たちの無罪を主張したのであるが、その点のみが強調されてきた嫌いがある。実は、この「法の不遡及」を問題にしたのは、パール氏だけではなく、フランスやオランダの判事も同様であった。パール氏の場合には、さらにその判決書において、「彼らを処刑しようとするのは、歴史の針を数世紀逆戻りさせる非文明的行為である」とするなど、価値論的な領域にまで踏み込んだ評価を下している。とりわけこのような評言は、イギリスの植民地支配（さらに潜在的にアメリカ合衆国による原爆使用）を文明論的に批判する構えを言外に含んだものとして、後世に大きな影響をもたらした。

ここで振り返りたいのは、この東京裁判におけるパール氏の評言において、日本の戦争の性格が論理的に確認されたということである。本稿でも取り上げている竹内好の戦争の二重規定というコンセプトも、まさにパール氏の問題提起において再確認されたものであった。以下引用するのは、竹内の「近代の超克」の一節である。竹内は、日本浪曼派として「近代の超克」座談会にかかわった亀井勝一郎が座談会当時においては中国への十全な思考が働いていなかったとする後の悔恨について部分的に評価しながらも、その悔恨がまさに過去に「遡及」して適応されない歴史の冷徹さを強調していた。

亀井は、戦争一般という考え方を排除し、戦争から対中国（および対アジア）侵略戦争の側面を取り出して、その側面、あるいは部分についてだけ責任を負おうというのである。私はこの点だけについていえば、亀井の考え方を支持したい。大東亜戦争は、植民地侵略戦争であると同時に、対帝国主義の戦争であった。この二つの側面は、事実上一体化されていたが、論理上は区別されなければならない。日本はアメリカやイギリスを侵略しようと意図したわけではなかった。オランダから植民地を奪ったが、オランダ本国を奪おうとしたのではなかった。帝国主義によって帝国主義を倒すことはできないが、さりとて帝国主義によって帝国主義を裁くこともできない。それを裁くには何らかの普遍的な価値を基準にしなければならぬ（たとえば東京裁判での自由、正義、人道）が、そのような普遍価値は亀井の論理からは承認されない。なぜならば、東と西を包括するものとしての普遍価値は伝統と切れており、伝統から切れたものは「文明開化」であって「原典」にはなりえないからである。

この議論は、「近代の超克」論の今日からの再出発には有効だろう。また、一九四一年までの一〇年間に抵抗の力が弱かったことの歴史的説明には妥当すると思う。しかし、太平洋戦争下の「近代の超克」論議の合理化の説明にはならない。太平洋戦争において両側面は癒着していたのであって、この癒着をはがすことにはこの段階ではもう不可能だったからである。というよりも、癒着をはがす論理がありうることを、われわれは戦後に東京裁判でのパール判事の少数意見からはじめて教わったくらいであり、「近代の超克」論の中で誰ひとり提出していないのである。今日からの大東亜戦争の再評価に当たっては、亀井の観点は大いに参考になるが、当時の歴史の具体的な進行状況において、さかのぼってこの見方を適用す

ることはできない、というのが私の考えである。(5)

「当時の歴史の具体的な進行状況において、さかのぼってこの見方を適用することはできない」というもの言いは、まさに東京裁判の性格が右翼によって批判される際の、法の適用にかかわる「不遡及」性と見合っていて興味深い。再度簡略化して言うなれば、ある出来事が経過し、その事後において確立された別の価値観や思考の枠組みを過去に適用することはできないということだが、これは実に裏腹な舞台である。「不遡及」の主張は、むしろ人間が遡及的にものを考えてしまうことの裏返しの表現でもあるのだから。それは歴史の書き換えの欲望をともなって、絶えず過去との格闘のステージを作り上げるとともに、またそのステージを破壊する力でもある。一九四五年の八月の経験を通して、つまり日本帝国の敗北をもって私たちは、日本の軍国主義の性格規定の作業に参入するのであり、その他律的な裁きに晒されることの中で、そこで展開されたパールなどの反植民地主義思想の断片から、歴史哲学の閃きが得られることもあるわけだ。竹内が述べたように、歴史の具体的な進行において戦争の二つの性格は癒着していたが、私たちは事後的にでもその癒着をはがす努力が可能でありまた必要なのであり、その努力の中に私たちの現在性が位置づけられることになる。ではそのような努力の中にある現在性とは何であったのか。日本によって遂行された二重の戦争は、まさにその後の東アジアにおいて展開されていたことであった。二重の戦争は、以下に転化することになる。

（一）日本はサンフランシスコ講和条約において、西側に位置づけられた「独立」国となったが、と同時に中国（新中国）との国交回復をサボタージュすることとなった。ここで言う国交回復とは、つまり中国との間で行われるべき戦争処理であり、形式的には一九七二年まで日本は中国と戦争の継続状態にあったことになる。こういったことは、竹内好を初めとして、多くの日本の知識人また広範な日本人の間で、念頭に置かれ続けていた感覚であったし、それは先に触れたように亀井勝一郎など、保守派の論客などにおいても共有された感覚であった。日本の中国への侵略戦争は、その意味で継続されていたのである。

（二）では日本が「論理」として戦ったとされる対帝国主義の戦争の方はどうであろうか。それは一九五〇年代の朝鮮戦争において、また一九六〇年代からのベトナム戦争において、かつて戦争を経験した世代にとっては、自分たちの戦争の転移形として見えていた可能性がある。つまり朝鮮やベトナムは、かつての日本が戦った「大東亜戦争」を継続している、という見方を誘発する可能性があった。またさらに付け加えるならば、ベトナム戦争においては、例えば、大規模かつ近代的な掃討作戦を展開する合衆国の軍隊がベトナムのゲリラ兵（と潜在的なゲリラ）によって翻弄される姿など、かつて中国大陸における日本軍の蹉跌を髣髴とさせるものであった、とも言われている。

そこでは、また別の意味で二重に日本のポジョンが定位されることになる。つまり、ベトナム戦争におけるベトナムは、かつての日本であり、ベトナムを攻撃するアメリカ合衆国もかつての日本である、ということ。いずれにせよ、戦後の冷戦（熱戦）においてこそ、あの戦争の二重の性格は、むしろ癒着を起こさず、比較的明瞭な形をともなって見えることになっていた、と言えるかもしれない。

戦後文学の歴史哲学

そういった戦後日本を取り巻くアジアの戦争状況は、ある意味、自身の過去に向き合いながら、多くの再発見をもたらしていたはずである。あの一九四五年以前の戦争の実態を復元しようとする欲望が、またかつての戦争を記録する志向性が、広範なる戦争経験者（文学者）の間でもたらされた。特に、海軍系の物語は、吉村昭、阿川弘之などの実作や、さらに評論においては江藤淳、加藤典洋などへと引き継がれ、大きな遺産を形成したと考えられる。しかしその一方、陸軍系では、（もちろん多くの素人文学者が戦記文学を生産したのだが）さしたる成果があげられていないとの見方もできる。ここで敢えて陸軍系の物語に対して消極的な評価を与えることが不当であることとは十分に承知している。大岡昇平の『俘虜記』（一九四八年）、野間宏の『真空地帯』（一九五二年）、大西巨人の『神聖喜劇』（一九六〇〜八〇年）などを除外しているからだ。だがそれらを除外したのには、一つの理由がある。それらは、『俘虜記』にしても、収容所生活がメインをなしていることからも、また他の二作品が主に内務班の内情を扱ったものであることからも、「敵との遭遇」が希薄であるからだ。しかしそれは、海軍系の物語については、むしろ当然の大前提であるかもしれない。海軍系の物語は、その戦闘形態からして、原理的に「敵」を表象し難い（というよりも、「敵」を表象せずに済む海軍系の物語が、「敵」の消去に適した条件において戦後空間に繁茂した、という言い方が適切であろう)。

総じて、日本の戦記文学の性格は、「敵」の存在を曖昧にすることを一つの特色としている、という仮説を立てることができよう。敵を「敵」として表象しない限り、その「敵」を「友」とする思考回路も生まれないはずである。日本の戦争文学が、ヨーロッパの戦争文学の基準を満たさない最大の理由がここにある。だがここで、一つの事例を持って例外を指し示してみたい。前述した大岡昇平の戦争体験にかかわる仕事である。大岡の戦争小説の生産は大まかに、『俘虜記』(一九四八年)、『野火』(一九五二年)、『レイテ戦記』(一九六七〜六九年)という道筋を辿ることになるが、この展開には日本の戦後史の変転と即応する側面があることを強調しておきたい。

『俘虜記』は、作家自身の体験が投影された筋書きとなっており、実は私小説に近い特色をもつ。さらにそこにもう一つのモメントを付け加えると、この作品は、それが書かれた占領期のアナロジーとして、この作品の大きな部分を占める捕虜キャンプの描写が読み解けるのである。例えば、旧植民地出身者の台湾人兵士は、日本人とともに捕虜にされるのだが、米軍によって管理されるキャンプ地において「中国」に分類され、戦勝気分に傾き始めるシーンなど象徴的である。またそれとの対比として、それら台湾人キャンプエリアを苦々しく眺める日本兵エリアの意気消沈ぶりなど、占領下日本の空気を正確に反映していると読めなくもない(だが実際には、捕虜虐待を理由にしてBC級戦犯となった台湾人兵士もいた(6))。

さて二作目の『野火』であるが、この作品は、戦前に小林秀雄にフランス語の手ほどきを受けた経験に象徴されるような、ヨーロッパ文学の素養によって、「罪」と「告悔」を基本テーマとする観念小説との見方も可能な作品である。だが、この作品は、朝鮮民族同士が殺しあわざるを得なくなった朝鮮戦争の最中に書かれていることが、自身の戦友を食ってしまうという、その極限状態の設定に何らかの影響を与えている、という解読も可能である。さらにベトナム戦争の勃発直後から発表され続けた『レイテ戦記』は、大岡昇平という作家のみならず、日本の戦争文学の限界を突き抜けたものとして注目に値する。『レイテ戦記』は、作家自身が戦闘に参加していたミンドロ島ではないレイテ島の死闘にかかわる戦友の談話を元ネタとするものであるが、それ以上に重要なことは、大岡が丹念に記録・文書にあたっていることである。大岡は、防衛庁防衛研修所戦史室の資料や、復員局が提出した報告調書、その他数多の経験者の戦記や回想にあたり、さらに合衆国側のジャーナリストの記録、及び合衆国海軍、陸軍、空軍の記録にもあたり、その上で執筆を行っている。つまり『レイテ戦記』は、明確に歴史の再構成への意思によって発意された「後付け」の作品である、と言えるのである。そこでの大岡は、敵たるアメリカ合衆国の日本軍に対する行動のモチベーションからその実現過程にいたる理路を周到に研究したわけだが、さらに後の資料解読を通じてもう一つの潜在的な「敵」、つまりフィリピン側ゲリラの動向にも深く精通することになる。この点は、その他の数多ある日本の戦争を題材とした戦争文学において見られなかった特色でもある。

一つの例として、フィリピン側ゲリラに関して後に知られる知見として、抗日ゲリラ集団は、無政府状態から自然に発生する強盗集団から、さらに親米系のゲリラと共産系のゲリラを派生させることになる。実に日本軍の侵入に際して、この親米系ゲリラと共産系ゲリラ集団は共同戦線を敷いていたのである。米軍は、当初日本という共通する「敵」にあたることから、共産ゲリラを同盟軍と規定していた。しかし大岡の筆は、日本軍が降伏した後で系譜を別にするこのゲリラ集団がどのような運命を辿っていくのか、というところにまで進んでいる。予想される通り、共産ゲリラは、日本の降伏以降、戻ってきたマッカーサーとその部下たちにより、徹底的な弾圧を受けることになる。フィリピンにおいて日本が敗北した戦争は、日本の敗北により完結したのではなく、新たな戦争の突端にも位置していた。

ここで注意したいのは、この『レイテ戦記』はおりしも激戦が伝えられるベトナム戦争の最中に発表されている、ということである。『レイテ戦記』は、正規軍とゲリラによる非対称的な戦闘のあり様を暗示するかのように、それがフィリピンという地において先行して行われたことを伝えたのである。東アジアにおける冷戦（熱戦）は、日本帝国によって為された戦争の継続という側面を持つのであり、また日本帝国による戦争自身が、冷戦（熱戦）の揺籃でもあったということになる。しかしこのこと自体は、さほど目新しい知見ではないかもしれない。日本を除く、東アジアにおいては、ある意味では常識の部類に属することなのだから。

ここで『レイテ戦記』を例にとって強調しておきたいのは、戦争という経験は、記録への意思によって書き換えられ得るということである。もちろん戦争の経験を無原則に勝手に書き換えることは倫理的に許されない。書き換える際の、その担い手の原則的な態度に着目することが必要であろう。大岡が果たしてどのような原則、あるいは原則的な態度を持っていたかについては、一言では言い表せられない。ただ言えることは、大岡がそれまでに書かれた戦記文学に対して大いなる不満を持っていたということである。戦闘が有利に働いている場合にはその作戦を指示した将校への賛美が吐露され、また逆に失敗した作戦については「運が味方しなかった」といった類の身勝手な叙述に対して、大岡には深い不満が潜在していた。そしてもう一つ、大岡の原則らしき態度が、大岡が実際にフィリピンへ渡った際の叙述の中に伺われるのである。大岡は、かつての戦友たち、特に亡くなった戦友たちへの限りない愛惜と哀愁に浸りながらも、「フィリピン人は私の感傷と関係なく存在している。私があの時山の中で死んだとしても、いま私が見るのと、寸分違わない形で存在しているのは確かなことである」(7)と述懐している。

このように、自身の溢れ出す感傷に翻弄されつつも、しかしその自身の感傷を抑制しつつ、自分がかかわった時空と相対する態度は、まさに歴史哲学の眼差しを体現したものと言えよう。近代日本が引き起こした戦争思想の水準に対して、日本にとって最後とすべきあの戦争が終わった後において、それを思想の作業として凌駕せんとする意志を私はそこに見る思いがする。

「裁き」を裁くこと

二度の世界大戦後において、当事者国同士だけが戦後処理を為す段階から、その裁定の場が国際的な舞台へと止揚されたことは、後戻りの出来ない思想的潮流を構成した。主にパリ不戦条約から意識され始めた「平和への罪」、さらにナチスによるユダヤ人へのジェノサイドから意識されざるを得なくなった「人道への罪」がそれである。だがそれは、裁判を取り仕切ったアメリカ合衆国による原爆使用が裁き得ないことにより、その発端から空洞化させられていたとも言える。だからこそ、そのような裁きのコンセプトが蔑ろにされつつある今、その国際的な裁きが孕み持っていた矛盾を議論の俎上に載せつつ、さらにそれを適正化せねばならないという二枚腰の対応が必要とされているのが今日のあり方であろう。

このような矛盾は、実のところ戦争行為にかかわる処罰を道徳的価値から下そうとする際の原理的なアポリアなのかもしれない。ハンナ・アーレントは『責任と判断』（二〇〇三年）の中で、戦争犯罪と一般の犯罪との違いについて、このように述べている。

……ふつうは社会を犯罪者から保護する必要があるか、犯罪者を矯正するか、潜在的な犯罪者に実例を示して警告を与えることで、犯罪を阻止する力を発揮するか、報復的な正義の営みとしてかのいずれかがあげられるものです。しかし少し考えてみればお分かりのように、これらのどの根拠も、いわゆる戦争犯罪人の処罰には無効なのです。

戦争犯罪人はふつうの犯罪者ではありませんし、ふたたび犯罪を犯す妥当な可能性がある人など、ほとんどいません。社会をこうした人々から保護する必要はないのです。ふつうの犯罪者と比較すると、戦争犯罪人を投獄することで矯正できるかどうかは、さらに疑問です。またこうした犯罪が犯されたか、あるいは将来において犯されるようになる異例な状況を考慮してみると、将来においてこうした犯罪を阻止する力があるとは、ほとんど期待できません。(8)

アーレントの言葉を使用するなら、一般の犯罪に対する処罰は「個人的な責任」において存するのであり、戦争犯罪の方は「政治共同体の責任」というステージにおいて立ち現れるものとして、原理的に区別されることになる。もちろん、アーレントの思想的営為は、この区別を意識しながらも、そこに「処罰」がなければならないこと、それがなければ人間社会の基礎的条件ともいえる正義感が消失することへの抵抗に存していたといえる。

いずれにせよ、東京裁判そしてニュルンベルク裁判は、第二次大戦後に浮上することになった「平和に対する罪」、「人道に対する罪」を掲げ、それを適応する一大実験場となった。そこで使われた戦争犯罪の概念は、いわば「個人的な責任」にかかわる処罰と矯正を「政治的共同体の責任」へと適応させたことになるのだが、問題となるのは端的に、その裁きの場に「政治的共同体の責任」が倒立したところの「報復政治」が密かに混入していたことである。そしてこのことは、ニュルンベルク裁判の不十分さによって発意された、イスラエルにおける裁判においても際立つことになった。だから『イェルサレムのアイヒマン』の中でアーレントは、アイヒマン裁判（一九六一年）へのイスラエルの民族国家政治の混入について、批判的な注釈を加えることになった。しかし最も問題となるのは、そのようなアーレントにおいても、結果的にアイヒマンに対する死刑を是認している事実である。それは、国家による「報復政治」そのものとは見做されないにしても、「裁き」の主体を考察する際に避けては通れないアポリアを顕在化させることとなった。

第二次大戦後から現在まで、国際社会は、戦争処理と戦争犯罪の処理について、このようなジレンマを解決していない。ただし、若干の例外除いて。その若干の例外は、むしろ自らの「政治」

を顕現させ、その「政治」を徹底することによって得られた「反報復」の思想であった。ほとんど知られていないその例外とは、第二次大戦後成立した新中国によって行われた裁判のことである。それはちょうど、東京裁判などが行われた四〇年代後半と、イスラエルにおけるアイヒマン裁判（一九六一年）との間の時期に行われた。この裁判は、まさに四〇年代後半に集中した幾つかの裁判が終了した時点から始まっている。

それは一九五〇年、日本人戦犯約千名がソ連のシベリアから新中国側に引き渡され、六年後の一九五六年に彼ら戦犯に対して為された裁判、つまり瀋陽裁判のことである（大半の起訴免除の組は、瀋陽裁判に先立って撫順・太源でそれぞれ判決を言い渡された）。それら新中国が行った戦犯裁判の後、彼ら日本人戦犯のほとんどは即刻日本に帰還し（最長でも一九六四年に帰還した）、瀋陽裁判の翌年の一九五七年に「中国帰国者連絡会」を結成、紆余曲折を経ながらも、一貫して反戦の立場で活動を続けることとなった。[9] 中国社会科学院の程凱が指摘するように、この瀋陽裁判など新中国によってなされた戦争裁判は、冷戦構造の中で東京裁判や南京裁判（中華民国）への対抗を意識したもので、戦犯に手厚い保護と思想的な「改造」をほどこし、全員の改心の後に、一人の死刑者もなく帰国を許すこととなった空前絶後の裁判であった。新中国の意図は、彼らBC級戦犯を「改造」し、帰国させることによって、現に日本による未来の戦争犯罪を防止し得る「友」を作ろうとした、ということになる。このような寛大な処置は、八路軍当時の日本軍捕虜優遇政策によって、原隊に復帰したい日本人捕虜はそのまま原隊に帰されることとなった経緯をも彷彿とさせる。[10]

さてこの「改造」は、もちろん西側諸国の一般的な評価としては、「洗脳」という言葉に代表されるように、極めて政治的な処置として嫌悪の対象になったものでもある。この際、新中国側が行った「改造」について、それが「強制」であったのか、「自発」であったのかという水掛け論については脇におき、改めてそれが意味したものを吟味するならば、そこに貫徹していたものは「革命政治」である。多分に結果論ではあれ、ソ連も中国も革命国家であり、ソ連において改心しなかった戦犯たちが中国に来て改心したことは、それ自体で中ソ対立という近未来の革命概念にかかわる論争を覗き得る興味深い現象でもあろう。この撫順、瀋陽における奇跡は、ソ連型社会主義への対抗の意味が事後的に派生したことにおいても、なおさら冷戦期東アジアの複雑さを暗示させるものとなった。同じ社会主義を目指す国家であっても、その捕虜となった日本人たちに、別の社会主義観を作り出したことになるかもしれない。

ここで最も重要なことは、新中国によって為された裁判は、先に触れたアーレントの最終的な結論が当てはまらないところの、「成功例」として存在したということである。この「改造」というコンセプト、つまり近代の人間観にかかわるアポリアを凝縮した実践概念によって、いわば「個人的な責任」と「政治共同体の責任」が重ね書きされることになったわけだ。もちろん、様々な証言や資料を精査することによって、この「改造」を即座に成功として判断することへの反駁も出て来よう。現に、厳格な国際法に基づくならば、彼ら戦犯は、自分が直接犯していない残虐行為であっても、同じ部隊内で生じたものならそれを「認罪」しており、つまり法的処理の範囲を超えた現象をも生み出していた。

一九七六年の文革終了後、「国際秩序」への「復帰」を取り決め、ほとんど「革命」の看板を下ろしてしまった中国において、この法的処理を超えた措置を再定義することは、実に困難なことである。もはや簡単に「改造」を褒め称えることはできない。先の程凱が指摘するように、現在を生きる中国人、とりわけ若者は、瀋陽裁判が有した意義を理解することが困難になっている。しかしだからこそと言うべきか、その「改造」というコンセプトが孕み持った思想の水準は、この東アジアにおいて、戦争処理という近代的アポリアを凝縮した課題を解くために、決して忘れてはならない歴史の資源となるものではないだろうか。つまり「大東亜戦争」は、東京裁判だけで終わるものではなかった。「大東亜戦争」は、新中国による「裁き」への再評価も含めて、見えざる歴史の書き換えの途上にある、と言わざるを得ないのである。

私たちは、かつての戦争とその処理について、勝手気ままな想像は不可能であるし、またそれを禁じられている。例えば、枢軸国側が勝利する第二次大戦の結末を夢想することなど、それに相当するものである。ただ、私たちの想像力は、ある原則によって制限されつつも、その働きを止めることもできない。東京裁判当時、日本の一般庶民は、かつて戦時中に軍人の横暴さを肌で感じていたがために、東京裁判の結末について、ほとんど「ざまあみろ」といった感じ方をしていたとされる。では、もし主にソ連の影響力によって「東京裁判」が成立していたらどうなっていただろうか。おそらく昭和天皇への処罰が実行されたことが予想される。少なくとも、昭和天皇の退位は必然であるばかりか、天皇制そのものの廃止も必至であっただろう。ではその場合、日本の民衆は、そうなった昭和天皇に対してどのような反応を示しただろうか。私たちは、それについてほとんどイメージ化できる材料を持っていない。退位した天皇、処罰を受ける天皇のイメージ——これは資料による後付けの効かない、事後的な想像となる。しかしただ一つだけ、イメージ化できる材料が存在する。それは、日本の侵略戦争の最大の対象であった中国が新中国となった後、かつて皇帝であったある人間に施した「改造」の形跡である。私たちは現在、既に愛新覚羅溥儀が残した日記を読めるポジションにある。[11] 彼が戦犯収容所で過ごした経験や改心の事蹟は、日本の天皇が理想的に裁かれるためのイメージの材料ともなるはずのものである。いずれにせよ、それも東アジアの戦争処理にかかわる財産なのだから。

ともあれ、そのような想像の余地が派生してきてしまうのも、「東京裁判」が日本人自身による主体的な裁きの場となり得なかったことから来る歪みに他ならない。日本人自身による戦争裁判については、戦後東久邇内閣において一瞬だけ発案されそうになった時期が存在する。内大臣であった木戸幸一が巣鴨に入る前のことである。日本人による裁判についての内々の相談を東久邇内閣から受けた木戸は、このように答えたという。「日本の裁判は天皇の名において行われるものであるが、その天皇御自身は自分お一人で責任をとろうとしてお出で《ママ》になるので、御自分の名において他を裁くことは到底忍びないお気持ちだと拝察される。再考されたい[12]」と。日本の統治者たちは、いまだ天皇の名の下における戦争裁判を想定していたのである。なんとものんびりしたものである。そしてさらに木戸は、結論として日本による裁判は不可能であるとしつつ、むしろ「勝者の裁きが一番すっきりしている[13]」と考えていた。また実に、アイロニカルである。あるいは私たちは、ここに統治者の狡知、あるいは極度の無責任さを見る思いもする。「勝者による裁き」という不正義が、むしろ敗北した統治者によっても是認されていた。その意味でも私たちは、戦争の裁きの主体を、統治者（間の交渉）に委ねるわけにはいかないのであり、その裁きの歴史の公共性を担保するためにも、「人民による裁判」は、実際のマイナスの歴史も踏まえつつ、是認されなければならない。しかしてまた、その「人民による裁判」は、イデオロギーによる裁判ではなく、自国の近代化の歴史の歪みそのものを問題化するものでなければならないはずである。

日本が起こした戦争はすべて、日本の「近代化」という名の大いなる物語の決して少なくない部分を占めている——このことは誰もが疑い得ない事実である。一方で戦争はまた、その戦争処理や戦争を記録する行為も含めて、未完の歴史として何度も、書き直され裁かれる運命にあることも真理である。戦争は、常にその処理や記録をめぐって、その後でこそ人間社会の水準を引き上げ得るチャンスを待っている歴史の遺産なのであり、私たちはすべてその裁きに参与する主体責任を受け持たされているのだから。

参考文献

程凱「〈双重戦後〉与改造事件」『読書』三聯書店、二〇〇七年。

山田盛太郎『日本資本主義分析』岩波書店、一九九七年（初出：一九三八年）。

アメリカ合衆国戦略爆撃調査団『日本戦争経済の崩壊』日本評論社、一九五〇年。

村上一郎『日本軍隊序説』新人物往来社、一九七三年。石原莞爾『最終戦争論・戦争史大観（石原莞爾選集3)』たまいらぼ、一九八六年。

クラウゼヴィッツ『戦争論 レクラム版』芙蓉書房出版、二〇〇一年。

三宅正樹『政軍関係研究』芦書房、二〇〇一年。

山本武利編訳『延安リポート アメリカ戦時情報局対日軍事工作』岩波書店、二〇〇六年。

ハンナ・アーレント『イェルサレムのアイヒマン』大久保和郎訳、みすず書房、一九六九年。

ハンナ・アーレント、ジェローム・コーン編『責任と判断』中山元訳、筑摩書房、二〇〇七年。

木戸日記研究会(代表:江村稔)『木戸日記 東京裁判期』東京大学出版会、一九八〇年。

注

(1)竹内好「近代の超克」『竹内好全集 第八巻』筑摩書房、三五―三六頁参照。
(2)ロシアの第一革命(一九〇五年)まで、内田良平に代表されるような日本の民族主義者(アジア主義者)は、その革命運動を支持していたことも念頭におかれるべきだろう。日本の民族主義者たちは、一九一七年の一〇月革命において、その革命思想が「国体」を危うくするものと判断したがために、その後シベリア出兵にも賛成したわけである。つまり、この一〇月革命の衝撃が、日本の民族主義者たちを右旋回させた起点となるものと想定される。滝沢誠『評伝内田良平』大和書房、一九七六年、葦津珍彦『大アジア主義と頭山満』葦津事務所、二〇〇五年、参照。
(3)戦前日本の軍事思想を振り返った場合、クラウゼヴィッツの『戦争論』にかかわる受容の誤解など、ドイツ軍政学の未消化の実態が指摘し得る。日本陸軍は、主に戦術・実践の部分においてドイツを見習ったわけであるが、その背後にある市民革命の要素を吸収し得なかった。またクラウゼヴィッツの読解についても、結局のところ、クラウゼヴィッツは即決戦を有利と見たのか、持久戦を主たる未来の戦争の形として見通したのか、『戦争論』の編集のあり方そのものにも混乱が存していたようである。李鍾学「『戦争論』はいかに読むべきか」『『戦争論』の読み方』（芙蓉書房出版、二〇〇一年）参照。
（4）山田盛太郎『日本資本主義分析』岩波文庫、一九七七年（初出：一九三四年）、一九八頁。
（5）竹内好「近代の超克」『竹内好全集　第八巻』筑摩書房、三三一―三四頁。
（6）蔡慧玉編著『走過両個時代的人　台籍日本兵（口述歴史専刊1）』（台湾）中央研究院、参照。
（7）大岡昇平『ミンドロ島ふたたび』中公文庫、一九七六年、二六頁。
（8）ハンナ・アーレント、ジェローム・コーン編『責任と判断』中山元訳、筑摩書房、二〇〇七年、三五頁。
（9）『季刊中帰連』「季刊中帰連」発行所、一九九七年〜、参照。
日本の戦後の平和運動において、新中国の撫順及び太原の収容所に居た、約千名の戦犯たちの帰還のことがあまりにも等閑視されて来た。本誌は、そのような元戦犯たちが、どのような教育を受け、またどのように改心に到ったかを切々と訴えかけている。振り返ってみれば、「新しい歴史教科書をつくる会」の成立の発端となったのも、実はこの元戦犯たちが『三光』という書物を上梓し、それに「つくる会」にいたるメンバーが反応したことが契機となっていた。
（10）延安の幹部から聴取され作成された『延安リポート』（アメリカ戦時情報局）によれば、八路軍の捕虜優遇政策は、日本兵捕虜に八路軍内部で学習を続けたいものには学習の機会を与え、原隊（日本軍）に復帰したいものには、その道を選ばせることになった、と記されている。ただ往々にして、原隊に復帰した日本兵は上官によって虐待を受けたり、孤立させられることになった。だがさらに興味深いのは、その捕虜の釈放は、八路軍に捕まれば拷問を受けると教育して来た日本軍の「教育」の正統性にかなりの動揺を与え、さらに別の効果として、日本軍の最後の「突撃」を諦めさせ、多数の降伏者を促す伏線にもなっていった、と見做されている。
（11）愛新覚羅溥儀『わが半生「満州国」皇帝の自分（上・下）』小野忍・野原四郎・新島淳良・丸山昇訳、

筑摩書房、一九七七年。王慶祥編集・李淑賢資料提供『溥儀日記』学生社、一九九四年。
(12) 木戸日記研究会(代表:江村稔)『木戸日記　東京裁判期』東京大学出版会、一九八〇年、四五〇頁。
(13) 同書、四五〇頁。

非対称的な戦争

日中戦争を振り返る視点として、それを一五年戦争として考察する向きが強かった日本の学術界に対して、中国側は政府民間の区別なく、抗日八年という用語が頻用されていることからも（台湾の中華民国政府もそのように表現する）、そこにお互いの戦争観のズレを見出すことができる。一五年戦争という場合は、当然満州事変からの年月であり、それを中国への侵略行為の起点とする、それなりの妥当性を有する数え方である一方、中国の八年とは、その前年からの政治協力（国共合作）による抗戦体制の確立を暗に示すことになる。つまり、日中戦争というプロセスは、侵略と防衛とが対称的に表裏一体となった軍事現象ではなく、軍事と政治の戦争という非対称的な構図をそこに見出すことができる歴史現象であったとも言えるだろう。また別の観点からするならば、日中戦争の相互の非対称性は、非戦闘員への残虐行為という重い歴史現象を起点にして考察することもできる。端的に、中国側戦闘員による日本人非戦闘員への残虐行為が、全く成立し得ない戦争であった。また尚且つこの出来事を日本側に即して言うならば、そういった非戦闘員への集団的な残虐行為それ自体が、日本の戦争史上においても初めてに近い経験だったということである。世界史的には、非戦闘員を巻き込んだ総力戦への否定的感情が後の「平和に対する罪」「人道に対する罪」といった観念に結実するわけだが、日本による中国への侵略行為は、まさにそのことが問題化する戦争となったわけである。

その意味で、今日注目されている日中戦争にかかわる戦後補償問題は、日本国内の政治陣営における二つの類型を形成せざるを得ない。つまり、右翼側の抵抗感は、事後法としての「平和に対する罪」「人道に対する罪」が過去に遡及される不当な裁きとしてそれを否認する行為に現れている。また一方での戦後補償を進める側の論理は、「平和に対する罪」「人道に対する罪」という観念が事後的にでも承認されなければならない立場、と差し当たり表現できるかもしれない。戦後補償にかかわる問題は、戦争にかかわる歴史観そのもの、さらに言えば戦争によって形成された概念と現実とのタイムラグを念頭においた、歴史哲学的な課題を孕んでいるのである。

蛇足が長すぎた。本稿で指し示したいのは、このような問題意識に立った際に派生するもう一つの重要事項である。非戦闘員への残虐行為にかかわる問題の考察については、現在までに様々な識者が歴史的な検証を進めているが、もう一つここで付け加えたいのは、非戦闘員でなく、戦争の過程の中で戦闘員から非戦闘員に移った人々のこと、つまり「捕虜」という存在に対する考察である。周知の通り、捕虜の保護にかかわる国際法は、第一次大戦以前、一八九九年の第一回万国平和会議において定められたハーグ陸戦条約として成立しており、一九一一年に日本もそれを批准し、翌年には「陸戦ノ法規慣例ニ関スル条約」として国内に公布されていた。しかしその後、世界史的にこの捕虜にかかわる保護規定は、スペイン内乱から第二次大戦にかけて、ゲリラ戦の登場による正規兵・非正規兵の曖昧化によって、徐々に破られていく。日本の場合、日露戦争までは守られていた捕虜の保護規定が日中戦争時において守られなくなったと言われていることも、このゲリラ戦という総力戦の裏側に張り付いたもう一つの戦争形態の登場に依っているわけである。

もちろん今日の観点からして、農民・市民も協力者としたゲリラ戦による抵抗を受けたからといって、捕虜の保護規定が守られなかったことを正当化することは不可能である。こういった部分も先述したように、歴史に対する見方そのものの難しさを表現しているとは言える。ただここで注意を促したいのは、ゲリラ側集団の捕虜となった日本兵の問題である。つまり論理的に言えば、捕虜虐待へと向かわせた動力としてゲリラ戦があったとして、ゲリラ戦をする側において獲得された捕虜が果たしてどうなったか、ということであり、まずはこの極めて皮肉な歴史のめぐり合わせに驚いてみる必要があるだろう。

本稿は、日本人捕虜という存在、さらに戦犯とされた人々の存在を中心議題とするが、その前に若干の説明を試みなければならないのは、中国側の戦争観である。先のハーグ陸戦条約であるが、それが成立した万国平和会議に中国（清朝）代表は参加しているが、その際ハーグ陸戦条約には調印していない。しかしこれは、ハーグ陸戦条約に反対したという意味ではない。当時、中国（清朝）には、近代的な陸軍組織が完成していなかったがために、中国（清朝）の代表者は傍観者たらざるを得なかったからである。そして次に第一次大戦時での中国の立場であるが、ここでも中国は、実際上、大戦に参加し得るようなアクターではなかった。つまり中国は、世界大戦史の水準においてはずっと「遅れた」側にあったと言えるし、近代的軍隊の未成熟という側面からも、ゲリラ戦を採用することになったと言えるわけである（特に共産党側の場合、国際的な援助が十分に得られなかった）。毛沢東も、黄軍官学校の教官や学生を通じて、ソ連式の軍事技術の知識を有していたと言われているが、実はゲリラ戦にかかわる知識は、彼の育った環境に規定されたところの太平天国の乱や農民暴動、それを抑える軍閥軍などへの見聞が元になっていたと考えられる。総じて、中国共産党のゲリラ戦にかかわる方法論は、中国独自の歴史的地盤から派生した面が大きかったと言えるだろう。

戦争における「政治」

こういった前提を踏まえここから考えたいことは、まさに八路軍（新四軍も含む第一八集団軍というべきだが、それらを総称した慣用語として「八路軍」を使用する）が行った捕虜政策の歴史的な意味である。先述したように、中国は独自の近代的軍隊を持つことが中々できない「遅れ」の中にあった。畢竟、ハーグ陸戦条約にも調印できなかったし、非戦闘員を巻き込んだ総力戦への嫌悪から潜在的に意識化されつつあった「平和に対する罪」「人道に対する罪」についても、八路軍は、事実上それらの文脈の外に置かれていたと考えることが至当であろう。そのことは、毛沢東の戦争観にも如実に現れている。「持久戦論」（一九三八年）の中で毛沢東は、この戦争について日本軍国主義による反動的な戦争と中国による進歩的な戦争という構図の正統性を主張しているが、ここからも抽象的な平和＝戦争の観念とは無縁であったことがまた当然のこととして受け取れる。しかして問題は、「人道に対する罪」に近い発想があったかどうかということである。先んじて結論を言えば、捕虜に対する優遇政策は、ヨーロッパとは別の文脈において成立していた（後に詳述）。日中戦争は、紛れもなく第二次大戦の一部である必然性を持ちつつも、その文脈とは一定程度切り離された独自のコースを構成していた。その意味で、なぜ特に八路軍において捕虜優遇政策が成立し得たのか、さらにその捕虜優遇政策がまた、後の撫順及び太原の戦犯管理所における独特の活動――「改造」と「認罪」に繋がっていったのかを知ることが重要な作業となる。

共産党の指導下の捕虜優遇政策にかかわる研究態度として、抗日戦争、国共内戦の帰趨などから事後的に作られた国家イデオロギーから離れることが必要であり、またそのような資料に当たるべきことが必要とされるだろう。その意味で、当時、日本との戦争にかかわって有効な宣伝の方策を探求しようとしていたアメリカ戦時情報局の延安への軍事視察団（United States Army Observer Group）の派遣の事蹟は、大いにその資料的価値が認められる。以下、それらミッションが残した『延安リポート』（山本武利編訳、岩波書店）の報告と、この「延安リポート」を分析評価した山極晃の『米戦時情報局の「延安報告」と日本人民解放連盟』（大月書店）の叙述に沿いながら、捕虜優遇政策の由来を探ることにしたい。

「延安リポート」は、アメリカ戦時情報局が主に南方戦線の日本軍に対する宣伝活動の参考にするために、当時延安にいた敵軍工作副部長の李初梨や岡野進（野坂参三）などへの聴き取りや、そこで得られた資料などを通じて作成されたものである。リポートの内容は、八路軍の対日心理作戦から捕虜政策、さらに実際のビラの内容の報告、また日本人民解放同盟や捕虜を反戦活動に従事させるための日本労農学校の調査など、実に多岐に渡っている。興味深いのは、それらアメリカ側のミッションにとって、八路軍の捕虜政策から学ぶことは多かったものの、実際に、八路軍が実施した捕虜優遇政策は現に南方で日本軍と戦う米軍には適応できなかった、という事実である。アメリカの軍人は、一般的に捕虜政策や心理戦を軽視しがちであったし、兵士たちも一発でも多くの弾丸や爆弾を日本軍に放ちたがっていた。それは米軍が軍事的に日本軍に勝っている自信から来る心的傾向と言えよう。すなわち、捕虜優遇政策は、軍事的な劣勢を補う手段であった、ということである。その意味でも、支那方面軍を指揮していた島貫武大佐が八路軍に対して、「彼らは思想、軍事、政治、経済の諸施策を巧みに統合して、その努力を政治七分、軍事三分においている。従って我もまた軍事力のみでは鎮圧することはできず、これら多元的、複合的施策を統合発揮しなければならない」と評していたことは、実に興味深い。軍政学的な見地で言えば、八路軍の捕虜優遇政策も含んだ戦争戦略は、軍事的力量を補わんがための方法論として、軍事に対する政治の優位を志向したものだと言えるだろう。

　しかしてこの「延安リポート」が日本人にとって最も興味深く読まれる部分とは、まさに米軍には適応できなかったとされる部分、捕虜優遇政策の形成である。まず抗日戦争初期においては、八路軍の捕虜政策は十分な成果を収めることができなかった。日本の兵士は捕虜を不名誉なこととする心理が大きく、また日本軍内の教育の結果、捕まれば拷問を受けたり、殺されると信じていたようである。この初期の段階において、捕虜に対して示された「軍閥打倒」「天皇制打倒」といったスローガンは、ほとんど見向きもされなかった。そのうちいく度もの試行錯誤から、八路軍の工作者は、日本兵が八路軍側の友好的な態度や同情的な扱いに対して驚くほど敏感に反応を示したことに着目する。工作者たちは、初期段階として、日本兵の不信や敵対心を取り除くことが重要であるとの結論に達したのである。さらに興味深いのは、人間的な接触が重要視されるようになったと同時に、当時の捕虜収容の限度も問題であり、さらなる教育を欲する者にはその道が与えられる一方、釈放されることを望む者には釈放の道が与えられることになった。これはまた大きな成果をもたらした。つまり、敵に捕まれば虐待され、銃殺されると信じていた日本軍に、その教育内容を裏切る「証拠」がメッセージとして送り届けられたからである。この「証拠」の送致によって、日本軍内部の教育の正統性に揺らぎが生じていることが内部通報者からの報告として確認され、その結果として日本兵の「最後の突撃」が回避され、投降して出て来る事象が増えたと八路軍側は結論付けている。

「延安リポート」において、この捕虜政策にかかわる部分は、日中戦争という戦争全体の性格を再規定する上でも、実に大きな示唆を与えてくれる。捕虜に対して人間的な扱いを施し、味方になるものにはさらに教育し、釈放を希望するものは釈放する——このような施策は、まさに戦争という次元に「政治」の次元を挿入したものである。つまりここでいう「政治」とは、カール・シュミットによっても定式化されたところの、誰を「敵」とし、誰を「友」とするかを再編する働きである。八路軍に捕まった捕虜は、武装解除された後は潜在的な友として扱われ、釈放のために日本軍の近くに送り届けるまでその関係が維持された。そして釈放され自軍に戻った日本兵は、自国の軍隊の内部においてむしろ敵視され、かつて敵に捕まった際にそうされると脅されていた拷問を味方から受け、ある部分は自殺にすら追い込まれる。さらに結果として、このような敵友関係の再編という「政治」は、日本軍の「最後の突撃」を思いとどまらせる効果において、日本軍側の人命の節約にも繋がっていたと言えるわけである。

ある意味、これこそ中国革命を担った「政治」の真髄とも呼べるものであろう。もちろん中国革命総体を中国共産党の思想それ自体に、また毛沢東の思想自体に局限することはできない。だがそれにしても、毛沢東が書いた最も早い時期の政治文章「中国社会各階級の分析」（一九二六年）の第一行目が、「だれがわれわれの敵か。だれがわれわれの友か。この問題は革命のいちばん重要な問題である」と始められていることは、それなりに振り返ってみられるべきものである。この「政治」、中国共産党の言語からするならば「革命」は、抗日戦争の期間を通じて、一つの大きな思想的枠組みとして機能することになったと見られるべきだろう。

失われた「革命」ファクター

今日日中戦争全体の性格を見る上で、この「革命」の機能を過大視することは、歴史学的知見の総合的な深化という目的を考える上でも慎まなければならないことではあろう。だが、このような日中戦争を通じて「潜在的な新中国」側が作り上げた「革命」というファクターは、むしろ今日においては全く重視されなくなってきたことにも注意を傾けるべきであろう。後に詳述するが、今日の中国側の日中戦争に対する歴史観は、この「革命」の要素を消去する方向で動いている。新中国側が行った瀋陽裁判が忘れられ、むしろ新中国成立以前の東京裁判への同一化が促進される事態に「革命」の退潮が見て取れる。

こういった中国側の歴史解釈における政治的次元の消去と見合うように、日本側からしても、日中戦争という出来事は、政治的次元を消去する方向に終始しているように見受けられる。象徴的なのは、南京事件にかかわる虐殺の数字をめぐる国内における左右の対立がクローズアップされるなど、日中戦争の歴史的意味は、実証による確認の水準から脱し得ていない。このような袋小路の歴史的前提として、内在的批評を伴わない「文革」の終了に帰結した新中国の革命政治の「挫折」が、日本側に跳ね返っていた事態を重く見ざるを得ない。それは例えば、日中友好協会が文革を推進する中国共産党への支持・不支持をめぐって分裂し、その後もこの分裂を修復できていないことに象徴されるところのものである。そのような日中友好運動の歴史的検証、あるいは新左翼勢力の中で見られた毛沢東思想の受容にかかわる歴史的検証が為されないまま、つまり中国政治に対する歴史感覚が失調したまま、その失調状態が固着化している、というのが現状ではないだろうか。かかる事態において、そのような失調状態を克服せんとする類稀なケースとして、これまでの中帰連（中国帰国者連絡会）の活動には注目されるべき多くの示唆が潜在している。

一つの象徴的な出来事は、中帰連が文革期において日中友好協会と同様の分裂を経験しながらも、しかし撫順や太原の戦犯管理所での経験を元手に、八〇年代半ばから後半にかけて再統一を果たし、その後九〇年代においてむしろその活動を活発化させたことである。彼らの撫順や太原での体験は、煎じ詰めれば新中国の革命政治の中に位置づけられるものである。つまり今日、日中戦争という出来事を如何に日本人が受容していくのかという際に、日中戦争当時に発生した日本軍の残虐行為にかかわる出来事の解明だけでは済まない歴史が潜在しているということである。新中国の「革命」政治の経験を携えた人間がその後をどのように生きたのかという歴史、またそれら経験者の思想をどのように受け継ぐのかという課題を含んだ総体として見つめられなければならないのである。

「思想改造」の由来

さて戦犯たちが新中国の戦犯管理所で得られた歴史的経験を考察する前に、予備的に概観しておかなければならないことがある。一般の日本人にとって、日中戦争という経験がどのように表象されることになったのか、特に新中国成立に結びついた勢力に対する見方がどうなっていたのか、さらに新中国成立以降の中国内部における革命政治の進展をどのように見たのか、瞥見してみたい。当然そこには、冷戦の影が差すであろうことが予知される。

一九四五年八月の終戦から、日本ではＧＨＱ主導による民主主義改革の一部として、日本共産党の再建（一九四五年一二月）があり、翌年の一月には、延安に滞在していた野坂参三（岡野進）の帰国などがあり、ＧＨＱと戦中からの反戦勢力との蜜月期が印象付けられる時期が存在した。

しかしこのような蜜月期は、一九四七年一月に予定されていた全官公労のストライキへのGHQの干渉に象徴されるように、徐々に冷戦状況の進展とともに破られていく。このようなある意味周知の事実を提出しながら探ってみたいのは、当時、復員した人々にとって、日中戦争における敵の表象、とりわけ八路軍のイメージがそれによって干渉された節があるからである。

敗戦直後に流行した大衆小説として、田村泰次郎の『春婦伝』（一九四六年）は、一つの代表的な例として妥当性を持つと言えよう。作品の中で主人公の慰安婦春美とその恋人三上上等兵が八路軍の襲撃によって捕虜となった後の展開が重要である。戦闘によって負傷した三上の様子を見に来た八路軍側政治部の人間は彼に、元の部隊に戻ったとしても軍法会議にかけられるか死刑になるかもしれないと説明するものの、三上は隊へ戻ると言明し部隊に戻る。しかし日本側に戻った後、三上はむしろ独房へ押し込まれ、春美とともに結局は自殺する。こういったストーリーが大衆小説として表現されていたこと自体に興味がそそられるが、まさにこの内容が「延安リポート」を正確になぞっていることは驚きである。だが、問題はこの後である。『春婦伝』はこの後、映画フィルムとして再登場することになった。『春婦伝』を原作とした『暁の脱走』（一九五〇年）が、谷口千吉監督（黒澤明脚本）によって撮られた。中国から帰った山口淑子（李香蘭）がヒロインを務めたことなど、話題性もあるこのフィルムは、しかしGHQ傘下の情報機関による数度の脚本に対する修正を余儀なくされた。かくして例の主人公たちが捕虜となる場面では、八路軍の人間ではなく、国民党の政治部員へと変更されることとなった。

これは一つの小さい例に過ぎないとも言えようが、確かに冷戦の影は、日中戦争の中で生じた

「政治」の次元を捻じ曲げ、日本人の文化記憶に干渉していた。それはまた、戦犯管理所から帰還した元戦犯たちに対するマスメディア・レベルでの反応、つまり「アカ」や「洗脳」といったレッテル張りにも直結していなかったとは言い切れない。少なくとも、八路軍で受けた捕虜優遇政策に対する文化記憶が、日本社会の中である程度共有され、また一般化していたならば、さほどの酷い反応は起こらなかったはずではないだろうか。「洗脳 brain washing」という用語そのものが、そもそも朝鮮戦争中にアメリカの情報機関によって作られた概念であった。それは、朝鮮戦争下において、捕虜となった米軍兵士が短期間に敵側の宣伝工作に携わることになったことへの警戒心から進められた研究の「成果」である。ことほどさように、日本社会における日中戦争の記憶は、冷戦文化によって（あるいは日本人自身によって）歪められた、と言っても過言ではなかろう。

さて、もう一方の側面として予備的に知っておかねばならないことは、一九四九年に成立した新中国において前景化することになった「思想改造」である。朝鮮戦争下において進められた「思想改造」の由来は、基本的には四〇年代の延安におけるいわゆる「整風」運動に存するわけであるが、その対象は主に都市に住まう中間層・インテリであった。当時の模様は、日本においては延安時代の文献の紹介を含めて、『中共の人間革命――わたしはマルクスレーニン主義を発見した』（中国研究所、一九五〇年）、『整風文献――中共の人間革命』（五月書房、一九五一年）、『人間革命――中国知識人の思想改造』（中国資料社）などの資料によって窺い知ることができる。煎じ詰めれば、新中国におけるこの時期は、旧解放区以外の都市部で育ったインテリに対して、革命政治の作風を学ばせる必要性があったわけだが、さらに当時、新中国全体が朝鮮戦争における緊張状態に置かれていたことも考慮されるべきである。朝鮮戦争は、国連軍（米軍）との物理的な戦争に規定されながら、いわゆる西側陣営の「自由主義思想」に対する思想戦をも含むことになっていた、ということである。

それら「思想改造」にかかわる諸文献において、旧国民党側の軍人や大学内の知識人（及び学生）、在野の知識人たちが、会議や学習活動、さらに生産現場への視察などによって、如何に「思想改造」を受け入れていくか、というそのプロセスがかなり見てとれる。法的な強制はなかったとしても、「思想改造」運動が強い心理的圧迫下において展開されていたことは明白である。にもかかわらず、そこには単に国家イデオロギーの外部注入とは言い切れない部分も宿っていた。それは「思想改造」という作業が決して楽なものではなかったこと、強い内面の葛藤を伴っていたこと、さらにその克服のプロセスがそのまま正確に書きとめられていることからも論証しえる。ただそこから、一九五七年に招来される反右派闘争など、今日的な観点からは、半ば意図的な捏造をも含む露骨な権力政治へとなぜ転落していったのかという問いが当然のことながら惹起されようが、到底本稿ではカバーしきれぬ課題であり、丸山昇の『文化大革命に至る道』（岩波書店、二〇〇一年）を参照されたい。

ただ最低限言えるのは、ソ連におけるスターリン批判（一九五六年）を画期とする社会主義国家圏に端を発する思想動揺の以前は、毛沢東の言う「新民主主義」の理念（社会主義への転化を時間をかけたプロセスとして認識する枠組み）が留保されていた時期であったということである。比喩的に表現すれば、この時期の新中国では如何に「友」を見出すか、という心理的傾向が強かったということであり、一方、その後の反右派闘争が始まる時期においては、それ以前との比較で言えば、如何に「敵」を見出すか、にその心理傾向がシフトしたということになるだろう。

歴史の偶然と必然

つまり、戦犯管理所における日本兵が「思想改造」と、残虐行為の罪を認め告白していく「認罪」運動を経験していたころの新中国とは、まさに新中国全体が「友」を見出そうとしていた時期であったということだ。それは彼ら戦犯とともに、中国人のいわゆる対日協力者が（代表的な人物としては満州国皇帝であった溥儀が）ともに「改造」に参加し、また「認罪」を経験していた時期であったことからも論証し得る。当時の日本戦犯への働きかけは、決して日本人だけに特定されていたことではなく、新中国全般の革命政治の中に位置づけられるものだった。

このような一九五〇年代前半の新中国における「思想改造」は、系譜的な理解からすれば、中国人に対するそれは、延安における整風運動に来源を見出すことができる一方、日本人戦犯に対するそれは、抗日戦争時における捕虜優遇政策とほとんど直接的に繋がっていると見做せよう。戦犯管理を担当した公安部の責任者として、延安の抗日軍政大学校副校長として日本人捕虜への教育を推進していた羅瑞卿が部長となったことによっても、それは明らかである。この二つの「改造」がある時期、並列しつつ実行されていたことになる。

だが、日本人戦犯の受け入れの経緯に遡るならば、明らかに抗日戦争時の論理に対して、また別の次元の「(国際) 政治」が存していたことを加味しなければならないだろう。ソ連に留められていた約千名の日本人戦犯を成立したばかりの新中国(撫順)へと移送することになった経緯は、新中国成立後、モスクワを訪問した毛沢東に対するスターリンの提案によるものだった(一方山西省の太原戦犯管理所に収容された戦犯百四十名は、中国内部で捕捉された戦犯である)。スターリンは、以前に国民政府を支持し続けていたこと、また中国共産党の方針に介入していたことへの謝罪の気持ちから、これら約千名の戦犯を首尾よく処理するならば、成立したばかりの新中国の国際社会に対する威信を高める作用があると提案し、結果として毛がそれを受け入れることになった。抗日戦争中の捕虜政策に関しては、そこに「政治」が機能していたにせよ、明らかに軍事的目的から動機づけられたものであった。それに比すならば、新中国の日本人戦犯の受け入れの動機は、いわば国際政治という、より高度な「政治」によって決定されていたことが認識されねばならない。

だが、日本人戦犯の処理によって人民中国の国際的威信が高まるとしても、その具体的方策とは一体どのように形成されたものだったのか。この点に関しては、実は新中国の側も、曖昧なままであったと言える。だからこそ初期の段階では、かつての捕虜優遇政策に沿って、食事や運動や娯楽などの好待遇を施すにとどまり、後に展開される罪状調査に基づく厳格な「認罪」運動の予兆はなかった。なぜなら、打ち倒すべき日本軍は既に目前にはおらず、軍事戦略的な見地に立った政策は不要だったからである。幾人かの戦犯管理所における回想録において共通しているのは、将官・佐官級の「認罪」のための審問と罪状調査は、一九五四年の二月から始められている、という事実である。これまでの期間、いわゆる学習活動は、尉官級以下においては積極的に進められてはいたものの、なかなか「改造」を受け入れない将官・佐官級の軍人に対して実行されることになったのはこの時からである。

雑誌『中帰連』に掲載された様々な回想録やその他の書籍から類推されることは、第一に朝鮮戦争の帰趨が決定されるまで、またサンフランシスコ講和条約の形が明らかになるまで、後の積極的な「認罪」運動に通じるような方策は立てられなかったという事実である。つまり、日本が国際社会に復帰する講和条約のあり方の如何によっては、戦犯たちは、日本に送り返される可能性もあった。しかしサンフランシスコ講和条約の形態は、明らかに新中国にとって戦犯たちを日本に送り返すような条件を満たしていなかった。ある意味「改造」教育の成果とは、あるいはその後の「認罪」運動とは、そのような冷戦政治の展開に左右されたものだった、と考えられるべきである。その意味で、もし仮にサンフランシスコ講和条約が、新中国にとって満足のできる形態を伴っていたならば、いわゆる「認罪」は成立していなかった、とも考えられる。ここが歴史を冷徹に見る眼差しの必要となるところである。先述したように、抗戦中の捕虜優遇政策にしても、様々な偶然と試行錯誤の結果として得られたスタイルとパターンだったのであり、先験的・本質主義的に八路軍がそういった捕虜優遇政策を用意していたわけではなかった。しかしそこにおいてこそ、「革命」政治の次元が立ち現れることになった。アルチュセールが指摘するところの、偶然が規則となり、規則が規則となる「革命」政治である。

だがこの偶然が規則となる歴史のプロセスそのものは、全くの神頼み、あるいは確率論的なパースペクティブにおいて考えられるものではない。例えばかつての捕虜政策における「釈放」の成果は、日本軍における内部教育（敵に捕まれば拷問され殺される）の徹底が生み出した弁証法的な効果である。圧倒的軍事力を誇りながら、しかし圧倒的多数の中国人民の包囲の中に突入した日本軍によって行われていた恐怖の否認の教育が、いわば裏目となって出来した経緯である。「革命」政治は、必ずそれを生み出す固有の歴史条件を備えていなければならない。戦犯管理所における「認罪」運動を通じた人間の心からの改心という奇跡的な出来事にしても、実はそうなのだ。中国革命の進展（抗日戦争の処理も含む）が新中国を生み出し、その新中国の成立を背景とした歴史状況においてそれは生まれた。つまり、国際政治においてはほとんど弱い立場でありつつ、しかし成立したばかりの新中国の革命道徳の生命力によって辛うじて激しい報復感情を制御し得た、ある意味では稀な歴史条件が新中国の働きかけを生み出し、またそれに日本人戦犯が応える形で「認罪」が成立したわけである。

政治共同体の罪と個人の罪

「改造」や「認罪」を概念として提出することは、ある意味では易しい。しかし、それが成立した磁場を私たちは、今ほとんど追体験することはできない。それはまた、一九五〇年代前半における新中国の状況を想像する困難にも繋がるであろう。私は研究者として、例えば五〇年代前半の新中国の雰囲気と、その後の反右派闘争や文革における被害者の声を、書物や資料という形で同時に眺めることができる。ここにあるギャップをどう受け止めればよいのか、しばしば途方に暮れることがある。五〇年代前半に行われていた「改造」はそもそもが間違いであり、それが後に露わになったということなのか、あるいはそうでなく、質的な断絶というものがそこにあり、国際環境の変化が国内政治に反映し、革命道徳の根幹を揺るがしたということなのか……判断のつかない歴史がそこに横たわっている。ただ言えることは、日本の側からするならば、そのような五〇年代前半までの革命中国の道義的エッセンスを身体の深いところに蔵した人々が現に帰還し、反戦を訴えて半世紀もの間活動し続けていた、という事実の重みを打ち消すことはできない、ということである。

彼らが受けた「改造」そして実践された「認罪」という出来事は、間違いなく歴史の遺産である。しかしそれは、どのような基準によって評価されるものなのか。彼ら、あるいは当時の新中国を評価する私たちの基準そのものが、彼らの存在によって逆評価される、ということになるかもしれない。例えばそれは、以下のような出来事への価値判断である。一つに、「認罪」によって判明した罪の重さによって必ずしも量刑されたわけではなく、自身の罪を率直に認めたかどうかが大きなポイントとなっていた、という裁きのあり方にそれは端的に現れている。戦争を指導する立場になかった戦犯たちのほとんどは、撫順や太源での特別軍事法廷で起訴免除となり帰還が許され、また戦争指導層にしても、有名な瀋陽裁判（瀋陽特別軍事法廷）において徒刑が科せられたが、それも最終的には四五名に絞られることになった。またその有罪者たちにしても、一九四五年から数えられたその最大の量刑はわずか二〇年であり、ほとんどの者が満期前に釈放されることとなった。

これは、全人代常務委員会第三四回会議（一九五六年）での決定にあるように、後の日中友好の布石として考えられた措置であり、また大きく言えば、連合国が行った「勝者の裁き」による「断罪」ではなく、新中国独自の価値意識に基づいた措置であったという意味で、それは冷戦政治の一部でもあり、なおかつ中国の「革命」道徳の発露の機会でもあった。今日的に考えても、罪の深さによって量刑が決定されないその作風は、実は現在の中国の法体系からしてもあり得ない。その意味でも、瀋陽の裁判が何を意味したのかは、現在の大半の中国公民にとっても曖昧なものとして宙吊りにされたままとなっている。

さてもう一点、強調しておきたいのは、戦犯たちが、自分が直接下したわけでもない命令も、自身が同じ組織に属していたということで、その罪を認めていた事蹟である。これもまた、近代市民法における罪と処罰の体系からして、あり得ないことである。満州国特務として戦犯になり、一九五九年に帰国した島村三郎は、回想録『中国から帰った戦犯』（日中出版社、一九七五年）の中で「しかし、事実は日本帝国主義の侵略という膨大な惨事はいたるところでひきおこされるし、それがいつ、どこで発生しようと、私たちはその組織の一員であった以上、責任を感ずべきなのである」と述べている。この自己への裁きのあり方は、近代市民法が持っている基本構造に対する、例外的な注釈となるものかもしれない。もちろん、表面上は、一蓮托生であるとか、権力政治を前提とした連帯責任といった発想に似ていて、それを前近代的な価値観の反映として評価することも可能であろう。しかし要となるのは、被害者国の検察官との、あるいは実際の被害者との対面を通じて為された「認罪」とは、根本的に本人の内面からの「改心」を前提としたものであり、だからこそ帰国後の彼らの信念は、ほとんど揺らがなかった。

先述した近代市民法に対する例外的な注釈とは、このようなことである。政治共同体の罪を問題にしたのが第二次大戦後の戦犯法廷であったわけだが、しかしその罪を個人の身体に及ぼす刑の執行は、政治共同体全体の責任を免罪することにも繋がった。だからこそ、東京裁判の被告たちは、無罪を言いつづけたとも言える（実際には、単に欧米の裁判の慣例に則って無罪を主張したのだが）。その意味で、個人に対する罪と政治共同体の罪とは、近代市民法上、原理的に交わらないものである。しかしそこに、例外が出来したのである。政治共同体としての罪を負うという姿勢を示し、尚且つ被害者側がその告白された罪に対して寛大な処置を施すという例外的な措置がそれである。それがまさに、二〇世紀半ばの東アジアの空間において実現していたのである。私たちは、このことを忘れてはならない。

劉連仁・横井庄一・「中村輝夫」にとっての戦争

戦後六〇年からの内省

はじめに――ノスタルジーを越えて

過去の記憶は、人為と自然の錯綜する領域において、なにがしかの機会にノスタルジーとして立ち現れることがあるが、その際私たちは、何がノスタルジーとして析出され、また何がノスタルジー化されないまま留め置かれるのか、また切り捨てられるのか、ということに自覚的であらねばならないだろう。ノスタルジーを作り出す現在の文化構造の基盤こそが問題なのだ。フレッド・デーヴィスは、『ノスタルジアの社会学』の中で「ノスタルジアは過去を利用しはするが――誤ってであれ、正確にであれ、あるいは後で述べるように特殊に再構成された仕方であれ――過去の産物ではないのだ」と明確に述べている。(1) デーヴィスが述べたノスタルジーにかかわる定義は、そもそも歴史を記念化すること、あるいは再記憶化することへの根本的な批評を指し示している。

ノスタルジーの定義に触れて、直接的な「過去の産物ではない」ものとして提示したのであるが、そこにまた別の要素が書き加えられる。ノスタルジーは、ギリシャ語のnostos（家に帰る）とalgia（苦しんでいる状態）をその語源とするところからも、自分の戻りたい場所を志向しつつ、そこに戻れない現在を孕んだものである。だとすれば、戦前（戦中）へのノスタルジーは、予想されることとして、戦前（戦中）日本の美化を胚胎させたものであることはさりながら、現時点での戦後体制への不満を忍ばせていることも否定できない。つまり戦前（戦中）へのノスタルジーの成分には、その無意識の根幹に、戦争や植民地支配の否定の上に築かれた戦後体制への不満や違和感が潜在しているということ――少なくともアジア諸国においてそのように解釈される可能性がある。その意味でも、戦後六〇周年という一つの区切において、ノスタルジーにかかわる試みとは、東アジアの未来の一〇年の変化に私たちが備える知的構えを構築するための、一つの思想的な仮設作業となるものと思われる。

戦後の記憶の叙述と冷戦体制

戦後日本は、名目的には極東委員会による統治を通過した後にサンフランシスコ講和会議において「独立」を果たすことになるわけだが、そのサンフランシスコ講和会議までの期間については、実質的にアメリカ合衆国による占領期とも捉えられる。また当時日本は、アメリカ合衆国に実質的に統治されていたこともあり、東西の冷戦体制の形成にともないほぼ自動的に冷戦体制の西側へと組み込まれることになった。この時、日本は、朝鮮戦争によって軍需景気を享受したことからも、その経済活動の側面から、無意識の内に冷戦体制を支持する側に立っていたと言えよう。だが一般的な日本人、特に一般の民衆は、冷戦に内属する自覚よりも、やはり目の前の生活に追われながら、どう食い繋いでいくかという課題を背負っていたようである。

そこで大いに参照されるのは、歴史家、成田龍一が示した戦後民衆の記憶の語り方の変遷である。成田が注目したのは、戦後の引揚者、特に女性の引揚者が残したテクストである。戦後に主流となった女性（母）の語りを中心とした引揚にかかわるテクストは、一九四〇年代後半から一九五〇年代初期に集中し、さらに幾ばくかの時を経て一九七〇年代にその最後の光芒を顕わし、そして歴史の表舞台から消えて行く。例えば、「引揚」体験の聖典ともなった藤原ていのエッセイ『流れる星は生きている』は、一九四九年の書き手の原初の衝迫力がそのままの形（テクスト）で著され、戦後の生活の部分が増補として書き加えられた増補版が一九七一年に出されることにより、その生命力が一つのサイクルを閉じている。成田は、そのような藤原の戦後の生活をサマライズしながら、「引揚」にかかわる文化生産が六〇年代において比較的手薄になった現象について、生活に追われる戦後の母（妻）の時間を予想している。(2) そこから成田は、「引揚」にかかわる言説生産の磁場を三つの時期に区分すべきことを提唱するのである。まず、叙述の対象となる第一の経験の時期、そしてそれらを「引揚」の後に書き始める第二の叙述の時期、そしてそのかつての叙述に再び向き合いつつ再編を果たす第三の時期である。藤原ていにおける叙述の時間（第二）は、帰還後の時空を基盤とすることにおいて、かつての被植民者（朝鮮人）の復讐にかかわる叙述にしても、既に彼／彼女らを他者化することによって、ほとんど自然災害にあったかのように叙述されている。しかしてその部分は、第三の再叙述の時期に至ってもほとんど改稿されず、その代わりに、六〇年代の苦労話を接木することに力が注がれることになったのである。

成田のこのような記憶の語りにかかわるパターンの指摘は、戦前戦中の記憶を持つ日本の民衆の戦後の記憶の在り処を探る上で非常に有効である。ただ成田の指摘は、その反面として、戦後の為政者の戦前（戦中）の引き継ぎ方と対照することによって、さらに立体的に見えてくるようにも思われる。そう考えるのは、特に次節で詳しく展開することになる、一九五八年に劉連仁が北海道の山村で発見されたケースを考える際に、是非とも必要な論点だからである。一体誰の発案によって彼が強制連行・強制労働されることになったのか——それはまさに、戦中の中国人強制連行・強制労働にかかわる記憶の問題を処理する際には欠かせない論点である。

そこで呼び戻されるのが安倍晋三の祖父、戦後五〇年代に政治家として復活した岸信介である。岸はかつて、劉連仁を強制的に故郷から引き剥がした帝国経営の根幹にかかわる人物であった。岸は東条英機内閣時代の商工大臣となり、満州国経営や帝国内部の労働力移動にかかわる設計者として政治の表舞台で活躍した。つまり岸は、先の劉連仁のような強制連行（当時は、労働者の移入、配置、送還といった言葉で語られていた）の大本となる法令の作成にかかわっていたわけである。

さて戦後の岸は、極東軍事戦犯法廷（東京裁判）の法廷に立たされることはなかったが、巣鴨刑務所に収監される中で、「死者」への転落の危機に震えていた。岸信介にとって、その巣鴨体験は否応なく屈辱的なものであった。一九八一年に採られたインタビューの中で岸は、「…巣鴨に入れられた時は、まっ裸にされ、頭からＤＤＴをぶっかけられたのですからね（笑）」と語っている。この「(笑)」は、戦後政治への復帰から首相にまで上り詰め、まさに文字通り「屈辱」を雪辱できた後の余裕を伺わせるものとなっている。ただ、さらに続く証言の中で「それにしてもこの頃は夢に見なくなったけれど、監獄に入ると、ガチャーンという大きな門が締まる、あの音をずっと後までよく夢に見たものですよ」とあり、やはりしばらくの間、彼にとって巣鴨体験がトラウマとなっていたことが伺える。(3)

岸の最終的な「追放解除」の内定が正式に出されるのは、一九五二年四月二九日、サンフランシスコ講和条約の発効の日付である。形式的な日本の「独立」と、岸信介の「復活」は、直に軌を一つにするわけである。岸は、すぐさま戦中の旧民政党系の政治家たちと「日本再建連盟」を立ち上げ、翌年(一九五三年)の戦後の第一回総選挙において政界に復帰する。さて、その年の一〇月一三日、岸は改造社主宰の時局講演会において「日本の生きる道」というテーマで講演を行っている。岸は講演の中で「われわれは戦争に敗れた結果として、われわれの領土や勢力範囲を失った。そして四つの島に八千五百万という多数の人口を養ってゆかなければならない」と述べ、さらに「これらの失業問題、就職の問題は、要するに日本が狭い、資源がない」からだ、と述べている。(4) つまり岸は、かつての植民地経営(強制連行、強制労働)を正当化したロジックを全く変更していないのである。戦後日本の経済「復興」を担う為政者たちは、多かれ少なかれこのようなロジックを温存させていただろう。そしてこのような為政者の敷いた経済運営を追うようにして、列島に生活する日本民衆は、「復興」から高度経済成長への道を歩み出すわけである。

劉連仁の苦難と苦闘

劉連仁のことを語るべきところを少し回り道をしてしまった。劉連仁が北海道の山村で発見されたのは、まさに岸信介が首相を務めていた期間だった。一九五八年の二月、北海道の石狩郡別当の山穴に潜んでいた男性が地元の猟師によって発見された――このように第一報が報道された。当初は、新聞メディアも、政府関係者も、日本語を介さないこの人物を不法入国者としてスパイ嫌疑をかけていた。(5) しかしその後に判明したのは、彼は中国山東省の農民で、一九四四年秋、農作業中に傀儡政権の兵士によって日本軍に引き渡され、そのまま北海道の明治鉱業昭和鉱業所まで連行され、労役を課せられた劉連仁という人物だったことである。彼は、戦争の終わる直前に鉱業所から脱走し、戦争の終わったことも知らず、人目を避けつつ北海道の山中を一三年間、放浪していたのだ。

結局のところ劉は発見から三ヶ月ほどで帰国したが、その間岸内閣は、劉に対して何ら補償を検討することもなく、当時の官房長官愛知揆一の名による一通の詫び状を送っただけであった。(6) 劉連仁が連行の末、過酷な労役を課せられた法的源泉は、先述したように岸信介が商工大臣を務めていた当時の東条英機内閣のもとで決定された法令によるものである。つまり「華人労務者内地移入に関する件」(一九四二年一一月二七日)である。岸はこの閣議決定に署名しており、また予想され得る限り、この決議の作成に積極的にかかわっていたはずである。劉連仁が発見された当時、日本と中国政府との間に国交はなかったが、既に一九七二年には国交回復が為されている。劉は、その後一九九六年に、国に賠償を求め東京地裁に提訴することとなった。二〇〇一年七月の一審判決は、強制連行・強制労働が国策としておこなわれたことを初めて認め、「過酷な体験を強いられた劉さんの救済義務を怠った」として原告請求の全額二千万円の賠償を命じたが、結局国側は控訴するに至った。そして、戦後六〇周年である二〇〇五年六月二三日の第二審の判決は、無残にも、賠償を命じた原告勝訴の一審判決を取り消し、請求を棄却することに結果した。棄却の最大の理由は、「劉さんが逃亡していた当時、日中両国には、それぞれの国民が他方の国に賠償を求めることができる『相互保証』が存在していなかった」ということである。

ここには二重の問題があると言える。劉連仁が日本側の傀儡軍によって強制連行された日付は、一九四四年の八月一八日である。当時、劉が住んでいた山東省は、実質的に日本軍の制圧下にあった。そして当時の国際的な合法政府が重慶の国民党政権であったとして、日本との抗戦の最中のその時期を指して「相互保証」がなかったというのは、あまりにもお粗末である。さらに劉が北海道の山の中、あるいは海岸を彷徨っていた時期は、国共の内戦から中華人民共和国が誕生していた時期にあたる。周知の通り、人民共和国と日本政府とは、一九七二年まで国交を結んでいなかったのであり、日本との正式の交渉を前提とした「相互保証」の余地などはじめからなかった。はじめからあり得ないことをもって、棄却の理由としたのである。つまり、この二審の判決は、日本が中国と戦争状態であったという事実、及び戦後の冷戦体制の中で中華人民共和国との国交回復についてサボタージュしていた日本政府の戦後責任を棚上げにしたものであり、日本がかつての戦争から冷戦体制の只中で、責任の所在を回避し続けて来た道筋を裏書きするものとなった。劉の強制連行・強制労働の苦難は、さらに冷戦体制によって、その賠償の請求にかかわる苦闘を、彼の死（二〇〇〇年）を超えて家族に負わせることになったと言える。

言うまでもなく、このような劉連仁の苦難、そして国家賠償の提訴に至った苦闘の道のりは、決して少なくない日本人によって支援されているのだが、劉の背負った苦難の記憶、あるいはその後の苦闘は、藤原ていの『流れる星は生きている』が日本の民衆の中で得たような物語へと転化されてはいないようだ。劉に対して加害者のポジションを占めざるを得ない日本人にとって、ある意味ではそれは当然のことであったにしても。ただここでもう少し、劉連仁の苦難の記憶、苦闘の道筋について検討を加え、劉の物語がメジャーな記憶に転化し得なかった歴史条件を精査してみたい。まず、当時の官房長官愛知揆一からのお詫び状に対して取った劉連仁の声明を見てみよう。

「声明書

……私は下山してから今日まで、日本政府の岸内閣はただ沈黙をまもって来ましたが、これは絶対にゆるすことはできません。私は昨日日本政府の内閣官房長官愛知揆一から一通の手紙を受け取りました。愛知官房長官はこの手紙の中でも日本当局が私を不法に拉致し、虐待した、厳然たる事実を認めようとしておりませんが、これは旧い国際的犯罪をかくそうとして、新しい国際犯罪をおかしているものであります。私はここに重ねて岸内閣が負うべき責任を負わない態度を強く非難するものであります。私は帰国した後は戦争に反対し中日両国人民の友好のために斗う決心であります。私はまた日本の友人がよせられた暖かい友情を決して忘れないでありましょう。しかし私はあくまでも日本政府の責任を追及するものであり、私の日本政府に対する賠償を含む一切の請求権は、将来中華人民共和国政府を通じて行使するまで、これを留保するものであります。

右声明致します。

一九五八年四月九日

劉連仁」

（『華僑報』一九五八年四月十一日）

ここで劉が愛知揆一を批判するのは、愛知からのお詫びの文面にあった「劉連仁さんには戦時中日本に入国され、明治鉱業所に入られて以来いろいろと苦労をされたことと存じます」という、一見して謝罪とも読み取れる文句に対してである。繰り返しになるが、劉が北海道に連れてこられた根拠は、「華人労務者内地移入に関する件」によるものであった。つまり当時の戦時状況下において、劉の連行について、「入国され」という言い方は通用しない。ここで明らかになるのは、かつての戦時状況の地盤と、その文面が書かれた冷戦体制の間を繋ぐための歴史感覚の調整を全く欠如させている姿である。さらに重要なのは、この文章の最後に位置する「日本政府に対する賠償を含む一切の請求権は、将来中華人民共和国政府を通じて行使する」という言葉である。端的にそれは、一九七二年の国交回復にともなう「賠償放棄」によって、宙吊りにされた。だから九〇年代、劉連仁とその子孫による賠償の請求は、「政府を通じて行使する」のではない形で為されなくてはならなかったのである。

形式的には日本と中華人民共和国が国交を回復することは、東アジアの冷戦体制を超克する行為として受けとめられるはずのものである。しかし現実には、この国交回復は様々な問題を取り残す結果となった。賠償の放棄とは、日本との国交回復を望んだ中華人民共和国政府が自ら交渉のハードルを下げた結果であったにせよ、だからこそ真っ当に扱われるべきはずの戦後賠償・戦後補償の問題を分かり難くさせてしまった。別の言い様をするなら、「冷戦」のツケがその賠償放棄の中に転移したものと考えられる。形式的には冷戦体制の克服と見えたことが、冷戦体制によって封印されていた戦中の問題をさらに伏流化させた、ということになる。

ここで必要なことは、日中の国交回復によっていわば梯子をはずされてしまった形となった劉の家族たちの冷戦体制下の時間、つまり劉が祖国に戻ってからの時間の重さをどのように日本人が汲み取れるか、ということになろう。劉は帰国した後、中央政府、また地方政府からの厚遇を得たが、「将来中華人民共和国政府を通じて行使する」と希望された賠償の請求は、家族及び支援者たちによる自力の活動へと追い込まれざるを得なかった。

劉が帰国した直後に出版された『穴にかくれて十四年——中国人俘虜劉連仁の記録』（新読書社、一九五八年）は、上海の『新民晩報』の記者、欧陽文彬によってまとめられたこともあり、新中国成立の熱気がいまだ持続していた空気を正確に反映している。[7] つまり一九七二年の賠償放棄の事実を知らないという、いわば未来の欠如の視点から読んでみた時に、また格別の感慨を覚えるところがある。もちろん『穴にかくれて十四年』を、新中国、あるいは共産党のプロパガンダに近い文献として規定することも強ち間違いではないだろう。しかし、それだけではない。このテクストは、一九七二年という、賠償を待ち望んでいた中国人民が舐めた苦痛の視点から読み直した時、単にプロパガンダとして済ますことのできない記憶を保存していることになる。

私たちが劉の物語を再度共有したいのであれば、中国人が冷戦を克服する道筋において味わった挫折(賠償の放棄という挫折)をも共有することにおいてしか出発し得ないように思われる。劉の物語は、新中国の成立以後の歩みの中で強いられた挫折の記憶としても感得される必要があるだろう。

ノスタルジーの地盤の変移、一九七〇年代の到来

事実上、劉連仁の事件は、五〇年代まで続いた日本人引揚の記憶と交差することもなく、また戦後賠償(補償)にかかわる問題意識としても主流の声にならず、それだけが孤立した特異な事件として、例えば超人的な体力によって生き延びたサバイバルの物語としてのみ関心を持たれてしまったようである。劉連仁の発見にかかわる衝撃は、日中友好協会や中国帰還者連絡会など、中国との友好を目指す団体においてはもちろん好奇心の対象でなかったことは、その後の劉連仁裁判への献身という形を伴って確認されるところである。だがこれまでのところ、劉連仁の苦難

や苦闘は日本人の主流の記憶とは交差し得ないでいる。その要因として、本人自身が再び日本の土を踏むことができたのも、九〇年代に入ってからのことであった事実なども挙げられよう。ただいずれにせよ、冷戦期を通じて、劉からの呼びかけは、実に細い線でしかあり得なかった。先に紹介した成田龍一の構図によるならば、冷戦期とは、いわば日本人一般が最も経済的なものへの関心にのみ集中して生きていた時代とも言えるわけである。

このように振り返ってみた場合、後で詳述することになる横井庄一が一九七二年一月にグアム島で発見され、一躍マスメディアの注目する人物となったことに関して、日本人の戦争の語り方にかかわる認識モードの変化をそこに読み取ることができる。ここに一つの補助線をあてるとすれば、一九六〇年の五月に同じグアム島で伊藤正と皆川文蔵が当時「最後の兵士」として発見された時の、日本のマスメディアの対応との落差に突き当たる。両名が見つかった時、日本のマスメディアは新聞で多少の記事を配する他は、特に細部を穿った報道や分析、論評を加えなかった。ただその理由として、六〇年代当時においては、テレビジョンの普及が七〇年代とは比較にならないほど少なかったことなども考えられるが、しかしさらに決定的であったのは、その送還の方法にあった。伊藤・皆川両名は、米軍機によって送還されたのであり、両名が到着した場所も東京の立川基地だった。旧日本兵にかかわる送還業務に関しては、サンフランシスコ講和条約により日本が独立していたにせよ、その時にはまだ米軍によって担われるべき作業であったのだ。この両名の発見と帰還は、六〇年の出来事ではあったが、基本的には五〇年代の配置の中で処理されたものと考えられよう。

だからその後の横井庄一の発見にかかわる物語は、それまで日本では有り得なかったパターンを伴ってマスメディアを席巻したことになる。この際さらに考えてみなくてはならないことは、先の生物学的な生のサイクルの問題とともに、日本社会の地盤の変移というものであろう。単純化して言うならば、戦前（戦中）的な社会的基盤から日本社会が確実にテイクオフしたという実感である。

六〇年代の社会的基盤の変異を叙述したものでは、例えば松本健一の「一九六四年社会転換説」がある。一九八四年に出された『死語の戯れ』（筑摩書房）に収められたエッセイ「風景の変容――一九六四年社会転換説」は、近代日本の文化構造の転換を描写せんとするものであり、さらにこの頃に戦前（戦中）あるいはアジア的なものと日本が訣別したとの指摘も為されていた。一方、松本は、この頃の「アジア」と題された図書・文献の増加現象が、むしろ日本社会のアジア的基盤からの離脱を物語っていると言う。そのこと自体は産業構造の変移を示す意味でも、おそらく正確な指摘ではある。松本の指摘に活用し得る点があるなら、それは六〇年代に拡大・加速される「アジア」消費のモードをいかに系譜的に解読するかという課題を担う限りにおいてであろう。ところが松本は、東京オリンピックの開催をメルクマールとする風景や社会関係の変容を語る一方、日韓基本条約（一九六五年）と一対になった新植民地主義の伸張については語らなかった。

一九六〇年代とは、一般的に日本の高度成長を表象するが、それは同時に日本の経済ネットワークが再び日本列島の外側へと、大陸中国（及び朝鮮半島の北半分）を回避しながら拡張されていったプロセスとして把握されるべき時期である。周知の通り、一九六五年の日韓基本条約は、円借款による資本やヒモ付きのプラントが大量に韓国に流入することの引き換えとして締結されたものであり、当時韓国においても屈辱的な外交として広範な反対運動が組織されることにもなった。こういった状況はまた、台湾においても同様であった。一九六五年は、台湾にとっても、アメリカ合衆国からの援助の打ち切りの後を補填する形で、大量の円借款が導入された年として記憶されている。

また別の角度から見て、六〇年代とは、かつての戦争の記憶が商品化され、再生産された時代でもあった。勝新太郎主演の『兵隊やくざ』など、多くの戦争娯楽フィルムが生産されたことも象徴的である。GHQによる占領・検閲体制が解かれたこともあり、戦争を主題とした映画フィルムは反戦・平和モードから離脱し、大衆消費の欲望のモードに沿って再編成されることになった。つまり戦前（戦中）の記憶をスペクタクルとして消費する構造が文化産業の中で定着することになったわけだ。横井庄一の発見にかかわって垂れ流され続けたノスタルジーの発露とは、このような文化構造の転換の上で生じていたものである。それに付け加えて六〇年代とは、まさに東アジアにおいて「円」が大きな存在を見せ始めた時期に相当するのであり、それが横井庄一発見の文脈に関わって来る。つまりその時、五〇年代的な地盤においては出来なかったことが可能になったということだ。それは、日本独自の力によって彼を日本に移送することであり、そして尚且つその模様をノスタルジーの文化構造へと導入、擬似イベントとして消費することであった。

この時考えなければならないことは、旧日本兵である横井庄一が如何に演出された存在として現前させられたかということであるが、それはまたマスメディアの第一線に立つ人材が既に戦後教育世代に差しかかっていたという、世代のサイクルの問題である。マスメディアの横井庄一に対する眼差しは、明らかにそのような戦後世代的な好奇心を基調とするものだった。

横井庄一の生還とマスメディア

旧日本兵（横井庄一）が発見されたとの一報が伝わったのは、一九七二年の一月二四日から二五日にかけてのことである。短時間の間に次々と情報が入って来る。二五日の夕刊あたりでは、一面トップの記事となっていた。マスメディアの取り上げ方としては、先述したように伊藤正、皆川文蔵が発見された一九六〇年の時点とは、雲泥の差となる。特にこの横井庄一発見の報にいち早く反応したのが、サンケイ新聞、ニッポン放送、フジテレビなどを擁するフジ・サンケイグループであり、すぐに特別取材班が結成されることになった。それぞれグアム、名古屋、浜松、新潟などに赴き取材を重ね、数回にわたる本人との単独会見をも主導している。それを書籍としてまとめたのが、『陸軍伍長横井庄一――その28年間のグアム島生活記録』（サンケイドラマブックス、一九七二年）である。まえがきには、このように記されている。

「陸軍伍長」横井庄一さんが、「一市民」として、故国日本の土を踏んだのは二月二日のことである。実に三十一年ぶりの帰国であった。

南海の孤島のジャングルの中で、まったく人目をさけ、孤独と戦いながら生き続けた二十八年間の物語は、いかに異常なものであっただろうか。とくに、その二十八年をささえてきた精神力、生命力は、どこにその秘密があったのだろうか――。この本は、それを解明することに、最大の重点をおいた。

しかし、野次馬的趣味や好奇心を横井さんに集中するのは、もうそろそろ、つつしむべきであろう。(8)

「野次馬的趣味や好奇心」をつつしむべきと言いつつも、「南海の孤島のジャングルの中」の二八年間の物語に執着するマスメディアの無邪気さについてはこの際問うまい。またグアムは「孤島」ではないという気持ちも抑えつつ、この本の成り立ちを見た場合、はっきりするのは、この本の制作主体が明らかに戦後世代に移行している事実である。書名ではそのまま陸軍伍長となっていたこの名称も、文章の中では慎重に括弧で括られている。またその反面として、本書でキャッチフレーズのように頻出する「生きていた英霊」といった文句の使用法も、おそらく表現主体が戦後世代となることによって成立したセンセーショナリズムであることが感得される。

もちろん、フジ・サンケイグループによって当時のマスメディアの特性をすべて代表させるわけにはいくまいが、他の媒体とも共通するあり方として、横井庄一にかかわる関心のほとんどは、戦闘に参加していた戦中期ではなく、むしろその後の山の中での生活と帰国する際の彼の言動とそれへの一般大衆の反応に向けられている。

さて、戦後の日本人にとってあの戦争にかかわる感情は、六〇年代以降徐々に戦争そのものがスペクタクルな消費の材料としても扱われる水準に移行していた、と前節で触れた。横井庄一の扱われ方とは、まさにそのような地盤の変移の中で出てきたものであった。そして横井庄一の存在は、「復興」から高度成長を経た当時の日本人として、それと同じ時間を生きながら全くの別世界を生きた日本人に対する「好奇心」として競りあがったものと予測される。こういった反応のパターンは、もちろん劉連仁が発見された際とも、伊藤正・皆川文蔵が発見された際とも決定的に異なっている。横井庄一の戦後の「生」は、一般日本人の生活の戦後の発展と対比され、戦後の日本人が失った何かが保存されているという想いのもとに、ノスタルジーの色彩を帯びることになったわけである。

さてもう一つ、横井庄一の発見に続く小野田寛郎の発見（一九七四年二月）の際にも現れた重要なトピック――天皇に対する忠誠が保存されていることへの戦後日本人の驚嘆が指摘できる。横井庄一の帰国の第一声「恥ずかしながら帰って来ました」は、当時の流行語にもなった。つまり彼らの帰国は、戦後の天皇像がいかに戦中から変移しているかという、その距離を日本人が再確認する儀式としても享受されたと言ってよい。横井庄一が日本に帰国した直後に記者から発せられた質問は、かの天皇観に集中したのだが、それは現に昭和天皇自身がコメントを発したからでもあった。昭和天皇は「お疲れだったろう、ご苦労だった。ゆっくり静養してほしい」とのコメントを残している。興味深いことに、天皇観にかかわる記者たちの質問に対して、横井は、マスメディアそのものを自身の視点から批判するように答えている。

まったく、それは私みたいな一兵卒に対して、まあ、口にあらわせないありがたさ、涙で申すことはありません。つけくわえまして、陛下様を、かかる雑誌とか、映画、あらゆるものにオモチャみたいに取扱われることを、だれがそれを許可したかということを、私はそれを知りたいんです。陛下様に対しては申訳ない次第だと、私は衷心から、まあ、へんですけど怒っている。簡単にいえば怒っているしだいであります。(9)

横井庄一のこのような言動は、その怒りの対象がマスメディアに向いているにもかかわらず、マスメディア自身は全く傷つかない。戦後の天皇像は、アメリカの占領下においてダグラス・マッカーサーを昭和天皇が訪問した際の出来事、あるいはその時の写真のイメージによって一変したと言い伝えられているが、横井庄一はそのことを知らない人間としてここに登場している。つまり彼は、一つの歴史の視点として珍重され、そして消費されたのである。

後の横井庄一は、いわばサバイバルの専門家として、講演やワークショップに呼び寄せられ続けることになる。彼の驚異的な体験はそれとして尊重されながら、彼の戦争体験や戦争観そのものについては、いささか曖昧な印象を残すのみである。彼があの戦争にどのように動員されたのかは、その生い立ちからの半生を記した手記『明日への道』の中で紹介されている。(10)この手記には、彼が始めは満州の守備隊として配属され、そこからの転戦でグアムに送られたことなど、興味深い歴史経験も述べられている。ただその手記『明日への道』で詳しく描かれるのも、やはりジャングルの中での生活であり、生い立ちからの苦労によってむしろジャングル生活における忍耐力が養われていた、との構図が前景化されている。横井の生涯は、一九九七年享年八二歳で閉じられたが、彼が一生を通じて繰り返していたのは、自分を生かしてくれたジャングルの自然の恵みに対する感謝の気持ちであった。横井は『明日への道』のあとがきにこのように書いている。

> 今、静かな思いで、私のグアム島での生活を振り返ってみます時、私の心に浮かんで来るのは、あのジャングルの中のタロホホの流れであります。
> あの水によって、私は生かされたといっても過言ではないと思います。
> タロホホの水を飲み、ウナギやエビを恵まれ、穴の中の炎熱に苦しむ身を何回となく水浴びさせてもらった、あのなつかしい流れは、私の生命の母だと思います。
> タロホホとは、現地のチャモロ語で、奇しくも「明日への道」という意味だそうです。(11)

横井は、ある意味ではあのジャングルの生活になつかしさを覚えている。また自身の著書の題名を自分が生きたその土地の言葉の翻訳として提示しているところなども、興味深い事実である。後に台湾人元日本軍兵士「中村輝夫」が発見された際、日本の戦争責任に言及することで、少しばかり横井の戦争観の片鱗が明らかになるのだが、総じて横井庄一にかかわる物語は、歴史の責任のテーマを回避するように構成されてしまったようである。横井の物語は、その特異なサバイバル生活の側面に注目し、あるいは帝国の記憶を担保する主体として扱われることで、いわば「浦島太郎」の物語として消費されたのである。

戦後の日台関係（冷戦体制の変移）

元高砂義勇隊一等兵「中村輝夫」（中国名：李光輝、原住民名：スニヨン）が発見された当時、一九七四年の暮れから一九七五年の初めにかけての一時期、「中村輝夫」の名は、日本の新聞を賑わせていた。しかし、今日の日本では「中村輝夫」の名はほとんど思い出されることがない。もちろんそれは、発見された「中村」がすぐに台湾に帰還したことによって決定的となったことではあろうが、しかし彼に関わる物語は、作家佐藤愛子が『スニヨンの一生　台湾高砂義勇隊中村輝夫の悲劇』（文藝春秋、一九八四年）を著すなど、一定の関心ももたれていた。だがその後、「中村輝夫」にかかわる関心が、ほとんど日本のメディアに載らなくなったのはなぜなのか。冷戦構造下における日本にとっての台湾との関わりの変遷を辿っておく必要がある。

内戦の結果、台湾に逃げ込んだ国民党政権が米国の反共政策の保塁として生き延びていたことからも、台湾の戦後政治は一貫して、大陸の共産党政権と対峙する構図によって描かれて来た。その際、日本は中華民国を支持し続けたが、もう一方の戦後賠償については、サンフランシスコ講和条約と抱き合わせになった日華平和条約によって、実質的に放棄されるに至った。それは、反共国家同士の団結の利害が優先されたことから生じた結果であるのだが、さらに戦後（五〇年代）の台湾人にとって、かつて自分たちを支配した日本は一時縁遠いものとなっていた。ただそのような構図が多少とも変化し始めるのは、六〇年代の半ば、先述した韓国との間で締結された日韓基本条約、及び合衆国からの援助の打ち切りのタイミングに合わせるように始まった、日本からの莫大な円借款の供与からである。そのことは、戦後の台湾社会に、特に日本植民地教育世代に一定程度の日本の再評価をもたらしたと言えよう。

台湾における日本の影の問題を広く知らしめることになった『台湾万葉集』（集英社、一九九四年）の発刊の原初的光景となる台北歌壇の結成の日付けが一九六八年であるのも、そういった六〇年代半ばからの日本への再評価の動きを象徴するように見受けられる。ただしこの頃の日本観については、後に戦後育ちの作家・黄春明の小説『さよなら・再見』（めこん、一九七九年、台湾：一九七三年）に象徴的であるように、台湾女性を買う日本人サラリーマンへの批判的な眼差しも、同時に形成されつつあった。総じて六〇年代後半からの台湾にとっての日本とは、進出企業であり、台湾より先に高度成長を走るアジアの優等生のイメージに集約されていたと言える。だがこのような日本観は、経済的な結びつきによって規定されたものであり、その後の日本観は、台湾（国民政府）の国際的地位の動揺に伴って、さらに複雑な様相を示すことになる。

一九七一～七二年は、冷戦体制下における台湾の国際的ポジションが大きく動揺させられた時期にあたる。それはまず、七一年七月米国大統領ニクソンの訪中の発表から始まるもので、同年の一〇月に台湾（国民政府）は、国連での議席を失う。翌年、ニクソンは、実際に国務長官キッシンジャーを伴って北京を訪問することになり、さらに追い討ちをかけるように、日本政府と中華人民共和国との間で国交回復が調印される運びとなり、自動的に国民政府は日本政府と断交を宣言するに至る。先述したように、日本との間では経済的なモメントをベースとした交流が高まっていたにせよ、政治的には微妙な対立関係が意識された時期に入ることになった。さらにこの頃は、アメリカ合衆国による沖縄の日本への返還に伴って、いわゆる尖閣諸島（釣魚台列島）の領有権が俄かに政治問題化して来ており、領土保全の情熱を基調とした「保衛釣魚台」運動が学生を中心に取り組まれ、アメリカ批判とともに日本批判も大いに高まっていた。話を元に戻すと、つまり「中村輝夫」の発見（一九七四年一二月）は、日本との断交の事態も含め、日本批判が大きかった時空に起こった出来事だったのである。

ここでもう一点強調しておかなければならないことは、一九七一～七二年のプロセスを経て、台湾におかれていた日本のマスメディアの拠点とも言うべき新聞社の支社がほんど台湾から撤退してしまったこと、その代わりに北京に相次いで日本の新聞社の支社が置かれるようになった事態である。ちなみに、北京への支社設置を決断しなかったのは『サンケイ新聞』だけだったのであり、以後日本の台湾に関する報道は、ほぼサンケイグループが一手に引き受けるようになった。七〇年代から九〇年代にかけて台湾で起こった「民主化」への胎動も含めた様々な情報が日本に伝わって来なくなった最大の原因も、実はここにあると言っても過言ではない。

ちなみに蔣介石が亡くなったのは、翌年一九七五年四月五日のことである。この七〇年代前半は、台湾にとってまさに激動の数年だったということになる。「中村輝夫」が帰ったのは、そのような時期の台湾であったのだ。少数ではあるが、日本人の中で「中村輝夫」を日本に呼ぼうと考えた人間がいなかったわけではない。一時的な訪日であったとしてもそれが実現しなかったのは、当時の日台の関係からして当然のことであった。さらに台湾に帰還した後の「中村」の処遇に関して、中華民国政府から手厚い保護を受けたとしても、国民政府の公定イデオロギーとしての「抗日烈士」に当てはまるわけでもなく、「中村輝夫」の帰還の歴史的意味を掘り下げるような試みは現時点までほとんど見られないのが現状である。

「中村輝夫」の帰還が意味したもの

「中村輝夫」がインドネシアのモロタイ島で発見されたのは、一九七四年の一二月二五日であった。収容後すぐに身分が確認され、しばらくの健康診断と静養の後、翌年一月八日、故郷の台湾に帰還することになった。日本のメディアは、一二月二七日頃には、一斉に「中村輝夫」の発見とその身分の複雑な事情を説明した報道を流し始めていたが、台湾への帰還が行われた後は、主に『サンケイ新聞』が報道を継続させた。その一方、台湾島内での報道は、一月八日の台湾への帰還後、その量が次第に増え、元の妻が別人と結婚していたことなど、いわゆる三面記事的な要素も加えた「悲劇の物語」を生産して行くことになる。総じて「中村輝夫」は、歴史的な被害者として、同情の眼差しから描かれていたと言える。

日本側メディア（多くは『サンケイ新聞』）の論調も、台湾側の報道と同様に歴史の被害者としての同情であった。以下しばらく、発見から台湾への帰還が決定するまでの模様を、『サンケイ新聞』に拠りながら時系列に沿って眺めてみたい。

一二月二七日、「インドネシアのモロタイ島、また元日本兵を発見／台湾出身、中村さん／55歳密林からマル裸で／今は日本国籍ない」といった見出し。その同じ紙面に、横井庄一の談話として、「十分に補償を」の声が載せられている。

一二月二八日、「今の夫と別れない」という見出しで、元妻の李英蘭さんの戦後再婚のことなどが書かれている。またこの時点では、帰還先は本人の意思によるものとされ、帰還先はまだ決定されていないような報道であった。

一二月二九日、「谷間に草ぶき小屋」という見出しで、戦後の生活事情が紹介される。また「記者に軍歌を披露」という記事も。

一二月三〇日、「できれば台湾に……」という本人の希望が確認され、日本への立ち寄りの可能性がほぼ消える。また「敗戦は知らなかった」という記事も載せられている。

一二月三一日、「戦友には会いたくない」という声を紹介する一方、「中村さんどうしてあげたら／とにかく日本に／冷たすぎる政府」という見出しで、日本人として少しでも「中村輝夫」に何か報いるべきだとの元日本兵たちの声が紹介されている。

一月三日、「8日に台湾へ／日本大使館員が同行」という見出し、さらに「中村輝夫」を日本に迎えるための「迎える会」の結成が記事となっている。

以上、日本への帰還が決定するまで、『サンケイ新聞』は、「中村輝夫」への同情を基調とした報道を続けていた。逆から言えば、同情以上のものはなかったということになろう。日本政府から「中村輝夫」に渡されたのは、法的措置によるものではない一時的な帰還手当て三万円と、軍人時代の未払い給与三万八二七九円であった（その他大使館有志によって衣服と一五万円が手渡された）。唯一、同情以外の要素が鮮明な記事は、横井庄一による「十分な補償を」（一二月二七日）であった。以下は、その横井庄一の談話。

いまだ元日本兵がみつかるということは、日本が戦争のあと片付けを完全にやっていない証拠だ。みつかった中村さんにたいし、政府は一日も早く中村さんが希望する土地に、永住の基盤を築いてあげ、余生を安楽に暮らせるような十分な補償をすべきだ。また今後、こういった日本兵の捜索と遺骨収集を行い、戦争の責任を果たすべきだ。

過去の戦争を責任問題として提出し得ていたのが横井庄一だけだったことは、それだけでも興味深い。ただし「中村輝夫」の発見は、台湾側、日本側両方に、その後の戦後補償にかかわる運動の契機を作り出したようである。一九七五年、日本軍事郵便貯金の払い戻しを求める台湾人代表団（世話人：黄同吉）によって、台湾全島及び澎湖島などで債権登記所を設置する運動が開始され、日本では、当時明治大学の宮崎繁樹教授などの手によって、「台湾人元日本兵士の補償問題を考える会」が発足することとなった。またもう一方で、戦後補償の問題は、いわゆる戦友会のレベルにおいても一つの関心事となっていた。モロタイ島で戦った元日本軍兵士たちによって編まれた自費出版の『春島戦記 あゝモロタイ』（モロタイ戦友会、一九七八年）には、宮崎繁樹教授の

戦後補償にかかわる訴えなども載せられている。(12)

しかし「中村輝夫」本人の人生に対するその後の関心ということでは、作家佐藤愛子が著した『スニヨンの一生』（文藝春秋、一九八四年）が唯一のメジャーな出版物として流通しただけだった。しかもこの著作は、編集者や記者、台湾人の翻訳者・通訳者など多くの人間の協力によって作られたものであり、佐藤がかかわった家族に対するインタビューも、一回の台湾行きで即席でまとめられたものにすぎない。また内容の所々で出て来る引用は、ほとんど先述の『春島戦記 あゝモロタイ』から取られたものであり、佐藤のオリジナリティーは著しく低い印象もある。

ところで佐藤がインタビューを通じて最も聞き出したがっていた関心事は、例の再婚問題であった。妻李英蘭は、戦後「中村輝夫」の帰還を断念した後、別の男性と結婚しており、それをもう一度解消し、「中村」と再婚することになった。もちろんここには、男女の感情の機微というもの、また二人を見守る周囲の視線など、多くの人間ドラマが秘められている。しかし端的に、そういった範囲を超えた著作にはなり得ていないとも言える。またインタビューにおいても、その方法論的な限界を露呈している。佐藤は、戦争への動員について、それが強制であったのか志願であったのか、ほとんど何の予備知識もなく元日本兵に問いかけるのであるが、予想通り彼は、自ら志願したものであったと日本人である佐藤に答えるのである。どのようなプロセスを指して強制であり、また強制でないと言い得るかは、直接インフォーマントの発話からは聞き取れないものである。それが強制であったかどうかは、本人の意識の問題ではないだろう。

その意味で、佐藤のこの著書は、結局のところ戦後補償の問題を直視する動力からは逸れたものとなっている。もちろん、佐藤自身がそのような運動家ではない、と言えばそれまでのことである。だが戦後補償云々はさて置いても、「中村輝夫」の人生は、想像を絶する複雑さを持つものであった。

「中村輝夫」の晩年は、決して恵まれたものではなかったようである。晩年の彼は、中毒に近い形で飲酒と喫煙を繰り返していた。また仕事といえば、地元の「アミ族文化村」でのパフォーマンスに出向くことくらいであったらしい。直接の死因は、肺の疾患によるものであるが、彼は、第二の人生の方途を見つけることができず、自分自身をもてあましていたようだ。日本で出版されているもので、「中村輝夫」本人に聞き書きしたとされる書籍としては、元日本人の通訳などを務めていた陳浩洋による『中村輝夫 モロタイ島31年の記録』（おりじん書房、一九七五年）がある。どれだけ実際に「中村輝夫」の声に即したものであるか俄かには判断できないが、冒頭の部分には多くの日本人が彼に投げかけた同情とはズレた部分も散見され興味深い。

> まず私をびっくりさせたのは、さまざまな見物人がジロジロと私を眺めていたことと、あのたくさんの新聞記者という人たちが向けてくる写真機の数、稲妻のような光、それに私の口へもってくる拡声器であった。
> 私はジャカルタの国立病院で健康検査をうけていた時、思わず医者に聞いた。
> 「どうしてあんなに多くの新聞の人たちは私を追いまわし、見すぼらしい姿を写真に撮ろうとするのか、あの人たちは立派な服装をしているのに、なぜ乞食《ママ》同様の私に注意を向けてく

るのですか」

「あれは君が、三十一年もの長いあいだ人跡未踏の密林のなかで、想像もできない辛いことや苦しいことにうちかって、生きながらえてきたことに対する、人びとの関心ですよ」

といい、

「まあしばらく養生して栄養をとれば、君はまた近いうちに文明社会にもどれるから」

と慰めてくれた。

「中村輝夫」にとっては、台湾社会に戻ること（そこで定着すること）は困難な闘いであったし、彼の苦しみの総体を彼を戦地に赴かせた日本人に理解させることも、おそらく気の遠くなる仕業であったと思われる。その一つの原因として、彼が原住民族であったことも考慮されるべき事柄であろう。このことは実は、逆の論理としても言えることである。つまり彼が原住民であること自体が、七〇年代においてほとんど意識されなかったということである。そこには、幾重にも絡み合う差別の構造がある。

まず台湾において考えてみた場合、彼の名前が中国名に変えられたことにもあるように、台湾における民主化が本格化する八〇年代後半まで、原住民の独自性は、中華民国の文化体制において中途半端にしか認知されていなかった。八〇年代後半まで原住民は、「山地同胞」と呼ばれ、中華民族の一つと位置づけられたか、あるいは「中村輝夫」の晩年の収入源に見るように観光資源として表象されていた。そして「中村輝夫」は、「中国人」になったにもかかわらず、実際は片言の台湾語しか理解できず、標準中国語では全く表現できない人間であった。自己表現は、原住民族のショーだけとも言えた。

また日本においても、彼が原住民であったことについて、センチメンタルな同情以上の反応を引き起こすことはなかった。日本人にとって、台湾の原住民は、それだけである種の特別な存在であったが、そこには複雑な歴史が控えている。かつての台湾統治において、原住民は漢民族とは別の枠組みで支配されていたことも大きい。抵抗する原住民への隔離と弾圧の結果、一九三〇年には霧社事件なども起きており、日本帝国は大きな比重をかけて、原住民を手なずけようとしたし、また強引に戦時動員体制へと組み込もうとした。ある意味では、漢民族に対しては当初から〈中華〉文明を認めざるを得なかった反面、原住民に対しては、純粋な文明化の対象と考えた節がある。その意味でも、かつての統治と動員にかかわる歴史のリアリズムではなく、むしろセンチメンタルな同情の対象としてのみ「中村輝夫」は扱われ、消費されてしまったのではないか、と想像される。

まとめに代えて――暴力と記憶

総じて、「中村輝夫」の物語は、結局のところ、同時期の横井庄一や小野田寛郎のような、かつての日本帝国の生き残りのノスタルジーの「物語」にも乗らなかったと言える。またそこには、日本人の場合には当然のことながら支給されるべき恩給が彼にはなく、補償の名に値する援護措置が法的に整備されていなかったという、ある種の後ろめたさも関係しているのではないか。

しかし翻って、先述した劉連仁の場合には、ノスタルジーの構図など全く問題にならない水準にあるとも言える。だがそのためにこそ、劉連仁の場合には、自身の国家による援助が期待されない中でも、その子孫と支援者によって賠償を求める粘り強い運動が継続された。さてもう一方の台湾であるが、その後、戦時期の未払いの給料、軍事郵便への貯金については、一九九四年には一定程度の政治解決が図られたものの、現代レートに換算した場合の変換率の低さ（百二十倍）は、当事者に新たな苦痛を呼び起こすことになったようである。

いずれにせよ、彼らは、日本帝国によって発動された戦争、及び戦争政策に巻き込まれた被害者として同一のプロセスから派生した人々である。この立脚点は、幾度も確認しておくべき事柄であろう。そして彼らを別々の人生へと分かつのも、いわばその後の歴史の動力によるわけである。私たちは彼らのあり様を単純に比較するのではなく、彼らの記憶の中に分け入る努力の中から、その諸経験を総合し直すことが求められている。しかし、実際に当時を生きていた人々が証言を残すことなく、次々と他界している事実がある。そして、先の「中村輝夫」のケースにおいて最も顕著であるように、戦後の冷戦体制下における文化政策、あるいはその中で形成された感性の体制によって、証言者となるべき彼（彼女）たちの「声」は構造的に圧殺されつつある。かつての暴力の記憶に対して、さらに構造的な暴力が加えられていることを意識しないではいられない。

台湾中央研究院の周婉窈は、その著書『海行兮的年代（海ゆかばの時代）——日本殖民統治末期台湾史論集』（二〇〇三年）で、台湾社会の中で生じている世代間のギャップに直面する中で、世代概念を検討し直し、「生物世代」とともに「歴史世代」というコンセプトを提示することで、戦争末期に動員された世代の特殊性を理解する糸口を探ろうとしている。[13] その中で周は、戦争末期においては、対外戦争により「共通の敵」に対して団結せざるを得なかったこと、その極端な困窮状態で生死を共にすることで民族の別が曖昧になったことを指摘している。こういったアプローチは、台湾内部の世代間に偏在する問題を歴史化するあり方として、学問と現実世界との間を結びつけようとする、台湾の新しい世代の試みであると言えよう。

しかしさらに困難でありかつ必要なことは、通常は同一民族内のものとして処理される縦の世代関係を国民国家の枠を越えて考察しなければならなくなっていること、つまり斜めの線分を作り出す努力である。特に歴史的に加害者側であることが前提となる日本人にとって、その斜めの線分を作り出す努力は、自身のポジション（特に冷戦体制下によって構築された文化構造）を慎重に見極める作業も含め、独特の困難さが予想される。そこで鍵となるのは、本論文でも特に強調した点であるが、東アジアの冷戦構造の中で形成された分断的な記憶配置の問題である。冷戦構造によって生じた情報や人的交流の遮断は、確かにそれぞれの地域の文化構造を把握する困難を倍加させたと言える。だが逆に考えてみれば、このような研究の試み自体が、冷戦文化を克服する一環でもあるわけだ。これらは困難な道のりであるかも知れないが、東アジアの中で日本人が生きていく上で、躊躇せずに踏み出して行かなければならない必須の課題である。

参考文献

フレッド・デーヴィス『ノスタルジアの社会学』間場寿一・荻野美穂・細辻恵子訳、世界思想社、一九九〇年。

成田龍一「「引揚」に関する序章」『思想』vol.955、二〇〇三年。

野添憲治『劉連仁 穴の中の戦後』三一書房、一九九五年。

欧陽文彬『穴にかくれて十四年』三好一訳、新読書社、一九五八年。

サンケイ新聞・フジテレビ特別取材班『陸軍伍長横井庄一――その28年間のグアム島生活記録』サンケイドラマブックス、一九七二年。

横井庄一『明日への道』文藝春秋、一九七四年。

佐藤愛子『スニヨンの一生』文藝春秋、一九八四年。

陳浩洋（聞き手）『中村輝夫――モロタイ島31年の記録』おりじん書房、一九七五年。

モロタイ戦友会『春島戦記 あ、モロタイ』、一九七八年。

周婉窈『海行兮的年代――日本殖民統治末期台湾史論集』允晨叢刊、二〇〇二年。

蔡慧玉編著・呉玲青整理『走過両個時代的人――台湾籍日本兵』中央研究院台湾史研究所籌備処、一九九七年。

伊原吉之助「台湾の政治改革年表・覚書（1943-1987）」帝塚大学教養部紀要、一九九二年。

注

（1）フレッド・デーヴィス『ノスタルジアの社会学』間場寿一・荻野美穂・細辻恵子訳、世界思想社、一九九〇年、一七頁。

(2) 成田龍一「「引揚」に関する序章」『思想』vol.955、二〇〇三年一一月号、一四九―一五三頁、参照。
(3) 岸信介・矢次一夫・伊藤隆『岸信介の回想』文藝春秋、一九八一年、七七頁。
(4) 岸信介『岸信介回顧録――保守合同と安保改定』廣済堂書店、一九八三年、九三―九四頁。
(5) 劉連仁が見つかった時の最初の記事は、一九五八年二月一〇日付けの『北海道タイムス』である。見出しには、「雪の別当山中に穴籠り　中国人？　不審な男」とある。
(6) この詫び状は、以下のような文面であった。

「拝啓

劉連仁さんには戦時中日本に入国され、明治鉱業所に入られて以来いろいろと苦労をされたことと存じます。殊に他の大多数の華人労務者の方は終戦後にすぐ帰国の取計らいをしたのですが、貴方は山の中に入っておられてそのことを知る由もなく、長い間苦労されたとのことで、まことにお気の毒に存じます。

御家族も一日も早く貴方の帰国を待っておられると存じますので、近々に中国に向けて出航する白山丸にお乗り頂くよう手配しております。帰国されましたらゆっくり静養され長く元気で暮らされるよう祈ります。

敬具

昭和三十三年四月八日

内閣官房長官　愛知　揆一」

(『華僑報』一九五八年四月一一日)

(7)『穴にかくれて十四年』の中で興味が引かれるのは、劉が新中国の成立を自身の喜びとして語っている場面である。もちろんここには、劉が暖かく祖国に迎えられた実際の事蹟が反映されているのだろうが、それに加えて社会主義体制の優位を西側国家に向けてアピールしなければならなかった当時の中国の冷戦体制におけるポジションというものを勘案してみなくてはならないだろう。テキストの中での「ふたたび故郷へ」という章には、このような叙述がある。「なにからなにまで珍しいことばかりだ。工場で作り出されるさまざまな新しい型の農具、眼のさめるような快適な文化宮殿で、休息をとっている勤めを終わった労働者たち。家族に接するように市民と接する党や政府の指導者たち。どこに行っても眼につくのは、人と人との親近感だ。農村には行ってないが、しょっちゅう人から農村のことをきかされた。土地改革だとか、農民は生まれかわっただとか、やれ協同化だ、機械化だ、千斤畝（訳注——一華畝当りの収量を籾一三三貫以上に高めようという農村の増産運動のこと。一華畝は日本の七・六畝だから、一反当り玄米に換算すると約四石三、四升となる）だとか。初めはあまり信じられなかった」（『穴にかくれて十四年』新読書社、一九五八年、二〇一頁）。ここでもこの訳注に「一華畝は日本の七・六畝だから」とあるように、この本が冷戦体制下において日本を意識した翻訳であるということが窺える。

（8）サンケイ新聞・フジテレビ特別取材班『陸軍伍長横井庄一——その28年間のグアム島生活記録』サンケイドラマブックス、一九七二年、五四—五五頁。
（9）前掲『陸軍伍長横井庄一』一六九—一七〇頁。
（10）横井庄一『明日への道』文藝春秋、一九七四年、参照。
（11）前掲『明日への道』二五二—二五三頁。
（12）モロタイ戦友会『春島戦記 あゝモロタイ』、一九七八年、四四八—四四九頁。
（13）周婉窈「「世代」概念和日本殖民統治期台湾史研究（代序）」『海行兮的年代——日本殖民統治末期台湾史論集』允晨叢刊、二〇〇二年、一—一三頁、参照。

Ⅱ　文化編

李小龍（ブルース・リー）と中国

なぜ大陸中国では李小龍はあまり評価されていないのか？

二〇〇三年のことであった。李小龍（ブルース・リー）の没後三〇周年を記念するため、ボスニアの都市モスタルで、李の銅像を平和の象徴として建てる計画が持ち上がり、一年をかけてそれは完成されたそうである。実は李小龍は、ボスニアだけでなく、セルビアやクロアチアなど旧ユーゴスラビア全体でも同様に人気があるのだそうだ。周知の通り、九〇年代旧ユーゴは激しい内戦に見舞われ、数個の民族国家へと分裂するに至った。このプロセスを追うならば、否応なく内戦から始まったプロセスは遂行的に独立戦争の意味合いを帯び、また対外防衛戦争として総括されることになろう。そこで、なぜ李小龍か、ということだ。旧ユーゴ地域において李小龍が平和のイコンとして歓迎されているのは、南ヨーロッパの文脈とほとんど切り離された超民族的記号として取扱い易かったからであろう。だが記号論の初歩を解説するまでもなく、記号は何ごとかを代表しているわけで、「鳩」でもない限り、一定の内容を表現してしまう。直観的に言うならば、李小龍は超民族的記号でありつつも、やはり幾ばくか民族的な志向性を持った何かでもあらざるを得ない。そこで思い出されるのは、李小龍が歓迎されている地域の典型となっているパレスチナにおいて、李が帝国主義勢力への抵抗＝民族の象徴として機能してきた経緯である。

ところが、大陸中国において李小龍はほとんどあり得べき歓迎を受けてこなかった。李小龍が実質的に映画の世界で活躍した七〇年代前半において大陸中国は「文革」の最中で閉ざされていたから、という歴史的文脈を考慮した上でも、やはりこの淡白さには構造的な要因もありそうだ。先に身も蓋もなく言ってしまえば、大陸中国は既にかつての帝国主義勢力に蹂躙されるような国家体制ではなくなっているから、という指摘がすぐになされるかもしれない。この文脈を踏襲するのであれば、やはり李小龍というイコンは帝国主義勢力につけ込まれる「現実の可能性」において惹起される何か、ということになるのだろうか。思い起こせば、強いて旧ユーゴの紛争を「内戦」と呼ぶならば、その後半期間においてもっとも印象的であったのは、多国籍軍（実質的には米軍）の空からの介入と爆撃であった（また中国側から申せばセルビアにあった中国大使館の一九九九年五月の「誤爆？」というおまけもついた）。その意味でも、李小龍がなぜ旧ユーゴにおいて歓迎されているのか、その実際的連関も想像できよう。

李小龍というイコンの選択と流通のプロセスを観察する上でも、他の地域はともかく、やはり大陸中国本体における評価のされ方に注意を払うべきであろう。最近大陸中国での没後四〇周年の評価として見かけたのは、「中国人は東亜病夫ではない」という『精武門（ドラゴン怒りの鉄拳）』（一九七一年）のセリフであった。ちなみに「東亜病夫」とは、一九三六年のベルリン・オリンピックで惨敗した中国選手団が帰国の途中にシンガポールに立ち寄った際、現地の新聞が外国における当選手団への風刺漫画を取り上げたことがあり、その漫画のテーマが「東亜病夫（東洋の貧弱な身体）」であった。以後この「東亜病夫」は、外国勢力からする中国への蔑みを表す言葉として定着することとなる。しかして先の「中国人は東亜病夫ではない」は、『精武門』に登場する主人公・李小龍が当地上海に君臨する日本人武道家に向けて激発するセリフであった。有態に言ってしまえば、大陸中国でも李小龍を取り上げる際の記号内容は、やはり反帝国主義という歴史概念に依るということになるのであろう。が、例えば「東亜病夫ではない」というセリフをヘッドラインに掲げた二〇一三年七月二〇日付けの『中国新聞ネット』にしても、説明の中では李小龍映画の政治的性格には全くと言ってよいほど触れていなかった。おそらく、「東亜病夫」という概念が呼び出されるここ数年の大陸中国側の前提とは、むしろ二〇〇八年の北京オリンピックからの「中国の台頭」に結びつくストーリーであろう。北京オリンピックの成功により、中国人の「東亜病夫」コンプレックスはもはや解消された、という歴史構図の転換をさりげなく語っているのだろう。

ここで浮上して来るのは、本稿のテーマとはやや離れたところで派生するところの、大陸中国における反帝国主義思想から「中国の台頭」思想への転換に至る連続性と不連続性であり、それをどのように見積り、また評価するかという問題である。こういったやや派生的テーマとも呼べる課題を念頭に置きつつも、しかし本稿が目指す主眼は、あくまで大陸中国における李小龍への淡白な対応をどう解析するかである。

李小龍の身体イメージ

「中国人は東亜病夫ではない」というセリフは、まさに中国人がそのように外国勢力によって差別されて来たこれまでの歴史状況の反映なのであって、だから「病夫」的なるものはむしろ李小龍の身体の中核的イメージともなっている。ただ表面的には、フィルム上の李小龍の身体は過剰なほどに鍛え上げられ、研ぎ澄まされ、いかにも「病夫」ではないようにも見える。また「病夫」から連想させる阿片中毒者の影の片鱗も李小龍からは発せられない。ただその一方、李小龍の役回りを階級文化論的に見れば、実は租界都市を蠢く苦力など下層階級のイメージを根深く刻印していることが分かる。例えばそれは、香港でのデビュー作『唐山大兄（ドラゴン危機一髪）』（一九七一年）において李が工場労働者であったこと、また二作目『精武門』では敵（日本人）と効果的に戦うため、李は人力車の車夫にも、また電気技師にも、さらに新聞売りにも扮していた。さらに言えば、ほとんどの李小龍映画における格闘シーン時のいで立ちは、ほとんど例外なく上半身は庶民の着る短衣であって、士大夫の象徴たる長衣ではない。また下はベルト付洋風のズボンではなく、腰を紐で括る簡易ズボンとなっていた。まさにこれらのイメージは、帝国主義のネガとしての「病夫」に接続するものである。

ただし、李小龍の身体イメージを考察する際に、これまでの文化研究の成果として、それを性の隠喩とする観方もあり、それについて真正面から反対できるわけでもない。李小龍映画は、四方田犬彦が指摘する通り、女性との関わりにおいて意図的な淡白さを強調している一方、それとは対照的に、新田啓子が指摘するように、格闘シーンが潜在的にセックスを含意するようにもできている。特に上着を脱ぎ、上半身をむき出しにして行くプロセスはそのように見えざるを得ない。

しかし筆者が念頭におきたいのは、さしあたっては李小龍の「身体」の民族的かつ階級的なアウラの方である。李小龍が自身の裸体を顕現するのは常に決闘の場面であるが、その決闘は他の歴史的イメージとしての中国（租界地区も含む）の混乱期の情景——公共空間における処刑や示衆（見せしめ）、抗議行動などに近接する隠喩となっている。順番に見ていくと、『唐山大兄（危機一髪）』での悪徳資本家との闘いはストライキの比喩であり、また『精武門（怒りの鉄拳）』では日本側に密通した者は李により殺害され、「示衆」のため電柱にぶら下げられており、また『猛龍過江（ドラゴンへの道）』では中国料理店を乗っ取ろうとするイタリア人マフィアとの闘いの頂点として、ローマのコロッセウムが決闘場面に配されていた（『死亡遊戯』は特殊な作品なので割愛する）。そして最後に『龍争虎闘（燃えよドラゴン）』となるが、この作品が中華圏、東南アジアなどで受けなかったのは、やはりクライマックスの鏡の密室での決闘シーンに特徴的な、その観念性が鼻についたからだろうことが予想される。しかし逆に、日本も含む西洋社会ではこの『龍争虎闘』が最も興行的に成功しているのである。ちなみに『龍争虎闘』は、李からすれば、はじめてハリウッドと資本提携を果たした作品であり、米国人ロバート・クローズの監督作品となっている（脚本や格闘シーンなど李の意向が強く現れてもいるのだが）。

ここで一つの法則を示すならば、中華圏・東南アジアで受けた作品は、いずれも決闘場面がオープンな場所で行われるような歴史的情景を持っていた、ということになる。それが先ほど述べたところの、処刑や示衆（見せしめ）、抗議行動などに近接する帝国主義及び植民地主義の隠喩情景である。ここで内部事情を差し挟めば、『唐山大兄』と『精武門』が香港の映画監督・羅維の手によるものであり、いずれの出来栄えにも李は不満を持っており、現に激しい対立が惹起されていた事実をどう見るかである。外側まで漏れ聞くエピソードからも、如何にも羅の映画作りが緻密さや専門性とは正反対の場当たり的なものであったことへの不満は理解できる。ただそういった表面的な位相を留保したところで顕現する羅と李の本質的な差異とは、羅がかつて抗日期の重慶（臨時政府時代）で文化活動に従事していた歴史的背景と、一方での李が米国での地位を獲得せんがための一時的迂回として香港での活動を念頭においた志向性の違いである。羅の映画作りの大ざっぱさやご都合主義は、当然のこと香港映画特有の資金不足に起因しながらも、抗日戦争への文化政策的対応が流用されて来た歴史的なるものの（李からすればやや惰性的な）反映であった。

だがここで留意しなければならないのは、先ほど述べた中華圏・東南アジアでの李小龍映画への反応で、特に羅が監督した『唐山大兄』と『精武門』が製作され公開された時期が一九七一年〜七二年であったタイミングである。香港映画史研究者・邱淑婷の指摘によれば、これらの作品に対する熱狂は、台湾と香港で始まった「保衛釣魚台運動」（沖縄返還に際し米国が「尖閣諸島」が日本に属するものとの見解を発表したことから始まった抗議運動）の勃発、そしてまたこの時期の国連での中国代表権の北京政府への交代など、中国ナショナリズムを刺激する時代状況を背景にしていた（さらにここに、七〇年代前半の日本の企業進出への新植民地主義批判を発火点とした、東南アジアにおける反日運動も付け加えられよう）。総じて、羅維は大衆的に既に定着していた道具立てを流用することで、中国ナショナリズムの要素を確実に中華圏・東南アジアの観客動員に結び付けたことになる。もちろん、李にもナショナリズムの要素がないわけではない。三作目の『猛龍過江』は、李の米国修行時代の人種的苦難をベースにしており、中華レストランを白人資本から防衛する李の活躍にはやはり、ナショナリズムを観客動員に結び付ける手法の踏襲が見受けられる。

以上の文脈を踏まえたうえでも、現在の大陸中国側の李小龍映画への反応の淡白さとは何なのか、改めて精査する必要が感じられる。そこで、この問題を探るために一つの補助線を引いてみたい。第五世代の張芸謀の出世作『紅高粱（紅いコーリャン）』（一九八八年）の公開当時の大陸中国内部の反応である。この作品のクライマックスにまで至るストーリーは典型的な抗日のそれであるにもかかわらず、政府筋の反応は極めてネガティブなものであった。その要因は、姜文の演じる九児の身なりや行動の「野蛮」にあり、さらにそれら描写の下層性がオリエンタリズムとして西洋社会に受けていることへの不快が大きな要素を占めていた。私の知り合いの中国人知識人は、当時はそのような政府筋の批評に同意できなかったそうだ。しかし、九〇年代を通じた第五世代の変質、とりわけ北京オリンピックの開会式の振り付けに当たった張芸謀に典型的な、政府の承認つきでのオリエンタリズムの消費を鑑み、くだんの知識人は、むしろ八〇年代のあの政府筋の批評は正しかったのではないか、とも述べていた。

ここで八〇年代から二〇〇〇年代までの大陸中国の文化行政、あるいは文化批評の変転に関して適切な評価が必要であるはずだが、本稿の目標に関連してはやや遠回りとなる。先の『紅高粱』への大陸中国内部の反応を一つの補助線として使用した上で、ここから引き出されるべきは、中華文化における「身体」の位置の問題である。やや単純化して言うならば、中華文化の本体は「身体」を称揚しないのである（西洋文脈で「身体」を貶めるという意味ではない）。これが先に述べたところの、李小龍映画に対する大陸中国側の淡白な反応にかかわる文化構造的要因である。

「中国の教え」と「翻訳」

ここでもう一度だけ復習しておくと、『唐山大兄（危機一髪）』、『精武門（怒りの鉄拳）』、『猛龍過江（ドラゴンへの道）』がそれぞれ中華圏と東南アジアで大ヒットを飛ばした半面、『龍争虎闘（燃えよドラゴン）』が現地では全くヒットせず、それ以外の日本や西洋社会で受けた事態である。白人男性に凌辱されることを拒み自害する妹の記憶が対決の伏線となる『龍争虎闘』もヒットしなかったということは、やはりストーリー上のナショナリズムではなく、先ほど述べたように、対決の道具立てや情景としてのナショナリズム――処刑や示衆（見せしめ）、抗議行動などへの近接性――が決定的であったということになろうか。

ここでもう一つ肝要なことは、ここでの中華圏と東南アジアとは、大陸中国本体からすれば、すべて「周辺部」だということである。さらにこの「周辺部」というカテゴリーは、別のフェイズから見た場合には、李小龍自身が華人系米国市民であった意味合いをも含むことになる。これもまた、大陸中国本体からして李小龍映画を論じ難い要因の一つであるかもしれない。

ここから注目すべきトピックは、李がクンフーの習得とともにその師である葉問から東洋思想、特に陰陽説の薫陶を受け、それをまた米国修行時代に米国経由の東洋哲学・西洋哲学を加えて発展させ、著作（『Tao of Jee Kune Do（截拳道）』）にまとめている事蹟である。このような思想的側面が最も反映しているのは、『龍争虎闘（燃えよドラゴン）』完全版の冒頭に出て来る李と師父との道（タオ）問答で、また最後の鏡部屋でのハン（韓）との決闘でもその一部が内心の声に乗せて反復されている――「覚えておけ、敵は人間の心から生み出した幻想にすぎない。それにとらわれては、相手の真意を見抜けん。幻想を打ち砕けば敵を倒せる」と。

ここで決定的に重要なことは、こういった思弁的なセリフが（もちろん映画館では現地の文脈に沿って、広東語や北京語などに吹き替えられていたとしても）、英語によって表現／発話されている事実である。つまり、広義の「中国の教え」に関して翻訳が介在しており、李の「口」が既に英語圏に向けて変形を完了しているのである。その意味からも『龍争虎闘』は、なるほどハリウッド映画である。そしてここにおいて両義的な意味合いが発生することになる。それは、ハリウッドを目指すことは、李小龍の元よりの目的であったからだ。それと並行するように、先述した『Tao of Jee Kune Do（截拳道）』は英語で出版されたものである。総じて「中国の教え」の海外向けの翻訳が李の目的であったからには、彼の「身体（アクション）」そのものがまさに翻訳の器だったと言える。しかもそこで、彼の「身体」は、中華圏の役者も含んだ他の如何なる武道家とも全く違ったスピード感とリズムを露呈させることとなった。そういった翻訳の器としてある身体性という規定に関して、彼がモハメド・アリの試合の映像を食い入るように観察し、学習していたというエピソードもその傍証となろう。

この翻訳の器としての李の「身体」は、突き詰めて言えばアンドロイド（合成態）の様相を得ることになる。滑稽に描写してみるならば、中国下層民の身なりをし、翻訳された「中国の教え」ソフト（加えて他の格闘技のソフト）を内蔵した先端的戦闘アンドロイドということになる。その意味で、李小龍に対する世界的な観客による偏愛とは、このアンドロイド性にあると見做せるのかもしれない。またこのアンドロイド性を倍加させたのが、李の突然死にかかわる悲劇と、それに打ち続く悲哀の空気である。元より彼の血筋の四分の一はヨーロッパ系統で、そのために一時期、クンフー道場から締め出されたり、米国での彼のクンフー道場の展開に横やりが入ったこともあった。この意味合いからすれば、李小龍のアンドロイド性が最も顕現しているのは、「身体」の一部としての、またそれをさらに代表する「顔」ということになるだろう。特に倒した相手を足でねじ伏せる時にズームとなるあの「顔」の悲哀は、観るものにロマン主義的な何かを押し付けることになろう。すなわち、「顔」は記号としてその記号内容を表示せんとするはずだが、そこに一対一対応では済まされない過剰が宿っている事態である。

さて、このような李小龍のあり方について、大陸中国側の批評家なり、一般大衆は、批判的であったり嫌悪的であったりするのだろうか。実態としてそういう声も聞かない。その要因として挙げられるのは、元より中華文化、特に宗族社会的紐帯の強い南方の中華文化は、李小龍が示した身体性に適合的であるとも言えるからである。中国宗族社会が重視するのは、「血」の流れであって、しかもそれはいわゆる近代的な「血」の観念とは別ものである。そしてこの「血」の流れが通って行く器として各々の「身体」がある、ということになる。すなわち、ここで「血」の流れとして表象される内容に、「中国の教え」をおくことも十分に可能なのである。「血」の流れが流れるために、つまり「中国の教え」が「周辺部」からさらに外へと伝わって行くのに翻訳は不可避となる。逆に言えば、翻訳を強いられ、また翻訳を生きるのが中華圏「周辺部」の生存の基本なのだから。

ところで、中華文明の「亜周辺」の日本でも同様の問題機制は生じていた。江戸中期の漢学者・荻生徂徠が直接的に「中国の教え」をその始原に遡って解釈しようとした、いわゆる「先王の道」というコンセプトである。そのコンセプトの生成は、同時代に話されている中国語が日本語とは違うものであることに気づき、「翻訳」という契機に触発された経緯が前提となっていた。

総じて言えば、中華文化は否応なく、文明の中心部から文字が「周辺部」へと流出し、そこでの「身体」を翻訳の器として「中国の教え」を機能させるという構造を有していた。だから李小龍の活躍は、決してこの構造を踏み外しているわけではないのだ。ただし、その延長線上にあって、もしも李小龍が完全に中華を捨てて欧米の身体に移り住み、「中国の教え」から離れてしまえば、その時には何の関係もなくなる、というだけである。すなわち、文字を所有する中心の側はそのような構えを取る一方、「周辺部」はその文字を解釈し、身体化する衝動の中で中華文化の一部分を担う、という関係になる。その意味では、むしろ「周辺部」においてこそ中国文化はその思考＝解釈の強度が高まる傾向もある、と言ってよいかもしれない。先の「血」の流れの比喩で言えば、この流れを担う側においてこそ、「血」を遡ろうとする衝動が高まる事態である。ここで李小龍がしきりに他のクンフーの流派を批判していたことは、その証左となる。それは、いわば「純粋」への衝動とも言えるものである。従って、この「純粋」とは過去に向かって遡行的に意志されるものであって、現在及び未来にかかわる啓蒙的所作とは区別されるはずのものである。

ここで一つだけ付け加えておきたいのは、『龍争虎闘（燃えよドラゴン）』は中華圏や東南アジアでさほどの興行収益をもたらさなかったわけであるが、やはりそこにも李小龍からする「中国の教え」の伝道があったと見做すべき点があるということ。それは、『猛龍過江（ドラゴンへの道）』から引き継いだところの暴力批判である。この二つの作品は、銃器嫌悪が一つの主題となるのだが、『龍争虎闘』の敵役の韓（ハン）が失われた片腕に金属製の武器を装着しており、それによって徒手空拳の李小龍の裸体に傷がつけられる場面は、なるほど陰陽説的な処理ではある。先に述べたように、李小龍の身体がアンドロイド的であるとすれば、韓の身体はサイボーグ的なコンセプトを持つ、と見做せる。ここでのサイボーグ性とは身体の不具を前提にするものであり、遡って思想の不全性を過剰に補うものとして、「中国の教え」に反する「邪道」を表示する。極めて東洋的な構図でもあるのだが、ここで李小龍は「中国の教え」に遡ったところでの思想の構築、特に平和思想の提示に賭けていた、という観方も可能なはずである。何故なら、李小龍が持ち出すヌンチャクは、犯罪の武器として禁止されている地域もありながら、実際の機能としては防御方面に優れた武具であり、コレオグラフの観点からも円周運動をその基本にする。つまり、相手方の攻撃がこちらのレンジに入って来た時だけ効果を持つものとして、銃器とは対極に立つものなのだ。加えて、実はヌンチャクは中国において発明されたものではない。しかしそれは、「中国の教え」に遡って是認されるという手続きが踏まえられれば、元々の所属は問題ではなくなるのだ。

中国ナショナリズムと世界史

もう一度始めの問いに戻りたい。なぜ大陸中国の側で、李小龍に対して大きな関心が起きず、また明確な評価が下せないか、ということである。ここまで述べて来たことの延長線上にあるのは、中華文化の中心側は、その「中国の教え」が通過するであろう「周辺部」や「身体」の側に過剰な関心を持たない、ということに尽きるであろう。が、その手前でやはり議論しておくべき課題がある。それはつまり（近代）中国ナショナリズムの扱いである。観ようによれば、先の七〇年代前半の中華圏・東南アジアにおけるナショナリズムの高揚からも、李小龍映画はそれを主題の一部にしているし、それによって大きな観客動員が記録できたことも間違いない。ただその反面、本家の大陸中国側が李小龍映画にはっきりした評価が下せないとすれば、それはつまり本家においてナショナリズムそのものの扱いがいまだに不安定であるから、という問題に行き着くはずである。

この中国ナショナリズムの不安定性に接近するため、ここでは太平天国の乱と義和団の乱という二つの歴史的トピックを取り上げてみたい。何故なら、李小龍映画における李の身体の隠喩は、先に述べたように一貫して下層民衆に近いものであり、容易に「野蛮」と結びつく不穏なイメージ領域に接しているからだ。

中国ナショナリズム、特に一九四九年の中華人民共和国の誕生以降、それに資する歴史評価に関連して、一九世紀半ばに起きた太平天国が共産党による根拠地闘争の歴史的先陣としてトレースされ、その政策上の「平等志向」とも相まって、農民による義挙運動として称揚されることとなった。この文脈において、ナショナリズムの中核に農民を位置づけることが、共産党統治の正統性の支えになっていたことは言うまでもない。だが、このような共産党的歴史観への対抗言説として、例えば日本支那学の系譜を担う宮崎市定が渾身の論文「太平天国の性質について」（一九六五年）で以下のような反論を提示していた。宮崎によれば、太平天国軍の主たる担い手とは、アヘンの運び屋たちであった。すなわち、アヘン戦争の結果たる南京条約の締結により、阿片の流通が合法化され、それまで割のよい通行料を取って阿片を運んでいた会党集団の経済基盤が一挙に崩壊、続いてそのあぶれ者たちが大量に太平天国軍に志願して行ったというストーリーである。さらに、実際のところ、土地に縛られざるを得ない農民は、基本的には軍事要員とはなりにくい、というのが宮崎の主張の骨子であった。

他の様々な条件や学説を総合して見る限り、宮崎の強調するところの説の方が共産党史観よりも事実に近いことは確かである。その意味で、共産党史観は統治正統性を補完するためのイデオロギー装置として批判されることにならざるを得ない。さらに宮崎的な歴史観が直観的にも正しいものと見えるのは、例えば李小龍映画での李の身分などからも仄見えるように、ナショナリズムの受け皿となる歴史的アクターは、明らかに大衆文化的には「あぶれ者」の方であるからだ。

しかしここで考えてみたいのは、宮崎の実証的な手つきの効果は、そのような運動の「主役」と革命の理念を遠ざけるものとして機能してしまう、ということである。ここで忘れられているのは、アヘン戦争＝帝国主義という世界史的契機である。教科書風の解説になるかもしれないが、イギリスによって持ち込まれた阿片とメキシコから産出された銀と、インドで栽培された綿花や茶が帝国主義の力によって出合わせられるという、一九世紀半ばの新たな世界史的平面の成立である。

なるほど太平天国の主体は、ヨーロッパでイメージ化されたプロレタリア像とは程遠いものであり、共産党が根拠地建設において頼りにした「農民」とも違ったものであった。しかし明らかに太平天国という歴史的出来事は、一九世紀の世界史的な波動の中に位置づけられるものであり、この世界史感覚を有するか否かは、やはり理論的な地平を伴った補助線を借りてしか思考し得ないものである。ただ、どの地域のナショナリズムにもこのような理念と実態とのズレが付きまとうのは、それとして当然のことではある。

さてもう一件は、一九〇〇年前後の義和団の乱に対する評価である。これにかかわる論争が勃発したのは、李小龍映画の流行と同時代の台湾（中華民国）であった。台湾大学の先進的学生と海外留学生及びそれに先立つ米国留学生の間で勃発した「保衛釣魚台運動」（一九七一年〜七二年）に関わって、運動側学生と政権党国側学生との論争の中で惹起された歴史的イシューとして義和団が俎上に載せられた。党国側学生は、釣魚台運動主流の民族主義（ナショナリズム）を義和団のように野蛮で盲目的な行動と評するなど、むしろ中国ナショナリズムを抑制する側に立つことになった。この党国側の行動の背景にあるのは、当時の冷戦イデオロギーである。釣魚台／尖閣諸島が日本側に帰属するものであるとの米国政府の発表（一九七一年五月一五日）への反対派学生の運動が勃発、これに対抗せんとした党国側（とその子飼いの学生たち）は、米日との反共同盟の結束を優先する政治的ラインにあったと言える（以上、鄭鴻生『台湾68年世代、戒厳令下の青春』作品社、二〇一四年より）。ここでの義和団に関わるイメージ闘争も、先の太平天国と同様、近代国家的なるものを経由しない下層的性格への評価が鍵となる。実にここでも露呈されたのは、中国ナショナリズム内部の不安定さであった。そしてこの保釣運動の最中に起きた学生間の論争が表示するのは、政府側が捨てた民族（ナショナル）のイメージを運動側（左派）が掬い上げる、という経緯であった。

　以上、二つのケースを例に採ったが、前者（太平天国）は清朝の命を受けたところの洋式兵器で武装した開明軍閥によって、また後者（義和団）も直接的に八ヶ国連合軍の近代兵器によって蹴散らされることになった。すなわち、いずれの反乱も当時の近代的兵器の水準からすれば、「徒手空拳」に近いものであった。李小龍映画における暴力批判の淵源は、このあたりに原風景がありそうである。今はどうであれ、一九七〇年代における「周辺部」中華圏・東南アジアにおいては、この「徒手空拳」にナショナリズムの感情的源泉が存在していたということだ。

　しかるに、周知の通り、今日の大陸中国の北京政府において軍事の近代化という目標は不動のものであり、また既に一九六四年にも自力で核兵器を開発してしまった。中国（そして第三世界）

が核兵器を保有したことは、実に世界史的フェイズの一大転換であるが、これを適切に説明する言説は目下の世界には存在していない。中国の核兵器だけを防御的なものと正当化する物理的根拠は存在しないからだ。ただ、核兵器を有した「中国」という国家自体が防御的なものであることは、おそらく幾ばくかは論証可能であろう。

ただ李小龍映画が多少なりとも中国ナショナリズムのアレゴリーを示しているとしたら、そこで語られている平和思想にも何がしか、現在の「中国の台頭」の持つ意味を暗示するところがあるように思われる。李がほんど全面的に映画作りにかかわった『猛龍過江（ドラゴンへの道）』のラストシーン――仲間がほんど死んでしまった後、ヒーローである李が墓場を去る際に傍らで呟かれる章句――「武器がはびこるこの世界で、彼が生きていくのは大変なことかもしれない」は、まさに中国ナショナリズムのジレンマを言い表しているようにも聴き取れる。

結びに代えて

総じて、中国ナショナリズムを扱うことの難しさは、中国が元々から備えている中華の文化構造に近代ナショナリズムがはまりにくいことが要因として考えられる。本稿で示したところでは、「中国の教え」なるものと、それが「周辺部」に流通する仕組みがその文化構造に当たる。象徴的に言えば、近代ナショナリズムは当然のこと伝統破壊を伴うはずであるが、中国の場合、伝統破壊をもたらすエネルギー自体が伝統への解釈から発するという自家撞着が生じる、と言えばよいか。

この意味を裏書きするように、中国における「哲学」とは、「中国の教え」なる先人の言葉への解釈を懸命に追求し蓄積するプロセスのことを指す。だから当然のこと、李小龍自身が別の「中国の教え」を新たに作り出すことはない。しかしだからこそと言うべきか、そこに中華文化における自由が発生することになる。これは実に、李小龍が自身で創設した「截拳道（ジークンドー）」の真義を説明している。そこにおいて強調されているのは、一定の形を作る必要や、それに囚われる必要はないということ、そして唯一の目的は自分を知ること、とされている。翻って、これは実に、現在の中国の政治文化のシステムそのものであるように思われる。上に政策あれば下に対策ありと言われるように、政治権力は常に一定の方針を出すわけだが、この方針は実に大ざっぱであり、行間に様々な解釈の余地を残す。それをどう具体化するかはほとんど自由なのだが、方針自体を変更することはあり得ないし、してはならない（これが受け入れられないなら、中国の外に出るしかない）。これは、やはり翻訳した結果物とそれに遡る原文との関係に等しいかもしれない。中国人一人ひとりが、「中国の教え」を翻訳する身体としてこの世に存在している、ということになるのだ。

今日、李小龍の映画を見直す一つの補助線としてあるのが、この中華文化の「周辺部」的機能である。またその重要な結節点が「身体」であったわけで、それがまさに「中国の教え」の中継地点として機能しているあり様から再び李小龍映画を見直すこと――そのような批評の角度が生じてもよいのではないか。その意味からも、私見であるが、李小龍の身体及び身体観については、西洋社会で育まれたナルシシズムの視点だけでは解析できないところがあると思われる。

李小龍は、ブラック・ベルト誌に掲載されたインタビュー「古典的な空手から自分を解放せよ」の中でこう述べている。「理解の核は個々の精神にあり、そこに触れなければ何ごとも不明瞭で表面的なのだ。自分に関しても自分の可能性に関しても十分な理解に到達するまで、真実は感知できない。武道における知識は、つまるところ自己を知ることなのだ」と。「中国の教え」を伝えることと自己を知ることが矛盾しない一点を目指すこと——これは、中華世界にとってほとんど不適合でありながら、西洋近代を受け入れ、また近代ナショナリズムを構築して来た苦闘の別の表現とも見える。

参考文献

四方田犬彦『ブルース・リー　李小龍の栄光と孤独』晶文社、二〇〇五年。

邱淑婷『香港・日本映画交流史』東京大学出版会、二〇〇七年。

リンダ・リー著『ブルース・リー・ストーリー』柴田京子訳、キネマ旬報社、一九九三年。

リンダ・リー他著『ブルース・リー・メモリアル』柴田京子訳、キネマ旬報社、一九九四年。

新田啓子「間を生きる男の美学 ブルース・リーとカンフー映画のパラドックス」『現代思想』（特集：ハリウッド映画）、青土社、二〇一〇年。

宮崎市定「太平天国の性質について」（一九六五年）、『宮崎市定全集⑯』岩波書店、一九六五年。

鄭鴻生『台湾68年世代、戒厳令下の青春』作品社、二〇一四年（初出：『青春之歌』台北・聯出版、二〇〇一年）。

ドキュメンタリーフィルム作家・王兵の時空文体

現代中国史と『鉄西区』『和風鳴』

時空に入り込む

ドキュメンタリーフィルム界における王兵の登場は、あまりにも鮮やかであった。二〇〇二年、五時間バージョンの『鉄西区』がベルリン映画祭に出されてからの数年——山形国際ドキュメンタリーフィルム映画祭を含む数々の場で『鉄西区』は絶賛を浴び、数々の賞を獲得することとなった。一九六七年生まれ、西安で育った王兵は、中国ドキュメンタリー界の第一人者、『流浪北京』や『一九六六 我的紅衛兵時代』で著名な呉文光より一一歳年下となる。凡そ王兵の登場は、「改革開放」と即応する八〇年代の文化熱の余韻とともにあった呉文光等の筋とは全く別のところから出てきた印象である。しかしそれは逆で、呉文光等が進めていたドキュメンタリー運動が王兵の登場を必然のものとする土壌を既に用意していたから、という言い方をしたほうがよいかもしれない。テクノロジーの水準から記述するならば、こうなるだろう。中国の「単位制度」からの解放の過渡期として、映画会社やテレビ局など公的機材を駆使し、その用途を我が物とすることによって始まったドキュメンタリー運動が、九〇年代後半からのハンディカムの導入により、表現者の半ば完全な自律（とその裏腹としての断片化）をもたらした――その象徴として王兵の登場がある、と。しかし、そこからさらに問われるべきは、この王がいかなる内在的な過程を通じて作家・王兵となったのか、ということだろう。中国ドキュメンタリーフィルム運動の紹介者であり、またその理論家・呂新雨は、表現者王兵の誕生の瞬間を、以下のエピソードに込めて語っている（呂新雨「鉄西区：歴史と階級意識」『読書』、二〇〇四年）。

一九九九年の末、ハンディカムを携えて鉄西区に入った王兵が、ある労働者の身の上話を撮っていた最中のことである。撮影が始まってから一〇分後、別の一人が入って来て、国営工場の閉鎖を伝えることになった。閉鎖の事実はもちろん、撮影の事前には全く伝えられていないニュースであった。つまり、閉鎖が伝えられる歴史的瞬間が記録され、もはや消すことのできないものとなったということ――この出来事の記憶が深く王兵に刻みつけられた点に呂は注目している。ドキュメンタリーの手法が有している、劇映画とは正反対とも言える機能を凝縮したこの呂新雨の見解に同意しつつも、さらにこの意味を掘り下げてみたくなる。それは、王兵自身が、工場の閉鎖という出来事と己の表現との関係について表面的には別の言い方をしているからだ。王兵は別のインタビューの中で、工場が閉鎖されるかどうかは特に重要ではない、工場の労働者たちの生活が重要なのであり、工場の閉鎖は外部的な事件であるに過ぎない、と。作家自身のこの見解を字義通りに受け取るべきかどうか、その判断はさておき、ここで明らかなのは、歴史の偶然と表現の自律という旧くて新しいアポリアであり、このアポリアが作り手の中に純粋な形態をもって立ち現れている事態である。もちろん『鉄西区』を観る観客の立場からしても、『鉄西区』の作品としての強さは、やはり工場の閉鎖という出来事抜きにはあり得ないし、工場を中心にして生きているすべての労働者・住民にとっても工場閉鎖のインパクトは空前のものであるには違いない。また確かに、ドキュメンタリー作品の機能として、予期せぬ出来事がカメラの前で展開し、それがドキュメンタリーの衝迫力を生み出す、という見方は一般的でもある。いわばドキュメンタリーは「出来事を待っている」とも言えるのだから。しかし王兵の態度は、そのようなドキュメンタリーの性格規定一般とも何か別種であるような気がしてならない。ここで必要な手続きとして、ドキュメンタリーの機能をニュースのそれと峻別することによって、王兵の志向性を説明することもできよう。ニュースは、ベンヤミンが言うように、目新しさ、短さ、その分かりやすさと無関連性によって、それが扱う現実から読者をむしろ遮断するものである。王兵の手法、あるいは彼の持つ対象への偏りは、そのようなニュースとドキュメンタリーを分かつ根源的な差異を説明しているようでもある。現に、工場が閉鎖になろうがなるまいが、死に逝く巨象のような工場の佇まいや鉄路で働く労働者の親子の淡々とした語り口において、それは全く問題になっていないようにも見える。ドキュメンタリーが目指すのは、出来事それ自体を伝えることではなく、出来事を作品の時空の中で充実させることなのだ。

王兵とカメラは元より、何らかの可視化されるべき事件を待っているわけではないが、それは王兵自身が述べているように、彼の作品において「画面」というコンセプトがないことと同義である。つまり、そこには時空しかないのだ。時空しかない作品において、「待つ」という態度はあり得ない。少なくとも、いわゆる「期待の地平」なるものは拒絶されている。必要なことは、その時空の中に入り込むことである。つまり、待つ存在としてのドキュメンタリストという主体が、撮られ、また再生される時空の運動に完全に転化しきることである。

東アジアの錯綜した「近代」

王兵は出来事を待たない、とした。しかし、王兵のカメラは、何がしかを待ち続けているようにも見える——例えばあの執拗な長回しへの偏愛などからも——ことは否定できない。ただ、王兵が待つものは何かもっと遠くにあるものであるようにも思える。幸いにも、私たちは『鉄西区』とともに、彼の事実上の第二作目ともなる『和風鳴』を二〇〇七年の山形国際ドキュメンタリー映画祭において観る機会を得た。二本のフィルムを観ることが可能となった時点で、改めて私たちは、王兵が現代中国史を如何に眼差そうとしているかを確認し得るところとなった、と言えよう。そして、否応なく世界の関心事として、ある意味では中国人としての関心事としてあるのが、現代中国史における「社会主義」の経験であろう。もちろん作家本人の意識においては、そのような主題論的なアプローチは否定されるにしても。

『鉄西区』において圧倒的な景観たる工場群、その裾野に広がる鉄路や居住区に住まう数万の家族たちが工場閉鎖に伴い四散する運命は、さながら在りし日の「社会主義」の廃墟を蠢めく影の主人公たちのようである。しかし興味深いことに、その瀋陽の国営工場群は、実は満州国時代に既にその基礎が作られたものであった。ある老人へのインタビューの中で、かつて日本との戦争の最中、華北地方が激烈な戦闘地域になるのに伴い、治安状況の安定した満州国内で働くことを選択し、鉄西区の艶粉街に住み着くことになった事蹟が浮かび上がってくる。一九四九年の新中国成立の時点において、第二次産業のインフラの四分の三が東北部（旧満州）に集中していたという事実からも分かるように、二〇〇〇年の鉄西区の解体とは、奇妙にも満州国（日本帝国）が目指した「近代」の最期のレクイエムともなるものなのだ。その意味でも、中国における改革開放以降の「社会主義」の解体という出来事は、人民共和国の「社会主義」路線の終焉という狭義の解釈を超えて、東アジアの錯綜した「近代」の脈絡そのものをも現前させることになった。

そこで思い起こされるのが、日本のドキュメンタリーフィルムの第一人者、土本典昭の仕事であろう。二〇〇七年に公開された若手作家による『映画は生きものの記録である――土本典昭の仕事』において、土本は自身の半生を回顧しながらこのように語っていた。周知の通り、戦後共産党に入党した経験もある土本にとって、ずっと撮りたかったのは実は、なぜ社会主義国家ソ連があのような形で崩壊したかを突き止める作品であった。しかし予想されるように、ソ連でそのようなフィルムを撮れる機会もなく、土本は自分が具体的にかかわれる現実として水俣に向き合い、それを作品化する仕事を続けてきたと言う。ここで間違えてはならないのは、社会主義の祖国ソ連が志向の対象として第一義的な存在であり、日本の現実は主題の要求として二義的なものであった、ということではない。否応なく私たちの二〇世紀「近代」の経験に「社会主義」というコンセプトが挿入されていたのであり、いわばそのような世界史的とも言える理念＝運動と土本にとっての水俣の患者との出会いは、――まっすぐとまでは言えないものの――ひと繋がりのものであったということである。日本は、ノミナルには社会主義を実現しなかったが、しかし理念としての「社会主義」は様々な運動の場面で、あるいは表現の枠組みに息づいていた、との見方も可能であろう。またそれとは対照的に、中国は社会主義を実現したとされつつ、今日その「社会主義」は徹底的に変質し、その理念の行方も定かならぬ現状にある。

ところで、王兵が育った環境は、母親も含め、身の回りにいた家族の殆んどが農民であったそうである。中国革命の主軸が、一九三〇年代において都市から農村へとシフトしたという出来事は、今日単なる史実としてのみ語られる印象もありつつ、しかしその後も、農民（農村）という主体は、かつてもそして今も、二〇〇〇年代以降の「三農問題」の提起はいうに及ばず、中国の近代化にとってアキレス腱となり続けている。その意味でも、王兵の第二の作品『和鳳鳴』（二〇〇七年）において、主人公・和鳳鳴が「思想改造」のために農場に下放されるくだりに重点が置かれていることは、極めて自然なことでもあろう。さらに論を進めれば、現代中国史において農村（農民）を語ることは、実はそのまま知識人の位置を確認する作業と連動せざるを得ないこととなる。長期に渡る半封建・半植民地的な土壌に規定された中国文化の底深い不均等性が、都市と農村の対立、知識人と農民との関係といった、極めて「近代」的な問いを誘発してしまうのである。その意味でも、知識人の「思想改造」という出来事とその後の反響は、今日においても避けては通れないアポリアとなっている。

『和鳳鳴』の主人公・和鳳鳴が夫ともども陥ることになった反右派闘争は、すべての職場から数パーセントの人員を「右派」と規定しなければならなかった――そのような杜撰な「革命行政」の問題はさておき、そこに中国革命が担った構造的必然性が潜在していたことは紛れもない事実である。例えば、反右派闘争に二年先立つ知識人への典型的な禁圧事件である胡風「反党集団」事件について言えば、今日的には名誉回復された胡風の道徳的勝利が確認されている中でも、その胡風事件を、単なる文学者間の路線対立に解消せず、中国革命の構造的必然性の相においてその意味を見た中国文学者・丸山昇の見解は、やはり卓見であったと思われる。知識人の対立とは、必然的に中国における社会土壌の反映であり続けざるを得ないのである。

旧中国におけるインテリゲンチャの出身階層については、手もとに資料がないのでわからないが、おそらく日本などとくらべて全体としてははるかに上層に偏していたのではないかと思う。そういう連中が、欧米に留学して、(中国では最も金のある者は欧米留学、それ程ないのが日本に留学するというのが通例だった)西欧流の「自由」「民主主義」を学んで帰る時、どんな受け取り方をしたかは、今日の小泉信三、竹山道雄などを見れば想像もつこうというものである。恐らくその視野には中国人民というものは入り難く、極めて観念的な「近代」を頭に描くことになったとしても不思議ではない。近代主義とは、後進国に近代が持ち込まれる時に生れる意識の型だとする考え方は、日本以上に、こうした中国インテリゲンチャについて妥当性を持つに違いない。胡風らによる強烈な個性の謳歌、生命力の主張にしても、やはりそうした「近代主義」の一変種であったことは否定できないように思われる。とすれば、その「近代主義」は正しく「ブルジョア思想」にほかならず、それに対して展開された反右派闘争は、反「近代主義」闘争であり、「ジャン・クリストフ」に関する分析や、「人道主義」「個人主義」に対する批判などが、いかに性急、粗雑であっても、文芸「政策」、文学「運動」理論として見る限り、その正しさは、胡風の側になく、周揚らの側にあるといわねばならない。（丸山昇「現代中国におけるロマン・ロラン」、一九六二年）

もちろん、これで問題が終わりになるわけではない。

もう一つの「現代中国史」

話の筋を戻そう。王兵の第二作『和風鳴』は、反右派闘争の中で「右派」のレッテルを張られ、「思想改造」のために農場へと送られることになった女性記者・和風鳴の半生の語りを、ほとんどカメラを動かすことなく数カットで構成した、いわば証言フィルムとでも呼べる作品である。和は既に老境に入っているが、かつて新聞記者だったこともあり、その半生の記録は自伝『経歴——我的一九五七年』として既に世に出されている。さて、この『和風鳴』を観終わった時に湧いて来た一つの問いは、こうである。和の語りは、名誉回復がなされるまでの彼女の苦難と苦闘の物語であるのだが、文革の終了後に流行した「傷痕文学」の流れ、つまり被害者の立場に特化した告発のパターンとはどこか違うものとなっている——しかしてそれは何故か、という問いである。

そこにはもちろん、証言者・和自身の資質がかかわっているだろう。和は、「思想改造」のために農場へ送られることにより、夫と離れ離れになり、さらにその夫は一九六〇年の大飢饉に起因する病によって命を落とすのだが、最後に送られてきた手紙の中で己の「改造」の成功を喜ぶ夫のあり様について、実に否定的な注釈をつけずに語っている。また彼女は、生活の困窮よりも「右派」のレッテルによって打ちのめされつつ、しかしそのようなレッテルと無関係に接してくれた農民たちのことを忘れない――そのような彼女の語りそのものに、和風鳴という人物の資質が仄見えるわけである。しかしてその資質は、生来のものなのか、中国革命への想い入れによるものなのか、あるいはまた「思想改造」を耐え抜いた経験によるものなのか、俄かには判別できない。漠然とではあるが予想されるのは、ともかくもそのような和風鳴にまた王兵が密かに共鳴している、ということではないか。しかしこの和の証言を受け取ることになる中国人、特に一九七八年の文革終了までの時間を青年期以上の年齢で通過した人間にとって、最も問題となるのは、もちろん彼女の個人的資質であるよりも、彼女の語りを通じて共有されるより一般化されたドラマ、つまり革命運動にかかわる錯綜を極めた政治経験である。より具体的に言ってしまえば、かつて多くの知識人が「私こそ大反動でした」と告白してしまったり、あるいは「生きていく資格もない」と自殺した事蹟に現れる、革命のイデーと知識人の個的な生との極限的な相克状況である。実際、和本人も自殺未遂を経験している。いずれにせよ、そこにおいて安易な解釈や解説はありえないのである。イデオロギーの構図によっても、また個人的生の叙述のみによっても解明されえないものとして。

確かに撮り方によっては、和風鳴の語りは、単に政治的暴力の残酷さを告発するパターンか、あるいは生き残った者の癒しとノスタルジーを構成するパターンへと堕していた可能性もある。しかし、そうはならなかった。他の証言フィルムにおいて必ずと言ってよいほど多用される、当時のニュースフィルムの挿入であるとか、別の証人を配置することによる安易な客観性の構成なども、この作品においては拒否されている。あくまでこの作品は、和風鳴の語り、ほぼ三時間にも至る語りだけを丹念に映し出すだけである。

そしてこの和風鳴の語りの運動を途絶えさせないための配慮から、この語りはほぼ四回しか中断されていない。それは、トイレに行く際と電話が鳴った際、また部屋が暗くなり電燈を点ける際、そしておそらく就寝のためであろう中断の後に午前の光が部屋に差す中で語りが再開される際、とである。とりわけ圧巻なのは、日の傾きとともに部屋の光度が落ちていくのに反比例して、それを全く忘れたかのように和の語りがますます熱を帯びて行き、しかし一転して現実の時間に引き戻され電燈をつけた瞬間であり、さらに電燈をつけてもなお、数秒前の白熱した語りがそのリズムを失わずに再開される奇妙な時間の軌道である。そこにあるものこそ、「画面」というコンセプトを超越したところの、和風鳴の語りを運動させる独自の時空、つまりもう一つの「現代中国史」なのだ。

『和風鳴』の成功は、「画面」としては限りなく作家王兵の影が薄いということ、それは逆に言えば、王兵は対象にほとんど寄りかからない独立性を保持している、ということでもある（もちろん個人的には知り合いであるのだが）。繰り返しになるが、『和風鳴』という作品の生命力を根本的に成立させているものは、王兵であり、また和風鳴という人物でもあるものの、しかしそれ以上のもの、つまり中国革命とその挫折を含んだ現代中国史（の余韻）である。いわばこのフィルムは、革命という事件のショック（ベンヤミン）を個人的な生の中に着地させようとする努力のドキュメントなのだ。翻って、革命それ自身が決して現代中国人にとって外在的な事件ではなかったことが、そのドキュメントによって確認されるということにもなる。革命がなければ、「革命の挫折」もないことが如実に映し出されているのだから。

ノミナルには明治維新以降には革命が起こっていない日本において、この現代中国史における革命の挫折に相当するものは、言うまでもなく「大東亜戦争」における敗北の経験であろう。「大東亜戦争」の経験を再構成しようとする如何なる試みも、出来事そのものを伝達する不可能性を刻印されつつ、またそれにかかわる語りは否応なく、かつての出来事を作品の時空において充実させることを望んでいる。それは小説にしても、劇映画にしても、また記録フィルムにしても然りであった。いずれにせよ、そのような近代のグランドヒストリー（の影）から、同様に私たちは逃れようとも逃れられないのである。

そのことを如実に王兵の作品は告げている。『和風鳴』に即して言えば、まさに革命のショックを別の生へと転化させようとする和風鳴の語りは、二重の意味で現代中国史の時空そのものを表示するということ。つまり革命とその挫折は、紛れもなく現代中国史の一部でありつつ、それを語る和の語りを撮ったこの作品もまた、その現代中国史に参入し再構成する運動そのものである、という意味において。だが元より、和がかつて経験した出来事を観客が十全に知り得るかどうかというのは保証されない。和が経験してきたであろう出来事と再び出会えるかどうかは、ほとんど偶然によるものであり、それは私たちや王兵にとっても、また当の和本人にしてもそうなのだ。それが真の意味での「待つ」という態度であり、『和風鳴』はそれを観るすべての人間にとって、出来事に出会い直す為に用意された細い細い通路なのだ。

参考文献

呂新雨「鉄西区：歴史与階級意識」『読書』三聯書店、二〇〇四年、第一期。

朱日坤、万小剛編『独立記録（対話中国新鋭導演）』中国民族摂影芸術出版社、二〇〇五年。

丸山昇『現代中国文学の理論と思想』日中出版、一九七四年。

W・ベンヤミン「ボードレールにおけるいくつかのモティーフについて Über einige Motive bei Baudelaire」『ベンヤミン・コレクションⅠ』ちくま学芸文庫、一九九五年（論文初出：一九三九年）。

植民地の記憶／亡霊をめぐる闘い　台湾のポストコロニアル心理地図

はじめに

日本による台湾の植民地統治とは、一体どのようなものとして台湾人の中で、あるいは日本人の中で経験され、語られてきたのか。日本においても、この問いに答えるべく、アカデミズムの枠に限らず、現在に至るまで多くの政治、経済、言語あるいは教育政策に関わる植民地統治の研究が出され、蓄積されてきた。ただ、こういったアカデミズムにおける蓄積と、今日の日本の政治指導者の発言から窺える戦争観、植民地観は、ほとんど相反しているようにしか見えないのも確かである。この落差は一体どこから来るものなのか。別の問い方をすれば、この落差はどのような文化的へゲモニーの下に維持されているのだろうか、ということである。

もう一つ別の論点として、日本の植民地研究は、主に合衆国、ヨーロッパのアカデミズムの中で一九八〇年代から活発になっているポストコロニアル理論とは、どこか別世界の営みとして持続していた観もある。このことの説明として、一つには、日本による植民地統治とイギリスやフランスなどのヨーロッパ植民地帝国の経験との差異が指摘され得る。つまり日本は、ヨーロッパほどには、その国家形成の根幹そのものの中に長期にわたる植民地経験がビルドインされていなかったということであり、その両者の植民地（以後）の動態を同様に「ポストコロニアル」という概念によって括ることには困難が伴うということである。このことを補うかのように、一九四五年の植民地放棄に際して、日本人のほとんどは、何の抵抗感も示さなかったとも言われる。(1) ただ逆の側から言えば、帝国主義のモジュール的導入が性急に行われ、また性急に放棄されたことによって、日本の植民地政策の暴力性、矛盾性がネイティヴの側に一方的に刻印されたまま放置され、そのためにこそ、ネイティブ側の脱植民地化の過程に多大な困難を強いたとも言えよう。また台湾に特有なポスト植民地状況の一端として、脱植民地化を進める主な勢力が、日本によって植民地化された当の台湾人（本省人）の方ではなく、むしろ植民地経験に対して理解の浅い国民党の側にあった事実も付け加えられよう。

いずれにせよ、日本のポスト帝国状況を記述するならば、戦後の日本はほぼ他律的に植民地を放棄してしまったことになる。だからこそそのために、日本は、例えば一九五〇年代のアルジェリアの民族独立闘争とフランス本国の激動との関係に見られたような「抵抗」を殆どスキップしてしまったとも言える。つまり、日本は、特に過去の記憶をめぐる語りと今日の正統性《レジティマシー》との関わりにおいて、旧植民地における脱植民地化の課題と対応するような「脱帝国化」の機会を逸し続けて来たという仮説がある。この仮説を延長すると、戦後の日本人に植民地＝帝国の記憶をソフトに忘却させながら、六〇年代から始まる日本企業の新植民地主義的な経済進出を円滑に進めるバックグラウンドを提供したとも言い得る。

このような前提に立った時、私たちは、植民地＝帝国の記憶をどのような戦略（あるいは戦略なしで）において語り直すことができるのか。資料的実証を積み重ねるコンスタントな努力の必要も重々承知しながら、しかし、その資料的実証が、いつしかパズルの穴埋めのような作業に陥り、そのパズルの完成自体によって却って何かが失われる派目に陥りがちであるということに自覚的でなければならないだろう。

民族の年輪／植民地の年齢

こういった文脈で、植民地の経験をアカデミックに蓄積するだけではなく、再びの経験として共有しようと欲するならば（若い世代の問題として）、植民地における出来事性、つまり「植民地」という概念によって状況を判断する余裕も与えられないような庶民に着目するのも一つのやり方である。例えばそれは、「植民地」を生きた植民地住民にとっての警察《ポリシング》された経験である。ここで、台湾人のアイデンティティと植民地の問題性を描いた日本語作家、呉濁流（一九〇〇―一九七六）を取り上げることにする。まず、彼の小説作品、「泥濘」と「陳大人」に描かれている警察《ポリシング》の場面を引用してみよう。

ある日、彼は町へ小便かつぎに出た。町を通る時の彼は仕方なく服を着けているが、町はずれに出ると熱くてとても我慢できないので、服を脱いで梨色の肌を丸だしにしていた。

……すると突然、「バカ、そのざまはなんだ」と、彼の頬っぺたに平手がビシャリととんできた。彼は思わず張られた頬を押え、顔をあげてみると、運悪く屠殺場巡りの巡査に出会ったのであった。巡査は豚の検査の帰りで、手に鉄の検印を持っていた。……「こいつはずるい。裸になるのはいけないと知っているのに、裸になったのだな。よし罰金のかわりにこうしよう、そうでないと癖が直らない」と言うやいなや、手に持っていた検印をパンパンと沈の体におし始めた。直径一寸ぐらいの丸い輪のなかに検という字があって、紫色のインキが浮き上がっていた。……「よろしい。検査終わり。市場へ出してよい」と、豚を検印する時と同じ言葉を使い、終わりに、「服をつけてはならん。そのまま帰れ」とどなって立ち去った。(2)

李は、四、五日拘留されたのち、即決二十五鞭を言い渡された。李は五日目の朝、留置場から出されズボンをぬがされて大きな笞刑台にくくりつけられた。大きな尻が突き出ていた。一方には司法警部が立っていた。記録係りがその隣に立ち、……李の悲鳴は人々の心胆を寒くした。同時に肛門から黄金汁が出てきた。……ウーウーうなる悲鳴のうちに、二十五鞭の笞刑は終わった。李の臀部は真っ青になり、立って歩けないので四つん這いになって、もがきながら帰っていった。(3)

植民地住人の身体に懲罰の「徴」を烙印すること、そして同時に動物のように扱うこと(また「豚小屋」にも入れられたであろう）――単に文学的比喩と言うにはあまりにも苛烈な、「植民地」の経験がここに凝縮されている。比較文学的な発想を援用するならば、すぐにでもF・カフカによる『流刑地にて』、あるいは動物が登場する彼の小品群を思い浮かべることが出来よう。しかし、ここでは敢えて話題を広げずに、もう少し当時の台湾社会のあり様に沿って論じてみたい。

これらの作品には、巡査と植民地住人、そして潜在的存在として「豚」が出てくる。さらに、当時の台湾人社会では、日本人警察官は「四脚」（犬）と呼ばれていたが、その「四脚」（犬）のお先棒を担ぐ「三脚」と呼ばれる台湾人巡査の存在も重要である。台湾の民衆は、「四本足（犬）」、「三本足（半犬）」、そして「豚」など、共同体の中で人と共に生きる家畜のイメージを人間の側に投影し、それぞれの人間（民族）が占める植民地のポジションを換喩的に分節化していたわけである。つまり、呉濁流という日本語台湾作家の小説世界に触れた時、私たちはそこから、民族共同体の年輪の上に植民地統治の年齢が被さり、その両者が激しく軋み合う「音」を聴くことができるのである。

さらに呉濁流の小説世界を探って行くと、こういった民族共同体の年輪と植民地統治の年齢との間で繰り広げられる相克のテーマが別の形でも変奏されていることが読み取れる。(4) 例えばそれは、中華世界に普遍的に存在した書院教育と日本の植民地統治が広めた近代公教育との間で子どもをどちらに行かせるか、また伝統的な漢方医に頼るのかそれとも日本がもたらした西洋医に頼るのかというような選択の問題である。そして、結局のところ、呉濁流は、台湾の庶民が伝染病などを即座に治癒させてしまう「近代」の魅力に引き付けられていく様を描くことで、民族共同体の年輪が植民地統治の年齢によって徐々に圧倒されて行くプロセスを克明に追跡したことになる。

ただそこには、先の植民化＝動物化の機制に含まれていた換喩的欲望とはまた別の微妙で厄介な問題が残されている。これも、民族共同体の年輪と植民地統治の年齢との間に発生する軋みの中から生れたものである。呉濁流の主著『アジアの孤児』の主人公、胡太明は、成長した後に公学校の教師になるが、植民地統治全般に対しては違和感を抱きつつも、日本人の女性教師に対して「教養」や「精神」の気高さを見出し、一方の台湾人女性に対しては、「肉体」及び「生命感」を嗅ぎ取っている。(5) つまり、主人公、胡太明の性的欲望にかかわる身振りや眼差しそのものが、「植民地育ち」という条件の中で形成されるのである。植民地住人が植民地統治に対して抵抗感を維持するにせよ、また受け入れるにせよ、そこには、大陸における抗日戦争が生産した敵対性（日本のイメージ）とはまた違った心理地図が描かれていた。太明は、植民地統治に反感を抱きつつも、内地（日本）から来た女性を帝国的想像力の中で精神化＝中心化し、それとの対比において植民地的身体性を台湾人女性の上に投射してしまう。こういった機制は、フランツ・ファノンのあの有名な『黒い皮膚、白い仮面』における欲望の構図——白人女性に憧れる黒人男性は、白人になりたがっている——と類似するものかもしれない。ただ、ここでの太明の「女性」への眼差しは、先ほどの動物化の機制に見られたような共同体の生活に密着した換喩的連鎖ではなく、帝国の縮図を提喩的一挙性によって表現していると言える。しかも、これもまた植民地帝国内部における支配民族－被支配民族が隣接する「親密さ」から成立したものである。さりとて、この「親密さ」も、決して只では得られない。敵対する他者性が、共同体内部の周縁的存在――動物、女性、病者、子供 etc――に代補されることによってのみ、辛うじて得られるものである。逆から言うならば、呉濁流は、この「女性」を導入することによってのみ、「植民地近代」の吸引力を充全に叙述し得る手管を持ったのだ、とも言えるのである。(6)

ただ、ここで必要なのは、植民地の支配－被支配関係にかかわる「他者性」をこのように精神分析的技術によって静観的に記述することではない。必要なのは、植民地からポスト植民地期にかけての政治的－文化的大転換に際して、台湾人の心理地図にどのような屈折・変容がもたらされたのか――ポスト植民地期に向かって書き換えられた心理地図を問題化することである。

脱植民地化の挫折

一九四五年八月一五日、「玉音」放送が流れ、カイロ宣言の通りに、台湾では中国への復帰プログラムが始動することになった。そしてしばらくして後、台湾中に祖国復帰の喜びが満ち溢れることになるのは、侯孝賢の『悲情城市』にも描かれていた通りである。植民地の五〇年間に抑えつけられていた中華的な文化的意匠が次々に復活し、また国語（標準中国）を学ぼうとする熱が島中を被い、祖国復帰へ向け多くの民間団体、例えば台湾文化協進会など数々の文化団体が発足する。しかし一方で、台湾を統治することになった国民党の官僚群は、大陸における腐敗的体質をそのまま台湾に持ち込み、接収工作において数々の公共財産の横領・私物化、さらに農産物の大陸への横流しなどの汚職を重ね、そのために超インフレを台湾に発生させるなど、台湾人の不評を買っていった。特に男性インテリに不満を抱かせたのは、行政、公教育、司法といったパブリックな空間において、日本語世代を重用せず、その質の如何に関わらず大陸出身者を多く登用した（エスニック）差別的な体質である。

こういった中国への復帰（「光復」と呼ぶ）後の一、二年の間、台湾で生じた矛盾の質を掴むにはどのような理解が必要なのか。B・アンダーソンは、第三世界における独立革命の後の腐敗・独裁化のプロセスについて、F・ファノンの新植民地主義批判の議論を踏まえながら、独得の比喩を使ってその意味を解き明かしている。

あるいは、もっと見えにくいレベルでは、革命に成功した指導者はまた、旧国家の配線――ときには、役人、情報提供者もふくめて、しかし、常に、ファイル、関係書類、公文書、法律、財務記録、人工統計、地図、条約、通信、覚書その他――を相続する。まえの所有者が逃げ出してしまった大邸宅の複雑な配電システムのように、国家は、新しい所有者がスイッチを入れ、ふたたびあのまえとかわらぬ輝かしい自己をとりもどすことを望んでいるのだ。(7)

この「配電盤」の比喩を受けて考えてみると、まず台湾の文脈で重要なことは、「配電盤」のスイッチを入れたのは、日本に植民地統治された当の台湾人（本省人）ではなかったという事実である。では、誰がそのスイッチを入れたのか――国民党であるのか、中国人（外省人）であるのか——これに対する答えも、一見明白なようでいて、実はよく分節化されていない側面がある。後の歴史を見れば、多くの台湾人が国民党の中にいたし、その後にも入っていった。そして、外省人にしても、下級兵士などは、全く恵まれない状態を強いられ続けていたし、また多くの外省人子弟が、その後国共内戦の固定化という現実を受けて台湾に土着化しようとした。

さて、元々ファノンやアンダーソンの問題意識は、ネイティヴの側の新植民地主義的傾向に対して警告を発するという点にあり、その意味で脱植民地化とは、この「配電盤」自体を創造的に書き換えようとする試みであったと思われる。しかし、台湾の場合には、戦後（光復後）、このスイッチを押したのは台湾自身ではなかったことが序々に顕在化して来るとともに、別の「配電盤」とも言える台湾人の心理地図において、重大な書き換えが進行することになっていくのである。

一九四七年二月二八日に発生した二・二八事件は、ほぼ自然発生的な台湾人民衆による反国民党蜂起として位置付けられるものである。総じて二・二八事件とは、戦後（光復後）のポスト植民地体制における矛盾——政治的には反国民党の意識、社会的には省籍矛盾（外省人／本省人）——の結果でもあり、また以後それを固定化して行く原因ともなったものである。そして、一九四九年五月からの戒厳令の布告をメルクマールとして、二・二八事件を乗り越え活動を再開させていた左翼勢力が全面的に禁圧されて行く中で、先に述べた台湾人の中の心理地図がこの間急激に書き換えられていくのである。(8) ただしこの書き換えは、台湾の中での言論の禁圧状況によって、出版物としては、主に台湾の外で細々とした「声」としてしか聞き届けられなかったようである。それを担ったのは、日本に逃れてきた政治亡命者たちである。国民党に反対して日本に流れ着いた二人の論客、邱永漢及び王育徳は、戦後（光復後）の台湾人の心理状態について似たような「声」を洩らしている。邱は日本で発表した小説『濁水渓』（一九五四年）の中でこのように書いている。

陳儀を長官《チヨクワン》と呼ばずに猪官《チークワン》と民衆は呼んでゐる。食ふ一方で働かない豚と同じだといふのである。「犬去つて豚来たる」とも云ふ。犬も困り者だつたが、番をしてくれた。所が豚に至つては食つて食つて食ひまくるばかりである。中国人を呼ぶ猪の別称として、十二支とか安住牌とかいふ言葉さへ現はれた。(9)

果たして「犬」であり、また「豚」の登場である。ただこの時点では、「十二支」といった中華文化の尾っぽが付いており、「豚」が商標となっている「安住牌」の蚊取り線香が出て来るなど、庶民の生活との換喩的関係が痕跡として残されている。しかしこの後、このようなコノテーションが序々に外れていくと同時に、過去に属する「日本」が親和的ノスタルジーを帯びて語られるようになっていく。次に、王育徳による歴史叙述『台湾』（一九七〇年）に書かれた類似する部分を見てみよう。

いまさらのように台湾人には日本時代が懐かしく思われた。台湾人は日本人を軽蔑して「イヌ」とよんだが、「イヌ」は吠える代り番もしてくれた。中国人は「ブタ」だ。「ブタ」

は食いあさる以外に能がない。引き揚げつつある日本人に、そっとささやく台湾人が多かった。「あなたがたいいですね。負けてもまだ祖国があります。しかし、台湾人には祖国というものはないのです」[10]。

同様に「犬」と「豚」が登場しているが、邱永漢の記述にあった民衆生活的コンテクストは消え、それらは純化した記号となっている。そして、「狗走了、猪来了（犬が去って、豚が来た）」という章句は、主に台湾独立を掲げる人々によって、一九五〇年代から現在まで、当時の台湾人の心理地図を凝縮し抽象したものとして、反復されていくのである。やや単純化すれば、植民地時代、「犬」（日本人警官）によって「豚」扱いされた台湾人が、むしろその「犬」への親近性を語り、自分たちに押し付けられていた「豚」のイメージを外省人に投射したことになる。

ただし、このような心理地図の書き換えにしても、一朝一夕にして為されたものではない。現在の台湾の政治へゲモニーから見るならばどこにも所属し得ないような不安定な言説が、二・二八事件の直前の時期に散見されるのである。例えばそれは、先述した戦後（光復）直後に成立した台湾文化協進会によって発行されていた『台湾文化』という、当時の台湾人、及び外省人インテリに最も影響力があった雑誌に出ていたある記事（編集後記）にも見られるものである。ちなみにその記事は、一九四六年一月という最も微妙な時期に書かれた。

冬が去って春が来た。犬年が過ぎ、そして豚（猪）年が来た。豚は、多産な動物であり、そこが豚の長所である。だから、みんな豚の長所を学ぼうとする。どのような方面においても、生産が望まれているのである。陳長官も、年末のある日、国父記念週間で「来年は、生産の年である」と述べている。……豚は、「多産」という長所を持っている一方で、「食べてばかりで何もしない」という短所もある。大体において、「食べてばかりで何もしない」人は、また「豚」と言われてしまう。皆さんにも心当たりがないだろうか。(11)

五〇年代以降「犬が去って、豚が来た」といった章句に抽象される以前、このような微妙なプレテクストとも呼べる言説が存在していたわけである。そしてここにも、邱永漢の文章について指摘したような民族共同体の年輪――中華文化における十二支という時間観念、そして豚の多産性への言及――が息づいていることが確認される。台湾民衆の心理地図の書き換えにしても、このような民族文化的コンテクストにおいて行われていたのである。ここで最も興味深いのは、今日、二・二八事件の首謀者として悪者扱いされている陳儀長官にかかわるイメージ形成のあり様である。邱永漢のテクストでは、陳儀はまさに「猪官」(豚)となっていたが、その陳儀は、実はその前の一九四六年の時点で、「生産せよ」、つまり「多産たれ」と台湾人に向けて演説していた。二・二八事件以後、台湾人は、逆にその支配者の額に「豚」の刻印を投げ返したという順序になるわけである。

だからこそ、歴史的暴力(二・二八事件、そして白色テロ)以後、このような起源の順序は忘れられ、民族共同体的なコノテーション――十二支の一つ、多産性としての「豚」の意味――も消去されて行くために、始めから陳儀は「豚」であり、また本質主義的に外省人も「豚」だったということになってしまうのである。

外省人イメージの変化

二・二八事件以後、言論の禁圧が改めて本格化する以前のギリギリの時点で書かれた呉濁流の「ポツダム科長」という作品にも、こういった問題が露呈している。「ポツダム科長」は、戦後（光復後）かつて日本側に協力していたことを隠して台湾にやって来た外省人官僚、范漢智と、本省人女性、玉蘭が結婚し、結局、范が漢奸の罪で逮捕されるというストーリーになっている。この「ポツダム科長」の中で最も興味深いのは、台湾人女性から見た当初の夫への好感度が序々に下落して行くプロセスである。例えば、「范はつぎからつぎへと持って来た料理を飽くことなくむさぼった」[12]と玉蘭の目に映った食事の描写からも窺われるように、先に挙げた例の「豚」のイメージも嗅ぎ取れる。さらに注目すべきなのは、玉蘭の夫に対するマイナスのステレオタイプ化が、消え行く「日本」との隣接関係によって引き起こされているという事態である。例えば、次のようなシーンは、日本人が引き揚げようとしている時期の台北の様子が巧みに折り込まれており、非常に興味深いものがある。

夫の興味は常に商売に関連しており、甘ったるい彼女の人生とは、およそ趣を異にするところがあった。それで、彼女は夫がこうして日本人の投げ売りをあさっているのを見ると、いやで苦痛さえ感ずるのであった。(13)

さらに消え行く「日本」という問題は、むしろ玉蘭が「日本」の側に立って夫の范を眺める描写において極まっているとも言える。

それよりもっといやなのは、靴をわざわざ持って上がり床の間に置くことであった。それればかりではない。靴を脱ぐことさえ忘れて鶏のようにそっと上がって来ることさえある。それがなんとなく教養がないように感じられるのである。(14)

ここにおいて、玉蘭の眼差しは、完全に（床の間のある）日本式の家屋と一体化しており、日本式の家屋の使い方をわきまえない夫に対して、「教養がないように感じられる」のである。この「ポツダム科長」は、二・二八事件の同年、一〇月一八日に脱稿されたもので、改めて二・二八事件がもたらした歴史的暴力が、単に人的な被害だけでなく、如何に台湾人の心理地図を転倒させたかということの一端がここに知られるのである。

もう一点だけこの「ポツダム科長」に関わる問題性を提出するならば、それはこの作品世界を支える、作者（男性）―主人公（女性）―読者（男性）の関係である。「ポツダム科長」では、台湾のポスト植民地への胎動とその挫折が、主人公の女性の運命に託して語られているが、何故、作家呉濁流は、台湾という場を女性化（サバルタン化）させて語らなければならなかったのか。勿論、先述した『アジアの孤児』にもあった、女性に対する描写の傾向性が、民族表象（日本／台湾）に繋がっていた事態を私たちは確認したわけであり、単純に作家の資質としてこういった傾向が持続されたという言い方もできよう。ただ言えることは、「ポツダム科長」の場合には、大陸中国とは別の台湾というものを「女性化」することによって、当時の台湾人男性読者の情動に最も効果的に訴えようとした意図の明白さである。ネイティヴの男性作家が脱植民地化の挫折を描く際に、そこに「女性」に対する男性異性愛者の性的眼差しが動員されること――今日的水準で言えば、このような植民地主義的な叙述の問題性は、サバルタンの表象を利用（搾取）するものと即断されかねないかもしれない。

「日本」という亡霊

確実なのは、二・二八事件が持つ悲劇性の一端は、以上の記述からも知られるように、台湾人の心理地図にかかわる書き換えや転倒、部分的消去をもたらしたということである。だが、またこのような悲劇性の核にある「出来事」が、大文字の政治による禁圧の力が減退した以降も持続したという側面にこそ着目する必要がある。例えば戒厳令の解除以後に撮られた『悲情城市』においても、二・二八事件の初期の描写で、外省人を襲撃していた本省人グループが日本語で「お前、どこから来たか」と誰何するシーンが出てくるが、この時点でも（あるいは今でも）描けない出来事が実は存在していた。それは同様の時期、国民党に対して蜂起した本省人グループの多くが、実際的に身の回りにあったものを使わざるを得ず、そのために日本の軍服、軍刀、鉢巻を身につけていたという事実である。九〇年代から精力的に当時の状況を聴き取り調査している歴史家、許雪姫は、二・二八事件の初期、蜂起しラジオ放送局を占拠したグループが、日本語によって放送し、日本語によって作成された伝令文を使って命令系統を保持していた事実を紹介している。(15)

要するに、二・二八事件のプロセスにおける隠れた主役として、「日本」の亡霊が、ほんの数日間ではあれ、台湾中を徘徊していたわけである。特に外省人においては、大陸で闘っていた抗日戦争の「敵」が悪夢のように自分たちの目の前に出現したことになるだろう。しかし、一方の本省人にとっての日本軍の軍服とは、植民地特有の「親密なるもの」として、あるいは皇民化されたかつての己自身の回帰として、国民党という新たな敵対性を契機に再び身に着けられたものだと言える。まさに、この亡霊性の本質は、本省人にとっては植民地被支配の対象である「日本」と、外省人にとっては抗日戦争の敵対の対象である「日本」との落差からやって来るものだと言える(ただしこの二つの「日本」は、実は一つのものなのである)。

そしてまた、その「日本」という亡霊は、タブーに触れるものであるという理由以外にも、不可避的に亡霊的なものであり続けなければならない必然性も孕んでいた。たとえば仮に、『悲情城市』の中の本省人グループによる例の襲撃のシーンを、台湾人の監督が、現在の俳優に日本軍の軍服を着せて動かそうとしてみよう。直ちに、このことは原理的に不可能であることが予想される。現在の台湾人俳優は、決して皇民化された当時の（元日本軍属）台湾人男性の身体性を再現することができないであろう。五十数年前のあの亡霊は、決して再現できないという意味でも、永遠に封印されたままになっている。ただし、ここでも微妙な問題が絡まり合ってくる。一九五〇年代、蔣介石は、旧日本陸軍の軍人を軍事顧問として台湾（中華民国）に迎え、国民党の軍隊を日本式のやり方で鍛え直した事実がある。[16] 一九四七年の二・二八事件の時に現れた「日本」の亡霊は、実は、その亡霊（台湾人）が闘った相手（国民党）によって、二・二八事件以後、大陸（共産党）との敵対関係の必要性から、秘密裏に新しい世代の台湾人男性の身体へと再「輸入」されていたわけである。

まとめに代えて

台湾における脱植民地化の挫折とは、あるいは、その脱植民地化を進めるべき主体のヘゲモニー問題に帰するということで一般化できるかもしれない。脱植民地化を進める主体は、植民地の経験ではなく、主に抗日戦争（及び国共内戦）を担った者によって進められ、台湾人（本省人）は、蚊帳の外に置かれたということである。ただこういった定式では言い尽くせない残余感があるのは、特に日本の側においては、どのような語りによって、例の「日本」の影を問題化するかということがあるからだ。現在においても、日本における台湾史研究では、二・二八事件及び白色テロについて、一方では全くの他人事のように記述する傾向があり、もう一方ではその裏返しとして、過度に同情的でありかつ空虚な記述がなされている。どちらの記述も傾向として言えるのは、日本による植民地統治及び大陸での抗日戦争の亡霊的再帰性とのかかわりの中で、二・二八事件を、あるいは台湾の脱植民化の困難を捉えていないということである。

いずれにせよ、日本における台湾史の記述のあり様そのものが、それに見合うような「脱帝国化」に向けたものになることが暗に期待されているということである。つまり、台湾人によるかつての「日本」の亡霊との格闘は、日本における帝国の亡霊――侵略戦争や植民地統治を正当化する者たち――との闘いとして応答《レスポンス》されなければならないということである。

注

（1）ベネディクト・アンダーソンは、『想像の共同体』の中で、植民地放棄という事件が、日本はおろか、法的にも本国フランスに組み込まれていたアルジェリアにおいても、庶民にとっては殆ど何の抵抗感も無かったことを示し、それほど植民地とは「手品のトリック」のようなものとして維持されていたのだと指摘している。ただし、アンダーソンは、支配階級にとっては、常に植民地＝帝国は、哀悼の対象となり続けているとも述べている（B・アンダーソン『［増補］想像の共同体』NTT出版、一九九七年、一七五―一七六頁参照）。

（2）呉濁流「泥濘」『泥濘に生きる』社会思想社、一九七二年［一九五〇年完稿］、三五―三六頁。

（3）呉濁流「陳大人」『泥濘に生きる』社会思想社、一九七二年［一九四四年八月に脱稿、一九四六年三月『新新雑誌』に発表］、一七四―一七五頁。

（4）呉濁流の主著とも言える『アジアの孤児』（新人物往来社刊）は、一九七二年に日本でも出版されているが、この作品の興味深い点は、植民地にかかわる「資本の文明化作用」（マルクス）が、徐々に台湾社会に広がって行くプロセスを描いていることである。

（5）この論点は、李郁蕙の論文「呉濁流『アジアの孤児』論――その地政学的配置とジェンダー」による。李はこの中で、呉濁流の『アジアの孤児』について、日本あるいは大陸の中国に対する民族イメージが、女性へのフェティッシュな欲望を通じて表現されている点を指摘している（『日本台湾学会方』第二号、二〇〇〇年、参照）。

（6）ラカンは、六八年一一月のセミネールにおいて、マルクスが明らかにした剰余価値――使用価値が交換価値によって表示されることによって生じる資本家の「享楽」――にヒントを得ながら、あるシニフィアンが別のシニフィアンによって代理＝表象される際に何かが消え去り、何かが落ちて行くことを、剰余価値、剰余享楽と名付けた。

（7）B・アンダーソン『［増補］想像の共同体』NTT出版、一九九七年、二六六頁。

（8）台湾の二・二八事件（一九四七年）から白色テロの発動（一九四九年）までの間の歴史については、拙著『台湾における脱植民地化と祖国化』（明石書店、二〇〇七年）を参照されたい。

（9）邱永漢『濁水渓』現代社、一九五四年、一四〇―一四一頁。

（10）王育徳『台湾――苦悶するその歴史』弘文堂、一九七〇年、一四一頁。

（11）編集後記『台湾文化』第二巻第一期、一九四七年、一三頁。

（12）呉濁流「ポツダム科長」『泥濘に生きる』社会思想社、一九七二年、二三二頁。［学友書局（台北）一九四八年、一九四七年完稿］、二三〇頁参照。

（13）同上、二三二頁。

（14）同上、二三〇頁。

（15）許雪姫「台湾光復初期的語文問題」『思与言』第二九巻第四期、一九九一年、一七四―一八二頁参照。＊日本では、戴国煇によって同様のことが、当時少年であった筆者の目を通して紹介されている。以下、同氏『台湾――人間・歴史・心性』岩波新書（一九八八年）一〇二頁からの引用。「私は現場に数度出掛け、グロテスクな状況に出くわして面食らったことがある。かつて日本人が台湾人を含む中国人に投げかけた「チャンコロ」という罵声を、本省人が同胞たるべき外省人に向けてどなりちらす。日本の軍刀を振り回し、鉢巻をして日本の軍歌をわめきちらすものさえいた」。

（16）中村祐悦『白団（パイダン）』芙蓉書房出版、一九九五年、参照。

戦後台湾における戦争文学の形成

戦後の台湾文学を戦争という視座から観察する限り、そこには様々な台湾史にまつわる線分が錯綜し渦巻いていることが見て取れる。まず、大ざっぱに戦後の歴史的前提を述べてしまうと、ほぼ六〇年代までは、国民党政権の統制下にあって、アジア太平洋戦争にかかわる文学表現、特に台湾人が関わった表現は皆無であったと言える。

五〇年代を席巻したのは、大陸中国における国共内戦を歴史的なバックグラウンドとした反共文学であり、これには明確な文化政策上の方向付けが介在していた。この反共文学の中には、国共内戦に巻き込まれた主体や家族の物語が展開され、また故郷大陸の情景が書きこまれることになった。この種の文学作品は、先述したように国民党政権の文化政策の下で展開されたものであり、その意味でプロパガンダの要素がなかったわけではない。しかしそのような作品が、全くのご都合主義的なものであったとも言い切れず、内戦の過程で顕れた人間模様があり、その人間描写について真実が書きこまれている部分も散見できる。

ただ、台湾文学の戦後的発展を見る場合には、その後に生まれて来る傾向として、主に本省人にとっての戦争経験が、国民党政権の文化統制を掻い潜って出て来るプロセスがあり、それらに注目するのが最も重要な線分となろう。最も早い作品では、日本で翻訳・出版されているものとして、陳映真の「村の教師」があり、戦後世代の代表的なパターンを作った。彼は一九三七年生まれであり、実際にアジア太平洋戦争期において戦争の当事者である年齢に達しておらず、主に戦後社会に残存する戦中世代（皇民化世代）の戦争経験がもたらす暗い影、あるいは病理を描写するパターンを作ったことになる。この「村の教師」は、村の学校で教える教師がかつて南方戦線で経験した惨たらしい記憶（極限状況における食人など）に苛まれるエピソードによって構成されている。ちなみに、陳映真は本省人であるが、大陸から台湾に辿りついた外省人の老兵（下級兵士）の孤独な生活を描いた「将軍族」（一九六四年、未翻訳）も書いている。ある意味では、五〇年代反共文学の担い手であった外省人（下層に位置する人々）を、台湾人の側から描写したことになる。

陳映真よりも若い世代によって書かれた戦争文学も紹介してみたい。まずは一九四九年生まれの李双沢が書いた「戦後の賠償」（一九七八年）が特筆される。これは、李本人が台湾に帰還した台湾人への聞き取りと、フィリピンへの訪問取材によって書かれた作品である。そこにはフィリピンにとっての戦争も含まれているから、新しい視角と広がりを持つものであった。ただし、李本人は、七七年に淡水近海で不慮の死を遂げている。「戦後の賠償」は、その翌年に発表されたものである。

さらに、聞き取りを元にした作品形態としては、李喬（一九三四年〜）の『寒夜』（一九七九〜

八〇年執筆）が、大いに注目を集めるところとなった。この『寒夜』は、南方戦線での台湾人兵士の経験を長いスパンの家族ヒストリーの中に位置付けた野心的長編小説であり、構想のスケールの大きさからも、台湾文学に新たなページを拓いたものと見做せる。いずれにせよ、アジア太平洋戦争における台湾人の経験は、戦後台湾社会において語ることが困難な歴史領域であった。いずれにせよ戦争を当事者として経験しなかった戦後世代による表現は、台湾文学の大きな財産となったと言えよう。ほぼ戦後世代に属する作家たちは、戦後教育の中で十全に中国語の教育を受けていたという意味からも、やはり第一線に立つ条件を有していたのである。

一方翻って、戦後における中国語教育のプロセスを経なかった戦中世代（皇民化世代）は、公的な場面で自らの戦争経験を語る機会を基本的には有していなかった。戦中世代の経験は、主に文学のジャンル以外で、歴史学の素材としてのインタビュー集などの形をとって九〇年代以降に出て来ることになる。ただしここにおいて、一つの例外もあり、特筆する必要がある。それは、戦後においても自力で標準中国語（書面語）を習得した、詩人で小説家でもある陳千武の仕事である。陳は、自らの南方戦線での経験を中国語で表現した小説作品を一九六七年から書き始め、それを一冊にまとめて『生きて帰る（活着回来）』（一九九九年）として出版している。この小説集『生きて帰る』は、実地の経験が十全に生かされたものとして、またそれを戦後に習得した標準中国語によって表現したという意味でも、例外的でありつつも代表的な仕事として、戦後台湾文学に大きな足跡を遺すことになった。ちなみにこの『生きて帰る』は、二〇〇八年に明石書店から翻訳・出版されている（日本語版の正式書名は『台湾人元日本兵の手記 小説集『生きて帰る』』）。

さらに、台湾における戦争の問題は、四〇年代当時の戦争の経験がどうであったか、またどのように巻き込まれたかという問題もさりながら、戦後台湾における傷跡としての「対日協力」という思想問題にも焦点が当てられる必然性を持っていた。鄭清文（一九三二年〜）によって書かれた「三本足の馬」（一九七九年）は、まさに戦時中に日本警察に協力し台湾人を弾圧した人物の、戦後社会における苦渋の人生を描いたものである。かつての戦争において、多くの台湾人は、単に被害者であるだけでなく、日本人と全く同様の加害者とも言い切れない複雑な立場を有していたのであり、その事実は容易に言葉にできないものであった。しかしこの「三本足の馬」は、それが翻訳され、日本の読者公共圏において読まれることとなり、新たに日本人の戦争観に複雑な課題を投げかける効果を導き出すことになった。

このようなアジア太平洋戦争に関わる台湾人の複雑な立場を想定する際に、さらに言葉にするのが困難なのは、「アジア」のとりわけ大陸中国との関係であった。日本語作家であった呉濁流（一九〇〇〜七六年）の『アジアの孤児』（日本版一九七三年）を紹介せねばならない。『アジアの孤児』は、主に戦争中に書きためられていたものであるが、その内容は、植民地宗主国の日本に留学し、その後記者として大陸中国に渡った人物として、作家に近い登場人物・太明を活躍させた作品である。その「孤児」たる由縁が最も鮮明に押し出されているのが、大陸中国の戦線において、日本軍によって中国人「テロ」隊長が処刑されようとする際、この太明が通訳を強要させられるシーンである。

最後にテロ隊長を処刑することになった。

その時太明はとつぜん、その隊長から
「軍属！」

鋭い声で呼ばれた。太明は震えながら近よって通訳した。

「切らないで銃殺してくれないか」

「弾丸が損する」

「それなら仕方がないから墓穴だけは別にしてくれないか」

「一ツしか掘ってないからだめだ」

「そうか」

「何かまだ言い残すことはないか」

「ありません。煙草を一服吸わしてくれないか」

「よろしい」

太明は煙草に火をつけると、テロ隊長の口に咥えさせてやった。

…（中略）…

「えいっ！」

という気合の声がひびくと、胴を離れたテロ隊長の首は、どしん、と音を立てて穴の中へ
転がり落ちた。つづいて、胴体が倒れた。その瞬間、太明は目の前がくらくらとなり、顔に
さっと一陣の冷たい風を感じたかと思うと、そのまま気が遠くなってしまった。

日本人にとってみると、台湾人の戦争経験と言えば、南方戦線への動員が主要なイメージとなっている。しかし今日、中台間の経済を主とした接近傾向が露わになる中で、最も曰く言い難いのが、実は大陸中国において「活躍」した台湾人の立場なのであった。台湾文学が持っている奥深い戦争の記憶は、大陸中国の要素も含み込まなければ十全に展開したことにはならないのである。しかもそれが、当初は日本語で書かれたものであったということ、またその中国語訳が出来て、一般のものとして台湾の読者（さらに潜在的に大陸中国の読者）の眼に触れるようになったのも、後れて九〇年代以降となっていること――これも台湾文学の数奇な運命を表現している。いずれにせよ、台湾文学は、まさに東アジアの未来の運命を予感するための遺産としても我々の眼の前にあり続けている。

「以前」の回帰／大島渚とアジア

回帰する「以前」

残留孤児と呼ばれる人々が、中国における改革開放（一九七九年）の始まりとともに、定期的に日本に訪れるようになっていた。日本の国営放送が、そのパブリックな機能を果たすために、残留孤児と呼ばれる人々をカメラの前に座らせ、同時通訳を付し、「肉親探し」の訴えをオン・エアーしていた。八〇年代〜九〇年代のことである。こちら側で生きていた「国民」的時間と、あちら側で生きていた「日本人／中国人」の時間の間を埋め合わせるものが殆どないかのように。ただ気がつくと、日本で生活を始めようとする彼／彼女らに対して、「金ほしさ」というレッテルが隠然としたかたちで押し付けられてもいる。

「肉親探し」がオン・エアーされる時、そこに思わず注意が惹き付けられてしまうモノたちが映されていた。それは、保護者が託した手紙、あるいは毛布、着物などの遺留品、そして、多くの場合、物心がつかない時点での本人の写真。いずれの遺留品も、長きにわたる年月の蓄積とともに、シミが現われ、変色し、押しなべて劣化の憂き目に甘んじようとしていた。これら遺留品は、あたかもこちら側の時間が、あの戦争（あるいは植民地）の時間からの遠ざかりを証明しているかのようであった。しかし、写真だけは、また他のモノとは違った、別の「不気味なもの」（フロイト）を具現し続けているようでもあった。写真に写る当時の彼／彼女と、物々しく年齢を重ねた現在の彼／彼女との間の目もくらむような「時間」の往復運動。私たちは、画面が切り替わるまで、写真に写る彼／彼女の面影の中に現在の彼／彼女を発見し、現在の彼／彼女の中に過去の彼／彼女の幼少を見ようとする、この反復運動を続けることを強いられた。つまり、この両者の間には、量的なものではなく、ある質的な飛躍、あるいは断絶として感覚される（あるいは、感覚を越えた「何か」）ものがあった。

大島渚によるテレビ番組を含めたある作品の系列――『ユンボギの日記』『忘れられた皇軍』『絞死刑』『儀式』などは、この質的な時間の断絶を往復する実践だったのかもしれない。例えば、『儀式』は、満州がえりの少年（フィルムの現在では青年）の物語である。この青年は、親族一党が侵略戦争と植民地拡張の歴史に重なる繁栄とその挫折を経た後、その業の深さに疑問を持つ。青年は、戦後的な風俗としての野球に打ち込みつつも、その挫折を経て、過去の時間へと回帰するように自身の満州における記憶、あるいは弟を見殺しにして帰ってきてしまった罪悪感にさいなまれる。そのような青年の精神状態を象徴するように、フィルムには、満州の土に埋められた弟と対話するかのように、青年が己の耳を地につけ弟の「声」を聴く身振りが繰り返される。この身振りは、シネ・フィル的に言えば、小栗康平の『伽耶子のために』に、似たようなシークエンスとして引き継がれているものと言えるかもしれない。主人公、伽耶子が聴く地の音は、実は、住宅街の下水道の音に過ぎないのであり、また同様にして『儀式』の青年がいくら実家の庭に耳をあてても、それ自体は無駄なことであろう。しかし、重要なことは、耳を地に押し当てる、この過去を求める身振り自体は決して終わることなく、不可避的に反復されてしまうことである（何を聴こうとしていたのかは、たとえ忘れられてしまったとしても）。

さらに、大島のこの『儀式』というフィルムの圧巻は、主人公の青年が満州の土の中にいる弟は実は自分であると妄想し、幼児期の自分に退行するような身振りを示すシークェンスである。ここに、残留孤児と呼ばれる彼／彼女らと同様の問題が浮かび上がっている。つまり、あの写真に写っている彼／彼女らも、『儀式』における青年と同様、国籍や親は誰かということさえ不分明な「以前」の記憶とともに生きている。そして、ここにこそ、過去との交渉をめぐる記憶の問題機制が露わになっている。写真に写る彼／彼女は、はじめ日本人として育てられ、戦後、中国人として育てられたわけだが、「日本人として」の部分にかかわる記憶については、写真などの遺留品、あるいは育て親の証言によってしか再構成し得ない。だから、来日し「肉親探し」をする彼／彼女は、まさに自分が何者であるのか分からないことから逃れるために、「肉親探し」と言いつつ、困難な「自分探し」を行うしかないのであった。テレビに映る彼／彼女らは、あの写真に写っていた頃の、国籍もわからず親が誰かも不分明な状態に常に差し戻され、さ迷っている状態そのものであるのだ。これをラカン的に言えば、象徴界に参入する「以前」、つまり想像界を生き直そうとする試みであり、だからこそ、『儀式』の青年は、想像《イマジネール》なものへの退行を示すように、亡き弟への一体化を求める胎児的身振りを通じて、自分自身を保持しようとするのだ。

このように、大島映画の一つの志向性として、過去の記憶、特に「以前」の記憶への接近というテーマが設定できるように思われる。それは、新しいところでは、『戦場のメリークリスマス』のデヴィッド・ボウイ演じる捕虜による、懲罰房の中で幼少の記憶を辿る挿話にも顕著であるし、また何よりも『少年』の中のあの少年の寡黙さ（「象徴界」以前）への偏愛は、大島におけるひとつの資質の問題として設定し得るものではないかと思われる。

『太陽の墓場』の鮮烈さ

筆者は、個人的には、『太陽の墓場』が、大島渚の最高傑作だと思っている。今から考えれば、よくこのようなラディカルなフィルムが松竹資本で撮れたものだと思う。もちろん、『太陽の墓場』は、経営者の勘違いではあれ、『愛と希望の街』から『青春残酷物語』へと続く、当時の松竹ヌーベル・バーグの背骨を形作る一環として撮られた青春ドラマであったことは言を待たない。しかし『太陽の墓場』は、印象的に言っても、ヌーベル・バーグというよりもイタリア・ネオレアリズモの姿勢を共有するものとして、撮影のロケーションを現実のドヤ街（釜ケ崎）に設定するなど、民衆との隣接性を前面に打ち出した野心的作品であった。現にフィルムの中では、釜ケ崎に設営されたセットで撮影されたものと、釜ケ崎の街角そのものを撮影したショットとが滑らかに混ぜ合わせられている。

そして何よりも、あの圧倒的な登場人物たちと街に氾濫するモノたちの輝きぶり――それは、まず即物的（唯物論的）に、皮膚の上に噴出している汗の無数の玉である。その汗の大半は、当然にも労働によるものであるが、ドヤ街に生きる者たちは、労働によって発生する体液以外に、別の体液（血液）によって自身の身体を純粋商品へと飛躍させようとする。ドヤとは、臓器と人間の汗と精液（愛液）、また血液そのものが直接的に売買される過酷なサーキットなのだ。かくも圧倒的に身体が輝きを放つ荒唐無稽なフィルムは、それまでの日本映画には皆無であったろう。

しかし、あえて『太陽の墓場』の今日的意義として別の思想的要素を取り上げるなら、それは、戦後的な原像としての「闇市的状況」にかかわる批判的な掘り下げであろう。こういった部分にいち早く気がついた者として、大島の最大の援護者にして戦闘的批評家、松田政男の名を挙げないわけにはいかない。松田は、六〇年代後半当時、藤田省三、鶴見俊輔、吉本隆明、あるいは谷川雁などの純粋戦後派の、過去的事象としての「闇市的状況」への把握の盲点を突いて、こう述べていた。

「法律の外で自分で生きるということを権利づける精神」を、私たちは、本当に、所有していたのであろうか。私は、そうではない、と考える。戦後革命期の日本の都市に、或いは都市のターミナルに、「闇市的状況」をもたらしたのは、在日朝鮮人を主力とする〈第三国人〉の暴力なのであった。駅前広場を占拠し、焼けビルに乗り込んで、「法律（日本の！）の外で自分で生きるということを権利づけ」たのは、誰よりもまず、〈第三国人〉であった。……（中略）……私たちは、その尻尾にぶら下がることによって、「自然権的状態」を享受しえたのだ、ということを忘れてはならないのである。[1]

そう、忘れてはならないのである（ただし、ある民族に「暴力」の表象を配分するのであれば、それは、今日的にはステレオタイプの典型となることを割り引いたにしても）。大島の評論集『解体と噴出』において熱く論じられている金嬉老事件への言説的コミットなども、このような松田の問題意識と共振しながら出て来たものと考える必要がある。(2) ただし、フィルムとしては、このような松田の問題意識と掠りながら、大島は、ある独特の仕方で、日本人と在日朝鮮人との間にあった非対称的な関係を描いたと言えるだろう。その一端として、『太陽の墓場』が孕む日本人と在日朝鮮人との特異な関係のあり様を俎上に載せることが出来たのである。しかしそれとて、やはり松田が言ったように、身体にかかわる「暴力」の問題として表出されていた――ただし、「太陽族」的な暴力のイメージではなく（現に、大島は、『太陽の墓場』というタイトルをして、『太陽の季節』の終焉を暗示させたと述べている）。

※

『太陽の墓場』において、在日（一世）らしきたどたどしい日本語を話す登場人物が配されていることは、フィルムを注意深く「聴く」ならば直ちに判明することである。先に『太陽の墓場』において、労働力、性、血液などが売り買いされる事態を抽出したが、さらに、国籍（戸籍）自体が売り買いされるエピソードを見逃すことが出来ない。身体の帰属先が失われるという暴力――

身体に加えられる暴力ではなく、身体そのものを奪うものとしての暴力——である。国籍（戸籍）の売り買いとは、主に日本において地盤を築き生き抜こうとする在日朝鮮人（買い手）と、食い詰めた日本人下層民（売り手）との間において成立するものである（仲介するのは、日本人であるが）。フィルムにおいて、ある日本人は、このヤバイ商売によって首を吊ることになり、またある者は、しばらく北海道の炭坑で身を潜ませているようにと指示されながら、しかし、騙されたのではないかと再びドヤ街に舞い戻ったために、トラブルを引き起こしてしまう。

このような話は、当時のドヤ街においてむろんあり得た数々のエピソードの一つであっただろう。しかし、なぜとりわけてこのエピソードが選ばれたのだろうか。ここで確認されなければならないこととして、一九五一年のサンフランシスコ講和条約の締結とともに、戦勝国の民族であり、また日本国籍をも所有していた人々が、一方的に日本国籍を奪われた事実である。つまり、ここで国籍（戸籍）を売り渡し幽霊のようになってしまう日本人とは、九年前に在日全体に起こった出来事を日本人の側に転位させたものなのだと言えるかもしれない。その意味で、生き抜くために日本人になり済まそうとする在日朝鮮人の挑戦によって、戸籍（国籍）を失ったその日本人は、逆に寄る辺ない「在日」になってしまうのである。ここには、まさにあの「法律の外で自分で生きるということを権利づける精神」というテーマが激しく旋回することになる。画面には出てこない例の戸籍を買おうとする在日朝鮮人は、「法律の外」から果敢に暴力的に「法律の内」へと進入しようとする。そして、自分の戸籍を売った日本人下層民男性の方は、まさに戦前に強制連行されてきた朝鮮人のように、炭坑（社会の最周縁部）での労働を命令されるのである。

さて、このような仕掛けをフィルム的実践の中に導入した大島渚は、一体何者なのだろう？この時の大島渚は、果敢にあの松田政男的なテーゼ――「法律の外で自分で生きるということを権利づける精神」――に沿いつつ、このテーゼを旋回させる「闇市的状況」を描き出そうとしたことに間違いはなかろう。ここで大島の一つの志向性として、「朝鮮人になる」あるいは「朝鮮人になれるのか？」というテーマが浮かび上がって来る。こういったテーマは、ドゥルーズ／ガタリのマイノリティへの生成変化、さらに遡れば、エメ・セゼールの「民族の創出」というテーマにも繋げ得るものであろう。大島は、『絞死刑』の海外出品にからんで、以下のような体験談を書き記している。

このあいだも『絞死刑』がパリで封切りになるんでパリに行きますと、上映・配給のために活動してくれたプロデューサーがなかなかいい男で、「大島は朝鮮人か」ときくから、「ぼくは朝鮮人にもなりたいし、アフリカ人にもなりたいし、いろいろ困っている男なんだ」というと、彼は「よし、わかった。大島渚はアフリカ生まれのボルシェビキのユダヤ系の朝鮮人か」というんだな、これはすごくいいことを言ってくれると思ってね。というのも、彼には出典があって言っていたんです。六八年のフランスの五月革命で、ダニエル・コーンバンディーがユダヤ系のドイツ人だというのでさんざん非難された。その時デモ隊みんながシュプレヒコールで「われわれはみんなユダヤ系のドイツ人だ」といって歩いた。彼はまあそれを適用してぼくにしゃべったわけですけれども……。(3)（アジアの映画を創る）

ある意味では、晴々とするほどの楽天的コメントである。大島は、第一世界人間的な余裕において、何者にでも「なりたい」と言っているようにも読める。もう一方で、第三世界人間は、それ以外には「なれない」、あるいは何者にも「なれない」者として生きざるを得ない。果たして、この何者にも「なりたい」欲望は、何者にも「なれない」者の運命を共有することが出来るか否か？ これが、当時の大島の発話のポジションをめぐる最大の焦点であるだろう。しかし、大島が束の間、作家的実践として、そのことを可能にしようと奮闘していたことは確かである。

だが、当然のこと、例えば朝鮮人になるとは、日本国籍を捨てること、日本人として生きることによる利益（社会保険制度から、自由に国境を通過できる権利まで）を捨てること以外では、論理上あり得ない。当時の大島の楽天性は、ある意味では、在日固有の苦難の歴史を無化する「語り」とも受け取られかねないものである。

ここで重要なことは、二つある。一つは、国籍（戸籍）は、帰属の宛先であるとともに、まさにそのためにこそ、ある場合には帰属そのものを消去し、人を亡霊のようなものにしてしまうという事実。そして、もう一つ。そのことはやはり、過去との繋がりにおいて、歴史－地政的なコンテクストによって（つまり、日本による植民地支配「以後」という文脈によって）もたらされるということである。しかし、このことこそ、朝鮮半島にかかわる表現活動（『ユンボギの日記』『忘れられた皇軍』『絞死刑』）の中心におかれていた大島の最大のモチーフであった、と筆者は考えたい。

大島は、「ライフル事件について」と題されたエッセイの中で、『忘れられた皇軍』の制作にかかわって以下のような発言をしている。今日においても、十分、読むに耐え得る発言である。

私と朝鮮人との出会いというものは、一方で自分自身を朝鮮人に擬して考える、いわば自分自身の内部にある一番底のドロドロのもの、それの噴出を何か作品にしたいという欲求。もう一つは、自分が日本人として、朝鮮人の問題を考えることによって何か自分のもう一つの面、つまり加害者としての面を考えなければいけないということだ。

つまり、日本人にとっては朝鮮人というのは一つの鏡だと思うのである。日本人は朝鮮人という鏡に自分をうつしてみることによって、いわゆる日本人とは何か、ことに明治以後の日本人というのは何であったかということを考えることができるのではないだろうか。(4)

シロウトの人、大島渚

筆者は、エッセイスト大島渚にも大きく光が当てられるべきだと思う。特に六〇年代から七〇年代にかけて、大島は、創造社の活動を展開しつつ大手映画会社と拮抗して行くためにも、実に様々なエッセイを書いた。それらの内容は、晩年のキレやすい、エキセントリックなおじさんというマスメディア・イメージとはかなり乖離があるものである。

エッセイストとしての大島渚を考察する場合には、映画監督になる以前の大島の活動を理解する必要がある。大島は、松竹に助監督として入社する以前には、京都大学において学生演劇を主宰しつつ、また一方では日本共産党の周辺にいながら、それとは微妙なポジションを保ちつつ学生運動を牽引していた。このような左翼体験（共産党を批判するシンパとして）が、大島の発言のある種の志向性を決定付けていることは間違いない。

しかし、もっと興味深いのは、常に大島は、自分を映画好きとは区別した、映画そのものと醒めた距離を取ろうとし続けた作家だったということである（大島は、何度も松竹入社のいきさつを偶然のものとして語っている）。ここには、大島渚の最良の部分としてのシロウト臭さがある。大島渚とは、シロウトにいつでも還れる映画作家であった。そして、何度でもそのシロウトの領域から映画作家へと一線を越えて行く行為を反復しようとしていた。大島は、『少年』の制作に寄せた「しろうと礼賛」と題するエッセイの中で、「いわば、いつでもしろうとに還れる俳優といおうか、そういう人は数少なく貴重である。私の知っている限りでは、ご存知の佐藤慶などはそういうことでの第一人者といえるだろう(5)」と語っている。佐藤慶、あるいは数々の「新人役者」の起用において、このような大島の志向性がほぼ網羅的に言い当てられているように思われる。映画に対して批判的な映画人、左翼に批判的な左翼、そしてシロウトに還ることが出来る役者への礼賛――いずれにせよ、何かになる、何かになり果ててしまう、その一線を越える「以前」の自分を維持しつつ、その一線をまた何度も越えようと試みるのである。

翻って、このような大島の姿勢とは結局、あの『儀式』における死んだ弟へと同一化する青年の身振りに通じるものでもある。つまり、国籍とは何か、親とは何かも知らぬ、そんな物心のつかない「以前」的世界をフィルム的手段として再創造し、「以前」と交渉し続けること——この文脈において、大島は、二〇世紀における映画的実践の先頭に立ち続けた前衛作家と言えるのである。

注

（1）松田政男『薔薇と無名者——松田政男映画論集』芳賀書店、一九七〇年、一六七—一六八頁。

（2）大島は、金嬉老事件に際して次のようなコメントを行っている。「極端にいえば、日本人が朝鮮人のことを考えるのは、こういう犯罪が行われたときだけだといってもよい。そういうときに日本人ははじめて朝鮮人という存在が自分たちにとってたいへん不条理なものと想うわけだ。ところが、朝鮮人は明けても暮れても自分たちにとって日本人は不条理な存在だということを持ち続けている」。大島渚『解体と噴出』芳賀書店、一九七〇年、二〇三頁。

（3）同上、三二四頁。

（4）同上、二〇二頁。

（5）同上、一七〇頁。

記録する眼

開高健にとっての中国／ベトナム体験

はじめに

『開高健全集』が世に出されたのは一九九一年のこと、第一次湾岸戦争の年である。彼が著したいくつかのルポルタージュを読んでいた私にとって、一つの感慨があった。もし開高が健在であったなら、彼の眼は、どのようにこの戦争を記録しただろうか、と。さらに、この戦争は、冷戦後の初めての戦争と言われていることに、開高健という作家の生命と何がしかの因縁を感じた。私が見る限り、第一次湾岸戦争は、米国国防省やＣＮＮなどが、その表象生産を管理・独占したことによって、「記録する眼」の機能を徹底的に排除し、戦争に対するシニシズムを蔓延させた最初の戦争になった。その後、私たちは何度も、同様のパターンで、「現実」を一方的に受け入れる立場に立たされた。もちろん、優秀な記者、活動家により、九〇年代以降の戦争を対抗的に記録する情熱は持続しているだろう。しかし戦争は、専ら軍事アナリストや「国益」評論家によって語られ、意味づけられるようになってしまった。そして、対抗的な眼の「戦争機械」（ドゥルーズ／ガタリ）は、未だ十全には獲得されていない。

蘇る記憶

そんな今だからこそ、自身の青年期の記憶に残る大東亜戦争に冷戦期において再び出会いなおそうと、中国、ベトナム、東欧などに赴き、冷戦及び熱戦に身構える人々の生と社会に向き合おうとした開高健の行動の軌跡を読み返してみたいと思う。彼が遺した仕事の中でも、とりわけ現在の日本のあり様との対比という意味で興味を覚えるのは、ちょうど六〇安保闘争の最盛期の時期に中国を訪れ記された『過去と未来の国々』（岩波新書、一九六一年）である。ここで「対比」と言ったのは、少なくとも一九六〇年の数ヶ月、日米安全保障条約が破棄される可能性が信じられた時間が日本において存在し、またそのことを中国の大衆が期待を持って見ていた時間があった、ということである。この対比と、さらに現在を対比するならば、大陸中国政府は、心の底（民衆レベル）でどう感じているかは不明であるが、領土問題を除いて、公的には既に日米安全保障条約の存在そのものに反対の意志表示をしなくなっている。また、ルポルタージュの傑作として産み出された『ベトナム戦記』（一九六五年）にも、やはり幾ばくか隔世の感がある。今日のベトナム戦争認識に関して言えば、一般的なマスメディアのレベルでは、たとえば、米軍が撒いた枯葉剤の影響で身体に深刻な損失を受けた人物を日本の医療機関が救った「美談」やその続編が時々報道されるくらいのものである。実にこの「美談」こそ、米軍基地を提供することで戦争に加担し続けていた日本の責任を糊塗するものであることは、また言うまでもない。

一九六〇年、開高健が中国に入ったのは、まず飛行機で羽田から香港の九龍空港へ飛び、そこから列車に乗って深圳へ出るというルートによるものであった。ここで開高は、二人の通訳と出会うのだが、陳蕙娟氏が入っていることに興味を惹かれる。彼女が戦前日本で教育を受けたことは記されているが、台湾出身者であることには気付いていないようである（彼女の妹は、八〇年代に中国語講座のラジオ放送で有名になった陳蕙真〔陳真〕である）。おそらく、当時の大陸中国と台湾（国民党政権）との関係から、台湾出身者であることは公的な場では伏せられていたことが推察される。開高がそのことに気付いていない、気付くことができないことそのものが、冷戦の論理がまさに記憶を抑圧する装置であることを知らせる。その意味でも、逆説的に（実は逆説でも何でもなく）、開高の記録は、ある時間を経た後において、「冷戦の秘密」を開示する機能をも果たすのだ。

この中国訪問で、開高は、野間宏、大江健三郎などの文学者と行動を伴にしながら、中国の文学者との「出会い」に期待を踊らせるものの、統制の効いた「米帝打倒」と「日本人民との友好」などのスローガンに辟易しながら、ぶらぶらと街を彷徨うことになる。開高の記した日中文学者会議の退屈さとの鮮明な対比を為す街の様子は、実に興味深い。街で食べられている物、人々の服装や表情——開高は眼に触れたものすべてに情熱を傾ける。その傾け方には、幾つかの基準と偏差がある。まずそこにあるのは、自身が経験して来た「貧しさ」という基準であり、そしてもう一つは、民族的なものの匂いである。開高は、特に民族の政治経験に拘りを持っていたようだ。ちょうどその時期は、先述したように、まさに日本の安保闘争に対して中国が「民族」として反応していた時期であった。この時点で、東京の街路と北京・上海の街路は、見えない呼応関係にあった。すなわち、開高が記録することによって、さらに「呼応」が成立するわけである。

上海の市内では朝の六時頃から沸きはじめた。職場やサークル団体や居住地域などでそれぞれグループをつくり、大小無数のデモ隊が手に銅鑼や太鼓や鐘やラッパ、胡弓、マシン・ガン、ライフル銃などを持ち出して叫びだしたのだ。デモ隊の先頭にはきっと二人か三人の演劇班があって、あちこちの街頭や辻などにたちどまってはハガティー事件の芝居をやっている。…（中略）…これらの街頭演劇はかつての五・四、五・三〇運動以来、弾圧に耐えかねた進歩的演劇人たちが文盲の大衆に自国のニューズを知らせるため街頭に進出して道路芝居をやる運動を起した、その伝統の発展だということである。国民党のテロからいち早く逃げ出すためには小道具はできるだけ少なくする必要があった。衣装もごく簡単なものですべてを表現できるよう工夫する必要があった。とにかく大衆といっしょにいる限りその間だけはピストルを発射されないですませられた。(1)

この記述は、同時期日本を訪問しようとしていた米国大統領補佐官ハガティーが羽田空港において反対デモに取り囲まれた六月一〇日の事件（通称：ハガティー事件）が、まさに上海の街頭で反映されたものである。そこで展開されている街頭活動など、かつての国共内戦の反復としてあるということだが、おそらく開高が中国の友人と対話したところで裏付けられた知識であろうことが推察される。つまりこの時点で、開高の眼は、単に剥きだしの眼なのではなく、現代中国人の記憶が積み重なった「眼」ともなっている。
ただし、このルポルタージュにおいて最も白眉なのは、街頭デモでもなく、また街の人々の表情でもなかった。皮肉にもそれは、開高が文学者との会議において倦んでもいたもの、つまり現代中国の「大きな物語」にかかわるものであった。できたばかりの革命軍事博物館で、開高は、朝鮮戦争の記録（展示物）に出会うことになる。それは、中国からすれば当然のこと人民義勇軍が遺した数々の遺品によって顕現する、国際連帯の崇高性を強調するものであった。兵士の身体から出て来た残骸――あたかも革命の鬼神となって我々を圧迫するようなモノたち――それが、東アジア革命の気流へと昇華され一つのスローガンへと結晶するのである。

ある陳列箱のなかには中国軍の兵士たちの体内からとりだされた弾丸や爆弾の破片がコッテリとつみあげられている。血にまみれて色が変わり、錆びついて奇怪な形相になっている。その金属片の無数の堆積のよこにはそれをとりだすのに軍医たちが使った、眼をそむけたくなるような原始的な手術道具がズラズラと並んでいるのだ。さらに異様なのは金テコとハンマーである。ジュウタン爆撃のために地上にでて闘うことができなくなった中国軍は、やむなく地下にもぐって闘うことになった。地下にもぐるというと、ほんとに地下にもぐったのである。金テコとハンマーでドッチンドッチンと岩をうがち、朝もなく夜もなくひたすら掘りに掘りつづけて舟食虫が板をかじるようにして山の横腹に穴を掘った。それも山をくぐりぬけるためではなく、穴のなかに病院や倉庫などまるで作るほど大きな穴を掘ったのである。

そのために金テコとハンマーは見る見るうちにちびてゆがんで型が崩れた。二メートルほどの金テコはたちまちすり減って鉄道線路の犬釘ぐらいになってしまう。ハンマーはハンマーでどんどん崩れてついにはジャガイモのかけらぐらいになってしまう。シャベルは子供の玩具のようになってしまう。それがみんな変型の順に大小、これまたズラズラと細大もらさず並べられているのだ。これを遂行した精神は一つのスローガンに集められる。「有弁法《ヨーバンファ》!」である。やればなんとかなる、というのだ。(2)

開高の描写は、それらモノたちとの格闘であり、尚且つ、そのモノたちがスローガンを叫ぶように自身もスローガンを叫ぶ過程である。開高は、グロテスク趣味としてそれらを描写したのではなく、自分がそのちびた金テコやハンマーなどのモノになりきって、つまり自身のかつての「労働」の記憶を蘇らせ、朝鮮戦争(中国革命)を理解しようとする。そして、当時の中国人からすれば、多分に日米安保によってスポイルされ、また資本主義のデカダンに染められた日本人が、やっとのことで中国革命について「やればなんとかなる」と、日本人らしいユーモアを挿入し、総括したわけである。

内部を見つめる眼

中国滞在中、何度となく「文学」の収穫の無さを嘆く開高であったが、中には予想を超えた出会いもあった。中国での滞在の最中、開高の小説「流亡記」（一九五九年）を読んだという女性がホテルのドアを叩いた。彼女は、昨夜開高の「流亡記」を一気に読み終え、感想を開高に伝えに来たという。(3) この「流亡記」は、フランツ・カフカの『万里の長城』をヒントにして友人との雑談から着想を得たもので、万里の長城の建設に動員される民衆の過酷な労働と報われざる栄光を描いたもので、結果として「全体主義」への呪詛や風刺を狙ったものである。この作品に対して彼女は、その想像力には感心するものの、「あなたの思想はまっ暗です。どうして人民は蜂起しないのです」との批判を投げかける。開高は、その時には人民の蜂起ということには関心がなかった、一度にいくつもの主題を入れ込むことはできない、などと答えたという。感動とも、狼狽とも、また畏怖とも言えぬ感情に浸されつつ女性を見送った後、開高は「中国」という文字に出会う度に、「まるで条件反射のように、この小さな、獰猛な女性の眼鏡の光を思い出してしまう」。

一つ興味深いのは、この女性に対する複雑な感情と微かに触れ合うように、くだんの「流亡記」には、長城建設に使役されていた一人のドレイが敵である匈奴側への亡命を夢想するラストが配されている。「流亡記」における皇帝は、むしろ日本天皇を暗示するものであり、匈奴は「中国」と擬えられる。ここには、緩やかな戦後文学内部での継承関係が潜在することも述べておきたい。戦前に書かれた武田泰淳の『司馬遷——史記の世界』である。そこでも最後の章は、司馬遷が捕虜になる「匈奴」の叙述に充てられていた。しかし、日中戦争の最中に書かれた武田の『司馬遷』の場合には、敵「匈奴」は、むしろ日本と擬えられるものであった。日中戦争は、満州国溥儀もさりながら、汪精衛という「漢奸（裏切り者）」をも生み出している。中国を中心に論ずる『司馬遷』

であってみれば、「匈奴」へと降ることは、むしろ奸漢（親日派）となる中国人の地獄行きを象徴するものであった。

このように冷戦期中国との開高健の出会いは、否応なく戦前からの中国と日本との関係の流動的な組み換えの中に配されることになる。そしてこの五年後に開高は、今度は、ベトナムへと赴く。リアルタイムに近い速さで世に出された『ベトナム戦記』でも、開高の眼は、先の中国における朝鮮戦争のモノの記録を、まさに復元された現場（戦争）に遡って見つめることになる。そして後に、日本の文壇で議論となったのは、まさにそのような眼の位置の問題であった。開高は、現地でベトコンの少年の処刑を目撃することになったが、この眼を「第三者」の眼として吉本隆明が批判したのである。

開高健の『ベトナム戦記』をよんでみると、わが国の進歩的知識人の思想的な「国外逃亡」がどんなものであり、どのような荒廃にさらされているかを如実に知ることができる。…（中略）…予想にたがわずこの作家は、いやおうなしにベトナムの現実に立ちあわされ、ベトナム行きの動機が何であれ、しだいに精神はその素材にひきずりこまれてゆく。かれは南北ベトナムを走りまわって見聞をひろめ、紛争の当事者やベトナムの知識人に会見しては意見をきいてまわり判断の材料をあつめる。そしてついにベトコンの少年が銃殺される場面に観客としてつきあわされる。…（中略）…わざわざベトナム戦争の現地へ出かけて、ベトコン少年の銃殺死を見物しなければ、人間の死や平和や戦争の同在性の意味を確認できなかったと

き、幻想を透視する作家ではなくただ眼の前でみえるものしかみない記者の眼しかもたない第三者にほかならないのだ。(4)

このような吉本の批判がどの程度生産的なものたるのかを判断するその前に、戦争観にかかわる世代の位置を測定する必要があるだろう。一つの補助線を引いておきたい。同世代の石原慎太郎は、「私たちの青春がいかなるものであったかをおおまかにくくれば、それは消費という一種の悦楽がようやく可能になった、あるいは可能と予感され出した時期だったといえる。その予感と期待の中で私たちは意識無意識に、今までの時代今までの世代には不可能だったものごとを求めていったと思う」(5)と述べている。吉本は、おそらく開高の眼の位置、眼の行動に、石原のいう「消費という一種の悦楽」を見たものと想像される。しかし皮肉にも、吉本は八〇年代には、生産から消費への大衆社会のモードチェンジを肯定する側に立って行くのである。

ここには一つのパラドックスがある。朝鮮戦争の時期においては、いわゆるルポルタージュは成立しない。日本はまだ再「独立」も果たされておらず、また商業ジャーナリズムも、このような作家を養えるほど回復していなかった。ベトナム戦争の頃、まさに日本は高度成長に差し掛かっており、その「可能性」において、『ベトナム戦記』が成立していることはまた多言を要さない。そこで否応なく記録する眼も、戦後日本の変化の波を受けた「何か」を通じて成立したものである他ない。だが今日について言えば、当時の高度成長期に「実現」したジャーナリズムの眼の水準からも、日本人の眼は進化しているようには見えない、むしろ退化しているのではないか。もし眼の進化があり得るとすれば、竹内好が何度となく述べていたように、自分たちの内部の問題を見つめる眼が養われているかどうかにかかっているだろう。東アジアではまだ、冷戦（朝鮮戦争はいまだ停戦状態であるにすぎない）も終わっていないのである。

注

（1）開高健「過去と未来の国々」（初出：『世界』一九六〇年一〇月一日〜一九六一年一月一日、第一七八〜一八一号）『開高健全集 第一〇巻』新潮社、一九九二年、一〇四頁。
（2）同上書、一〇六―一〇七頁。
（3）開高健「頁の背後」『開高健全集 第二二巻』七〇―七一頁参照。
（4）吉本隆明「戦後思想の荒廃」『展望』一九六五年一〇月号（引用：『吉本隆明全著作集 第一三巻』勁草書房、一九六九年、三二二―三二六頁）。
（5）石原慎太郎「肉体感覚における真実認識」『開高健全集 第一巻月報』新潮社、一九九一年、一頁。

Ⅲ 政治編

現代中国周辺問題の基本構造

チベットと台湾の間から

前者の国家は、例えば日本。西洋化を受け入れ、そのため国家の存在を維持し、また優位に世界に立っている。後者の国家は、例えばインド、朝鮮、ベトナム、ビルマ、みな西洋化を採用するのに間に合わず、結果として西洋化の強い力によって占領された。そこで唯一の東洋化の発源地であった中国もまた、西洋化によって圧迫されており、凡そ西洋化が門に突入しに来て既に数十年経っている……。（梁漱冥『東西文化及びその哲学』一九二一年）

はじめに――二〇〇八年チベット暴動から

西側のメディア、あるいは中国政府筋とも了解できる大筋の流れは、こうであろう。二〇〇八年三月一四日、チベット自治区のラサ市でチベット人の抗議行動（見方によれば暴動）が発生し、それに中国政府の公安警察が鎮圧を加え、さらにこの一四日の出来事に呼応して、四川省、甘粛省、青海省などでチベット人の抗議行動が立ち上がり、ラサ市と同様の鎮圧過程を経た――。メディア分析の角度からすれば、中国の政府筋メディアと西側のメディアとの間にある「認識」の落差に注目が集まるところである。

この「認識」の落差の背景について大雑把に説明すると、西側においては、人民共和国に住む中国人の多くが政府筋の言い分だけを聞いているのであろう、という思い込みがある。その一方で、中国においては、西側のメディアは新中国成立以降の民族政策のプラスの面を全く見ようとしていない、という見方がある。この二つが、両者の衝突の前提をなしている。前者の観方については、やはり誤解がある。中国人のインターネットの普及度はかなりのものである。九〇年代後半以降のホワイトカラーを増加させる政策からも、大卒の人間が急増しており、かなりの程度西側の言語に通じた層も分厚く存在している。多くの中国人が、両者の「認識」を十分に見比べられる状況にあることは指摘しておかねばならない。そういった層の中国人は、中国政府の報道の宣伝性の危うさについても十分に理解している。だがその上でも、西側メディアの報道には中国の内部事情を無視する傾向があり、その実証的な誤り（引用映像の場所、時間の錯誤など）も含め、一方的な言い分であるとの不満を抱くため、結果的に政府を批判できない立場に立たされているように見える。(1)

基本的に西側（日本も含む）の報道は、中国の民族政策がチベット人に対して圧迫を加えているという、やや一本調子の論旨を繰り返すだけであり、もう一つの重要な要件たる一九九〇年代以降のチベット自治区に対する莫大な補助支出の流れについての解説が全くなされていない。交通インフラの整備、工場誘致、観光開発、資源開発、教育・医療の充実──いわゆる「馬の鞍型」と言われる四川省、青海省、甘粛省、雲南省などを跳び越した過剰なほどの投資は、実は他省（中西部）の人々が羨んでいるところのものであった。しかし今回は、むしろそのことが、つまり善意が裏目に出たところが中国政府も一般中国人も、「虚を衝かれた」部分であり、中国政府も内外に対して説明のし難いところではないか、と推測できる。このように、西側メディアにおいては、四川の大地震についてもそうであるが、中国政府の施策への内在的な批評に欠けているところが多く、特に経済にかかわる政策・施策についての分析が足りないように感じられる。

さて、視点を中国側に戻す。ほとんどの中国人は二〇〇八年のチベットの蜂起について、本当に「虚を衝かれた」と言っている。オリンピックがらみで、非漢民族から何らかのアクションや事件が起こるなら、それは十中八九、新疆ウイグル自治区からであろう、とみな予測していたからだ。

ここで立ち止まって考えてみるに、西側メディアが持ち出す「民族・文化政策」なるものの系譜的理解がまた正確ではない、と言わざるを得ない。大雑把に日本や合衆国と比較して言えることは、少なくとも新中国成立の四九年共同綱領から現在まで不変であるのは、いわゆる多民族国家として、民族の平等を理想として掲げる中華人民共和国が成立しているという、中国内部の共通認識である。(2) 様々な紆余曲折はあったとしても、また結果的にうまくいかないところはあったにせよ、多民族共存社会であるとの自覚は新中国から、あるいは潜在的にはそれ以前から、中国の社会土壌において、いわば必須の前提条件であった。

日本において、差別的な「北海道旧土人(保護)法」が改正されたのは、一九九七年のことである。虐殺と同化、その差別的な待遇を温存し続けてきた歴史的な地盤を法的表現として修正したのは、ほんの十数年前のことに過ぎない。合衆国においてもそのことは、既に世界的に知られている。虐殺と同化の末に、つまり伝統と民族の生産体系を破壊した後において先住民たちを従来とは無関係な保護区に押し込めるのであるから、一般の米国国民よりも自殺率が異常に高いのは、十分に理解可能なものである。

中国の場合には、そもそも民族間の対話（闘争も含んで）を内側に豊かに抱え込んだ歴史を持つからこそ、厄介な問題を抱えざるを得ないところがある。元より多民族国家であり、それを擁護して来たからこその「負荷」である。それを無視し、自分の手が汚れていないとの錯覚から相手を批判するのは、いかなる意味でもフェアーではない。

本論の目的は、この多民族共生の歴史的前提を掘り下げるところにはない。少数民族問題は国民国家内部の民族政策の問題に還元し切れない、もう一つの歴史条件をも加味しなければ解けないものだということを論じたい。先に述べた「厄介さ」とは、むしろ中国の外側との関数関係においてこそ生じたものである、とも言えるのだから。それは「周辺問題」と呼ばれるものであるが、本論では特に、冷戦状況（及び冷戦の前提となる帝国主義状況）における、中国にとっては明確であり、かつ厄介な「主権」が孕む歴史領域にスポットを当ててみたい。

「周辺問題」の前提

本論の核心部分にかかわる補助的な説明を加えると、人民共和国にとって周辺部に対する対応は常に、国際情勢に制約されるものであり続けて来た。新疆ウイグル自治区がらみの「独立」運動を例にすると、ソ連解体以降の中央アジア地域におけるイスラーム復興運動の活況が前提となっていた。それが九・一一以後、(3)中国と米国との間で、「イスラーム」に対する共同の警戒シフトが敷かれるに到ったわけで、そこで隠然として囁かれているのは、有形無形の外側からの「ウイグル独立運動」に対する援助が減少したことである。

このように、近年の例においても見られる通り、現代中国における「周辺問題」とは、その基本構造としては国家の民族政策そのものでありつつ、実際的な動力として国際的な力関係が「主権」問題に関与することでそこに凝縮して現れざるを得ない、そのような問題である。南アジアにおけるインドとの長年の対立にしても然りであり、中ソ対立時代のソ連国境での紛争でも然り、近年では政治経済難民が突破を試みる朝鮮民主主義人民共和国との微妙な関係においても然りなのだ。

本稿が中心化するテーマは、チベットと台湾であり、これらも実のところそのような「周辺問題」としてあるわけだが、この二つの地域はとりわけ、共通の基盤が見出せる部分が存在する。といっても、大方の読者は、そのように感じないかもしれない。台湾は、軍事権と、幾ばくかの制限はあるものの外交権を持つ意味において、「事実状態」として独自主権が存する地域である。その一方、チベットはその民族の広がり方からして、チベット自治区に限定されない概念となる。四川省、雲南省、青海省、甘粛省など、その民族的な広がりは深く中国内部に浸透した内部の問題としても考えられるからだ（またチベット自治区内部には、多くのチベット人以外の少数民族が存在することも指摘しておかねばならない）。

ある意味、奇妙な取り合わせであるかもしれない。明らかに台湾は、圧倒的多数は漢民族でありつつも（いわゆる原住民は人口の一％強）人民共和国の外側にあり、チベット人はアイデンティティとして非漢族であるにもかかわらず、人民共和国の内部にある（では、チベット人にどのくらいの「中華民族」意識があるかということは大きな問題だが、本論では論旨を明確にするためにその考察を避ける）。ここが、周辺問題と冷戦問題とが鋭くクロスする場所であり、この二つの比較可能性の中から、新たな問題の枠組みを提示したいと考える所以である。

本稿の基本的な視角を先んじて提示してみるならば、こうなるだろう。新中国成立を一つの画期点としてその前段階を祖述するならば、台湾はそれ以前に日本の植民地統治と、その後の国民党政権による接収が行われた地域であり、その後、冷戦の壁に阻まれ人民共和国による「解放」が断念された地域、ということになる。もう一方のチベットは、形式的にはかつて中華民国に属すものとして扱われていたものの、一時期には英領インド政府の駐在機関が深く入り込んでいた地域として、インド独立（一九四七年）以前には、イギリス帝国の大きな利益＝関心の対象であり、実際問題として、チベット人統治階級に対して、英領インド政府はかなり大きい存在であり続けていた。とりわけ、抗日戦争、国共内戦の時代において、チベットの統治は、中国内部の混乱から中華民国政府のコントロールがかなり弱体化しており、通商その他の関係を通じて、より深く英領インド政府の影響力が潜在していた歴史があり、それは無視できない。

一方、民国以前の中華の側から見て、それらの「周辺」は、「清朝の版図」の中にあったとしか言いようがないわけで、そこが微妙なところである。「清朝の版図」は、西洋におけるウェストファリア条約以降の国民国家の成員とその領土の画定を明確化するコンセプトとはかなり違ったものである。例えば、チベットは宗教権力を中心とした統治組織によって成立していたわけだが、支配層と清朝側の使節が王朝間の取り決めとしてチベットをその版図に含めることを両者が緩やかに承認する契機を持っていた。(4)そこでの両者の関係が平等であるか上下であるかということがその後、中国政府筋と海外のチベット人組織との間で論争になる。ここで難しいのは、当時の、つまり近代以前のこの「版図（人口を把握し、地図に載っている）」というコンセプトは、西洋のコンセプトでは解析できないファジーな、中国語で言えば「弾性（柔軟性、流動性）」に富んだ概念として扱わなければならない、ということである。そのことを両者とも忘れてしまっていることを、一つの問題として指摘することもできよう。西洋的な「平等」か「上下」かといった測り方ではなかなか分析できない関係性があった、と言わざるを得ないのである。

こういった曖昧さは、台湾問題にしても同様である。清朝政府はアヘン戦争以来、香港や上海、天津などの港口を西洋列強によって奪われたが、当初はそのことを「主権」の侵害とは感じ取っていなかったことが後に革命派によって打倒される要因ともなった。台湾を「割譲」した経緯にしても、清朝の領土政策が国民国家的なものに転化する最中に起こったものである。出来たばかりの明治政府が台湾出兵（一八七四年）に踏み切る要因となった、台湾原住民が沖縄漂流船の乗組員を殺害した事件（一八七一年）に対して、清朝側は責任を逃れるため、「台湾の蛮地は化外の地」と発言したが、「化外の地」とは清朝の文化的・行政的力量の及ばない東部の原住民居住区のことを指したものであった。つまり、清朝は、台湾島を西洋的な領土概念として扱っておらず、そのことは中華王朝の「版図」観としても何ら不思議ではなかった。

一八八〇年代より、清朝は洋務運動の潮流の中で台湾の近代化に乗り出すが、その志も半ばにして一八九五年、そこを日本に奪われる。この頃日本は、すでに西洋型の領土概念を形成し終えており、さらにそこから急速に帝国主義に向かおうとする段階に入っていた。ここにおいて日中二つの国家の命運はクロスすることになる。いずれにせよ、台湾の「割譲」は、己の領土観念をしっかりと西洋型へと調整し、近代化しようとしていた途中で起きた出来事であり、だからこそ、その「割譲」は、現在の中国においては絶対に信じられない「失態」として映ることになる。

総じて問題の背景となるのは、西洋の言う国民国家的な概念というもの、つまり領土と国民のメンバーシップとそれが代表する単一政府というコンセプトが発生したのは、西洋列強（日本も含む）の侵略がもたらした衝撃を受け、その後西洋の様式に合わせるように国民国家概念を身に着けた経緯においてである。これは、中国が米国・ソ連と対立していた時期に、「核」武装した事態に極限的に表現されるような、西洋が発明したものによって西洋に対抗するという問題構成の突端にあるものである。

さてもう一つだけ、二〇〇八年のチベット事件の波及のあり方を探る上で参照となるのは、仮にこの出来事を「オリンピックイヤーのチベット蜂起」と名づけるならば、それが台湾の総統選挙（三月二二日）に何の影響も与えなかった、ということである。選挙期間には李登輝からも、民進党の首脳部筋からも、台湾を第二のチベットにすることを阻止するがためにも、国民党候補に勝たせてはいけない、といった発言が出てきていた。しかして、それが台湾の選挙民にほとんど何の影響も与えなかったことは、一つの皮肉である。それが皮肉として見えるのは、本稿が述べようとするチベット問題と台湾問題の相同性が、「対中国」（実際には「対中国」ではなく、冷戦問題なのだが）という文脈ではほとんど自明でありつつ、それとはまったく異なった意志選択が実際に機能しているからである。

この差異を確認するためには、広い意味で大陸中国・台湾がセットになった東アジアにおける経済のグローバル化を説明しなければならない。今回の事件をもたらした原因は、実のところ中国における経済のグローバル化の問題、つまり周辺西部への過剰な資本投下とそれと連動した漢民族の九〇年代以降の移住がもたらしたプレッシャーの問題だったからである。

歴史的経緯（戦前）

チベット問題について語る際、その根源的な認識配置をさぐるためにも、当然のこと近代以前からの中華王朝とチベット民族との関係から説き起こさねばならない。とりわけチベットを統治して来た宗教権威集団の性格を分析することが必要であるが、それはひとまず専門家の指摘に任せることにし、ここで改めて強調しておきたいのは、比較的新しい中華民国になってからの英領インド政府とのかかわり、特にそれとチベットの統治者集団とのかかわりである。

一九一三〜一四年にかけて、辛亥革命による清朝崩壊に伴い、モンゴル、チベットの統治者集団はその保護下からの自立を目指し、モンゴルはロシアが後ろ盾となって中華民国との交渉を始め（キャフタ協議）、チベットは英領インド政府が後ろ盾となり交渉が進められていた（シムラ協議）。総合すると、ロシア、イギリス、チベット、モンゴルvs中国となる。

一方のキャフタ協議であるが、中国側のいわゆる外モンゴルへの形式的宗主権を認めたことと引き換えに、外モンゴルの実質的な自治が承認されたことは、基本的にはロシアの意思を満足させるものとなり妥結に到った。後にこのキャフタ条約が起点となって、外モンゴルと内モンゴルの分断が生じることになる。さてシムラ協議であるが、ここでも英領インド政府側は中華民国のチベットに対する宗主権を認めたが、同時に当時英領インドに亡命していたダライ・ラマ一三世をラサ市に戻すことが要求された。それでは英領インド政府の傀儡政権の色合いが強く出ることになり、このシムラ協議は三者の略式署名にまで到っていたが、結局中華民国側は正式調印を拒否し、シムラ条約（一九一四年）は英領インド政府とチベット指導層の二者のみによって成立することとなった。そこで最も問題となるのは、このシムラ条約において、従来の清朝と英領インド政府との間の境界線（一九〇六年の英清条約）がかなり北上したことである。これが、現在にまで影響するマクマホンライン問題である。さらにこのシムラ条約には、公然たるロシアからの支持もあったことから、中華民国からするならば、第一次大戦前の英露の「陰謀」としてこの期間の策動を表象することには合理性がある、と言わねばならない(5)。

この経緯が複雑なのは、このことを典拠として、この一九一四年から改めて新中国政府（人民解放軍）がチベットに入ることになった一九五一年までの間、チベットが独立状態に近い状態であったというチベット人海外組織の認識もある程度は妥当性を持つ一方、条約を拒否した中国側

（中華民国を引き継いだ人民共和国）からすれば全く納得できないことは、また推察し得るところである。さらに、このシムラ条約は形式的には独立国間の条約ではないことからも、この条約をもってチベットの独立が確認されたとも言い難いのである。

最も深刻なのは、この時のいわゆるマクマホンラインが、後の中印紛争（一九五九〜六二年）の焦点となったということである。中国側からすれば、この境界線は、英領インド政府、つまり植民地帝国主義によって奪われた領土の象徴ということになる。しかし独立後のインド政府からしてもこのマクマホンラインは、どのようにも処理できない「主権」の問題となっていた。かくもさように、第三世界的な地盤を持つ者同士の衝突、紛争は、多くの場合、西洋列強の植民地戦略が生み出した後遺症として再定義されるべきものであり、その意味でも第三世界におけるこの不安定な「主権」問題には、西洋列強という厄介な影が存することを指摘しなければ、問題の核心が見えて来ないことになる。

歴史的経緯（戦後）

かくしてこのような状態で、一九四七年のインドの独立があり、そして新中国の成立（一九四九年）となるのだが、ここでの転換点は、イギリス政府の後景化と米国のプレゼンスの増大、そして独立インド政府の微妙な立ち位置の選択として定位することができよう。まずもって、国民党政権が大陸で存続しそれと蜜月期にあった時期の米国は、基本的にチベットを中国領として承認していたのであり、そのような態度が転換されるのは、一九四九年の新中国成立から朝鮮戦争の間、つまり東アジアの冷戦構造の形成からである。それ以後の五〇年代から六〇年代にかけて、中国からの独立を目指すチベット勢力にとって、米国は最大のパートナーであり、この期間この地域にかかわるCIA活動も盛んであったことは周知の通りである。また独立インド政府は、亡命政府からすれば亡命先を提供してくれた恩人として、つまり英領インド政府の後継者として海外チベット人組織に依存されたわけである。その意味でも、一九五九年は、第三世界主義の雄たる中国とインドが戦火を交えざるを得なかったいきさつと、ダライ・ラマ一四世とその部下たちがインドに逃れることになった年として、ある意味第三世界勢力の分断を激しくマークする時間を刻したことになった。

さて、チベット人の一部が海外に出て「独立」運動を行う端緒は、紛れもなく一九五九年のダライ・ラマ一四世とその支援者たちのインド亡命にあるが、彼自身の自発的決意でそれを行ったと言えないところがまた問題を難しくしている。脱出の顛末は様々な歴史書にある通り、自身の決断というよりも、彼の周辺を守る活動家たちの冷戦状況に煽られた危機意識（と楽観的観測）に促された側面が強い。五〇年代前半まで、ダライ・ラマ一四世と中国共産党とは蜜月期にあり、当時通訳をしていたチベット人通訳官、隆辺嘉措などの証言にもあるように、ダライ自身も入党の希望を持っていたようである。しかし隆辺によれば、宋慶齢のケースと同様、新中国の統一戦線論としては党外にいてくれた方が有利とも判断され、入党は果たされなかったようである。(6)

この間のチベット自治区内の混乱の最も大きな要因は、一九五六年から始まった土地改革の進め方であった、との見方が強い。この土地改革の進め方が、チベットの指導者層とその意図を反映したグループからの反発を招いたことが大きな要因となった、と言われている。ある意味では古典的な、土地改革がもたらした階級矛盾であるようにも見える。ただ中共から見れば、土地改革を進める時期として他の地域よりは六年ほどの猶予期間を持たされ、そのスピードも他の地域と比べれば確かに緩やかであった。この期間の土地改革の進め方については、中国側の指導者においては一部、チベット自治区を担当した地方政府レベルでの極「左」的な対応があったとの反省も聞かれている。(7)

そういったチベットの土地改革にかかわるいわゆる極「左」路線に対して、毛沢東をはじめとした中央指導部も一貫して憂慮していたという証言もあるが、しかしこういった流れは、大きく見れば朝鮮戦争を通過した新中国が、西側と、そしてその後ソ連と激しく対立しなければならないところからの路線転換――当初の新民主主義路線が実質的に放棄されて行くプロセス――と平行関係にある、と見做すことが出来よう。それは具体的には、一九五三年に毛沢東が「過渡期における党の総路線」の提起を行ってから、一九五八年の中国共産党第八期中央委員会第二回全体会議において「社会主義建設の総路線」を制定していくまでのプロセスである。

この流れを国際関係から見れば、国際冷戦の深化的展開である。一九五六年のフルシチョフによるスターリン批判の翌一九五七年、既にソ連共産党との論争が始まっていた中で、冒険的な「大躍進」が始まり(一九五八年)、それによって中国国内の生産構造に混乱が引き起こされて行く。この時期、ソ連からの援助が断ち切られ、最終的には技術者も引き上げてしまう(一九六〇年)

中で、根本的にソ連式に作られようとしていた経済構造が破綻し、それが自然災害から「大飢饉」が発生したと従来は説明されてきた経済壊滅を招くことになる（一九六〇～六二年）。

周辺部の危機が高まっていたのは、実にこのような時期なのである。一九五八年には、台湾の国民党政権との間でいわゆる金門島砲撃戦が発生している。翌年には、先に触れたマクマホンラインをめぐって中国とインドとの間で紛争が勃発するなど（一九五九～六二年）、この期間の中国は、国際冷戦の煽りを受けた「周辺問題」がさらに深化し、極度に緊張する場と化していた。

もう一度論旨を元に戻すと、こういった経緯と平行するように、土地改革を進める「左」の圧力がチベット社会に極度の緊張を与え、ダライ・ラマ一四世の一九五九年の亡命に繋がっていったと推察される。その後のダライは、まさに冷戦時代のエージェントと化すこととなった。彼自身、亡命した後の六〇年代、米国ＣＩＡから膨大な資金援助を受けていたことを、一九九八年に告白している。また多くの証言として、そのころの彼が紛れもなく武装闘争を指導する組織者であったことも、今日の彼のイメージ転換を考えた場合に、一つの重要な基礎認識に加えなければならない。すなわち、あの平和の使者、人権の師たる態度は、七二年の米中接近によって武装闘争が不可能となった時から、一つの戦略的転換として彼自身が実践したものであることに留意する必要がある、ということである。(8)

ここにおいて、チベット人指導者たちの言動やその変化、変遷について人格的に批評する必要のないことは自明である。ただ指摘しておかなければならないのは、特にダライ・ラマ一四世については、外に出た後の彼の西側メディアに対するパフォーマティブな態度や、独立路線から「高度自治路線」へとほぼ東アジア冷戦の「モード転換」にあわせて転調されている事実である。

「反帝」と「冷戦」の転移

話の筋を原点に戻し、二〇〇八年三月一四日の蜂起以降の中国政府筋メディアのチベット問題にかかわる「解説」（の行間）から垣間見えるものを指摘しておきたい。まず特徴的なことは、土地改革が一九五六年から展開を始め、それが終了したとされる一九六二年以後のこと、つまりその後に引き起こされた文革期に対する言及がなされていないことである。もちろん、文革期の叙述を回避する傾向は、中国全体のことであり、チベット問題に限ったことではない。いずれにせよ、文革の期間、チベットでも激しい政治闘争が展開され、その最中において「階級闘争」の視点を誇大化した寺院破壊や僧侶などへの迫害も行われた。ただ、自治区以外の中国の他の地方、少数民族地区においても、ほぼ同様の現象が生じていたのであり、チベットにおける文革期をとりわけ特別なものとして叙述する必要はないものと思われる。その意味でも、西側の報道における中国政府の少数民族政策にかかわる「圧迫」にしても、その性格はやはり新中国「内部」の歴史的経緯への考察を通じたところで評価される必要がある。

さて第二の中国マスメディアのチベット問題にかかわる報道の特徴として、本論のこれまでの叙述から容易に指摘され得るものであるが、今日の報道には、民国期、冷戦期を通じた英領インド政府及びアメリカ合衆国の関与にかかわる叙述がない、ということが指摘できる。もちろん、歴史書などの学問的研究においてははっきり指摘されていることだが、時事問題を扱うマスメディアレベルでは、皆無となっている。このことは、台湾にしても同様である。一九七二年の米中接近の後、中国政府は、実質的に米国を帝国主義勢力として批判することをしなくなり、さらにまた七九年の米中国交成立以降、台湾との関係において実際に「武力解放」を放棄して行くことになる。(9) 二〇〇五年三月に第十期全国人民代表大会において通過した「反分裂国家法」にしても、わずかに一箇所だけ、第三条に「外国勢力の干渉を受けない」という文字が入っているだけである。これはある意味では当然のことで、台湾の最大の後ろ盾であった米国が人民共和国と国交を結んだということは、米国が既に「台湾問題」について主体的に振舞えなくなったということを意味する。現に、米国と台湾の間にあるのは、米中国交が成立した一九七二年に米国内で制定された「台湾関係法」という国内法だけである。翻って、だからこそ中国は現在、台湾が朝鮮戦争の勃発とともに、その「解放」を米国の介入によって断念させられた経緯をもはや説明しないのであり、「冷戦」という具体的経緯の消去の代価として、「神聖なる領土」という抽象的スローガンが頻発される、というイデオロギー構造の変化が推察される。この「神聖なる領土」というスローガンは、今日においては、元々は西洋社会によって発明された領土観念を一周遅れに、またさらに古風に反復したものであるように見えるだろう。

遡ると、新中国成立時点に作られた新中国の共同綱領の中身においてはっきりしているのは、当時まだ解放軍の手の届かないところにあったチベットと台湾を「解放」するためにも、「反帝」の姿勢が示されていた、ということである。この「反帝」は解放軍のチベット入り以降の一九五一年一〇月、チベット側指導者と中央人民政府との交渉によって構成された、いわゆる十七条協議（中央人民政府とチベット地方政府による平和的なチベット解放のための方法についての協議）の結果たる「十七条協定」においても、明確に示されていたものである。例えば第一条は、「チベット人民は団結して、帝国主義侵略勢力をチベットから駆逐し……」と謳われている。実際にはこの「十七条協定」の前文では、「反帝」よりもむしろ、国民党政権反動への批判が全面展開されているのだが、この点については台湾のその後の運命を考えた場合に、殊に興味深いものがある。

しかして、この「十七条協定」の合法性（その協議過程に問題があったか否か）が海外のチベット亡命政権と中国政府との論争の焦点になっているわけであるが、その経緯を客観的に明らかにする上でも、実証的な研究の進展が期待されるところである。ただし、この「十七条協定」の合法性を考える上で、もう一つ考えておかねばならないことがある。「十七条協定」について、それが当時の人民共和国が国際的に認められていなかった中での取り決めだったということは、それなりに考察されるべき問題を孕んでいる。つまり、当時、人民共和国自体がその「主権」を、西側社会の多くの国家から承認されていなかったという事実である。また、そこから派生するのは、そうでありながら、どの国家も当時そして今日までチベットを独立国家として承認していない、という事実である。一九七二年以前においても、チベットの独立を支持する国家がなかったわけであるから、現在において論理的にはなおさらである。

つまり現在の人民共和国は、冷戦期において「主権」を認められていなかった「反帝」勢力であり、チベットを解放することは何よりもその「反帝」闘争の一環として定位された一大事業であった、ということだ。しかし今日、そのような「反帝」は、西側社会との協調路線においては公的な発言として選択される余地はないように見える。その意味でも、チベットが内部問題として語られる際に、「主権」の侵害の問題でありながらも、それと繋がった「反帝」という観点が公的には抑制されているという局面において、中国内部の西側社会への不満は、必然的に政府筋以外のところへ、代表的には国内外のインターネットの世界などでの一般中国市民による強烈な西側社会への反発として噴出する、という構図になるわけである。

振り返って考えなければならないのは、いわゆる第三世界において、「主権」という理念は、およそ「反帝」とセットになっていたという歴史的経緯なのだが、この基本構造はチベット亡命政府筋による中国内部からの「独立」を目指す運動においては当てはまらない、という屈折した問題構造である。「チベット独立」運動は、その系譜として「反帝」を表現できない。この構造に規定されて、「チベット独立」をサポートする西側の論者は、実際にそこにどのような「人権侵害」が存在しているかに関わりなく、いわば西側の「人権」コンセプトに従ってフリーハンドで中国に対して「粗探し」を行っているわけだ。(10)

また台湾について言えば、台湾の「独立」運動も、事実上、中国の「主権」に対抗する構成を持つものとして「チベット独立」と同様の成分を有する。つまり「反帝」が希薄か、あるいは消去される。だから例えば、今日の「台湾独立」の思想基盤も、日本帝国主義への抵抗をともなった戦前における抵抗の伝統とずれたところでの、（日本）植民地近代化論を伴うことになった、と言える。甚だしい場合には、今日において、かつての台湾の抵抗運動の伝統たる「反帝」の「帝」を

「中華帝国」に置き換える局面において、さらに屈折した問題構造が出来上がってしまっている。

いずれにせよ、第三世界における「民族国家」の定立は、西洋社会の模倣でありつつ、西洋社会への抵抗として出現したわけであるが、そういった原理的構造を、今日どのように再定義し、取り扱うのかという課題において、チベットや台湾のような「例外」は、むしろそのような原理を鍛え直すための重要なケースとして、慎重に取り扱われるべきものと思われる。

こういった立論を踏まえ、中国政府の周辺問題への対応について、それに賛成するか否かにかかわらず、その歴史的条件を洗い直す作業を歴史に求めるためにも、中国近代の根源に遡る必要がある。すなわちそれは、中国が帝国主義へと向かうことを断念し、その不可能性を思い知ったパリ講和会議（一九一九年）での出来事である。この時中国はむしろ、日本側から「対華二十一ケ条要求」を持ち出されていた。先述した中華民国が調印を拒否したシムラ条約（一九一四年）の五年後のことである。この間中国は、第一次大戦終了後の世界分割をする側のアクターとして立ち得ないことを心底から実感したのであり、そこから中国のナショナリズムの質が決定されたのである。

この後、中国は海外植民地を獲得していくような、西側（及び日本）型の国家運営を禁じられたのであり、また自ら断念したことが中国特有の近代のあり方を決定し、反帝闘争が「革命」の一環として闘われる構図が共通の枠組みとして成立した。その意味でも、今日中国がグローバリゼーションの中に突入したことによって、そのような伝統に変質が生じるのか、あるいはしないのかが注目される。そこで生じている大きなジレンマとは、例えば、西側と同様の経済水準をすべての中国国民に与えようとするならば、石油、鉄鋼、あるいは小麦など、膨大な原料を海外から調達するための利権獲得政策が実行されることになる。またそれに付随して、輸入先での中国政府、中国系企業、そして中国人自身の行動に対して、否応なく厳しい観察の目が向けられることになる、という新たな歴史条件の出現である。

中国側からすれば、このようなグローバリゼーションへの突入の最中において、国際的環境における新たな状況の出現に向けての調整が必要視されるところとなる。それはまた、本論で論じてきた「周辺問題」にも、大きな影響を与えていると言わざるを得ない。

「主権」と「グローバル化」の転移

チベットと台湾、この二つの地域の今後の展開は、もちろんのこと未来の中国のあり方に大きな意味を持つことになるはずである、その意味でも、最後に触れておきたいのは、グローバリゼーション下における現在の中国（政府も含む）のナショナリズムと「主権」観の位相である。

その上で欠かせない歴史的経緯を挙げるならば、九〇年代のユーゴ内戦の過程から現在までの期間において生じた、主にコソボ自治州の分離・独立の経緯に対する中国側の反応である。周知の事実として、近年の中国国内は、NATO空軍（米軍機）による中国大使館爆撃（一九九九年）をメルクマールとして、俄かに西側に対抗するナショナルな反応を生み出し始めた。現在の中国の目から見れば、論理的帰結として、旧ユーゴで起こった国家の分裂、特にコソボ自治州の「独立」は、容易に現在の中国におけるチベット問題のアナロジーとなるところが大きい。もちろん、現在の中国の国際的位置、軍事的実力などを勘案するならば、旧ユーゴのようにはなるはずがないだろう。しかし中国（人）の世界解釈において、コソボ自治州の「独立」は、冷戦崩壊後に圧倒的な力を誇示する西側勢力の暴力的介入の事蹟として、まさに自らの「主権」が侵害される可能性を垣間見させる出来事となった。つまり、実際に新たに「反帝」という歴史記憶がここで潜在的に再登録された、ということになるかもしれない。付け加えれば、現在の中国における新左派なる思潮は、この時期のナショナリズムの高揚を一つの大きな起点としている。

以上の意味からも、グローバリゼーションに突入した後の中国のあり方として最も関心を呼ぶのは、おそらく現在の中国がどのような軍事的コンセプトを持っているか、ということになろう。二〇〇〇年代半ば以降に出てきた「北京コンセンサス」なる概念も、実のところ中国の軍事的コンセプトの動向と密接な繋がりが存する。

現在、中国の軍事コンセプトをどのように推し量るかということは、それなりに専門的見地から議論されるべきことであり、詳細な解説は不可能だが、一つ言えるのは、台湾に対して発動される軍拡競争（主にミサイル配備）のプレッシャーは、二〇〇八年の台湾における選挙結果を得て、ひとまず小康状態となっている。現在の中国政府は、かつてソ連が合衆国との軍拡競争に巻き込まれ、そのことが崩壊を招いた一つの原因となったことを十分に理解している。だから目下、台湾問題による危機が緩和されたことにより、台湾問題の危機をバネとした性急な軍拡志向は抑えられている。基本的に現在の中国では、太平洋を挟んだ合衆国との軍事的緊張関係についても、力の非対称性を現認する方向でのコンセンサスが成立している。

そして、このような非対称的な軍事バランスを前提とした政策を展開することと即応するように、グローバリゼーション下の中国の軍事以外の政治・経済全般の態度が決定されている、と考えられる。それが日本においては、あまり議論になっていない「北京コンセンサスVSワシントンコンセンサス」という見取り図である。

「北京コンセンサス」とは、公的な方針の類のものではない。長期の中国在住の経験のある外交問題評議会（米国）及び外交政策センター（英国）のメンバー、ジョシュア・クーパー・ラモ（Joshua Cooper Ramo）が執筆した論文「北京コンセンサス」（外交政策センター、二〇〇四年）がもたらした見地であるが、この「北京コンセンサス」なる考え方が他の第三世界によって同時代的に模倣実行されているように見えることで、大きな話題を呼んだ。

「北京コンセンサス」の根源にあるのは、九〇年代後半の東アジア金融危機への対応である。一言でいえば、第三世界諸国型の安定発展を模索するには、経済方面では、市場、金融、労働の開放はある程度抑制されるべきであり、そのためには強いガバナンスを前提とした政治経済全般のコントロールが望まれ、「民主化」「自由化」はある程度制限されざるを得ないとする発想――などと論文では述べられている。ここには先述した、非対称的なバランスを前提とした軍事コンセプトも含まれている。[11] これに対して、「ワシントンコンセンサス」とは、一九八九年の転換から生まれて来た認識として、レーガン、サッチャーによる極端な新自由主義政策は抑制されるべきとの認識を持ちつつも、基本的には、新古典派的な経済のマクロ政策を前提とした、貿易と資本の自由化こそがあらゆる国家の経済発展に不可欠だとする考え方——とされている。いささか単純化すれば、この二種類のコンセプトが世界経済にかかわる主権国家の現在性を規定している、という考え方が国際環境において広く念頭におかれている。この構図はまた、西側の価値観としての「人権」や「民主」を第三世界側が受け入れるかどうか、という議論の背景にあるものを指し示していると考えてもよい。ただしラモの立論の動機は、決して二つの「コンセンサス」を対立的に描写し、どちらが勝利するか、などといったものではない。彼の立論の動機は、「北京コンセンサス」の合理性をある程度認めなければ、西側は第三世界諸国への対応において無駄なコストを払うことになるだろう、という警告である。

以上、即物的な説明に徹してきたが、今中国がどのような位置にあるかを推し量る上で、この構図は、ある程度は理解の補助線となる。その上で本論において考えてみたかったことは、このような構図の上に、果たして中国の「周辺問題」はいかに定位されるか、ということである。これまでの議論を簡潔な構図にまとめることは不可能であるが、ただ言えるのは、いわゆる「二つの周辺問題」の今日的なあり様として、いずれにせよ中国がグローバリゼーションの中に突入したことから、新たな「周辺問題」のステージが造成されつつあるということだろう。

その際も、本論で提起してきた「(反)帝」というコンセプトの影は、それをどのように実体化できるかによらず、表面からは消えたとしても基本的には形を変えて潜在し、機能し続けていると見るべきである。何故なら、「北京コンセンサス」の前提となるものこそ、グローバリゼーションへの突入がもたらした激烈な副作用(金融危機、社会衝突、主権侵害)に対するナショナルな「抵抗」であるからだ。しかも、台湾とチベットは、色濃く「(反)帝」の影を帯びつつも、また今日の(中国的)グローバル化の試金石となる最前線の場所ともなっている。いずれにせよ、新疆ウイグル自治区も含め、「周辺問題」がどう解決されて行くかは、中国の未来を占う場所、つまり中国型の「発展」が世界に波及させる明るい絵、あるいは暗い絵が集中的に書き込まれる場となることだけは間違いない。

まとめに代えて

最後に、このような問題が、中国に、あるいは私たちに突き出そうとしている根源的な問いを指し示して筆をおきたい。それは、古くからの、しかし近代世界の成立そのものの根幹をなす一つのアポリア、つまり「主権」をめぐる系譜的問いである。これまでの論旨を確認すると、現時点で台湾とチベットの「独立」運動は、第一次大戦後の潮流を自らの「独立」の重要な契機(一九一九年の五・四運動)として来た中国を、それ以前の「帝国」の素地として扱いつつ、外部勢力を通じてそこからの分離を図るという錯綜した問題構造を持ち来たったもの、と言える(しかし実のところ台湾も、第一次大戦後の世界的潮流を日帝下でも受けていた、とも指摘できる。例えば、台湾文化協会の成立、農民組合の結成、さらに台湾共産党の成立 etc)。

その意味で、もう一度確認しておかねばならないのは、第三世界における「独立」への意志の背景となる第一次大戦後の国際連盟の結成(そして第二次大戦後の国際連合)を根本的に規定している民族国家の「平等」の機制である。民族国家の「独立」とは、西洋社会の議会議員をモデルとして、その一人一票（平等）の代表権というコンセプトを独立国家（＝人格）に拡大したものであることはいわば教科書的な前提だが、私たちが知っている第三世界の「独立」とは、このコンセプトを自らのものとして身に着け国際社会に打って出てきたものであった。しかしてそれがまた、西側の介入ロジックとして再回収されるプロセスが新自由主義的支配の世界拡大という文脈において生じた。それは、米国及びＮＡＴＯの旧ユーゴへの介入の論理であり、また西側の「フリーチベット」支持者の論理背景となる、「民族」をそのまま非歴史的に「独立」に結びつけつつ、西側の反中国意識に寄りかかった議論のあり様である（ここに「台湾独立論」を加えることは、ある文脈からは可能である）。

さて本論は、ある意味、別の大きな課題を解決するための前提に過ぎないものであった、とも言えそうだ。それは、中国、インド、メキシコなど、むしろ「帝国」的な素地を持った規模の大きな第三世界国家が、グローバル化の今日、その内部の多様性にどのような積極的な意味を持たせつつそれを自己の内外に説明していくか、という課題である。

参考文献

谭戈伦夫《现代西藏的诞生》（王宝玉 译）中国藏学出版社、一九九〇年、英国出版、一九八七年。

梅 戈尔斯坦《喇嘛王国的覆灭》（杜永彬 译）时事出版社、一九九四年、米国出版、一九八九年。

主编 周伟洲《英国、俄国与中国西藏》中国藏学出版社、一九九七年。

杨公素《中国反对外国侵略干涉西藏地方斗争史》中国藏学出版社、二〇〇一年。
《中华人民共和国宪法》法律出版社、二〇〇四年。
张文木《世界地缘政治中的中国国家安全利益分析》山东人民出版社、二〇〇四年。
《反分裂国家法》中国法制出版社、二〇〇五年。
编著 谢铁群《历代中央政府的治藏方略》中国藏学出版社、二〇〇五年。
主编 黄平 崔之元《中国与全球化：华盛顿共识还是北京共识》社会科学文献出版社、二〇〇五年。
张永攀《英帝国与中国西藏（1937-1947）》中国社会科学出版社、二〇〇七年。
马连龙《历辈达赖喇嘛与中央政府关系》青海人民出版社、二〇〇八年。
《西藏〝3.14〟事件有关资料(1)—(4)》外文出版社、二〇〇八年。

注

（1）西側報道について、特にCNNの報道について批判が集中している。政府筋の批判の骨子については、《西藏〝3.14〟事件有关资料(1)》外文出版社、二〇〇八年を参照。

（2）一九四九年九月二九日に成立した中国人民政治協商会議の共同綱領の第九条に「中華人民共和国内の各民族は、平等の権利と義務を有する」と謳われている。

（3）いわゆる九・一一の衝撃について、中国政府は冷静な対応を示していた。一部のメディアにおいては、この戦争の長期化が、一時的な「軍需景気」を生むだろう、しかしさらに米国経済の停滞によって、一度流出した「頭脳」がまた中国に還流するだろう、ことなどを予想していた。

（4）清朝は、歴代のモンゴル、ウイグル、チベット等の支配層と王朝間ネットワークを形成しており、そこでの朝貢・冊封を介した緩やかな関係が、その後の排他単一的に国民国家の境界を確定する近代領土概念に先行していたと言える。

（5）帝政ロシアは、一八世紀から既にチベットに調査団を送っていたが、一方で帝国主義政策の先鞭として宗教者を送り込んでもいた。一八七〇年代以降には明確に帝国主義的展開をうかがうに到っていた。さらに、一九〇三年イギリス軍がチベットに侵入した際、英露はその利害にかかわる矛盾を露呈することになったが、一九〇七年の「英露協約」において、チベットに対する清朝の宗主権を認めることで矛盾が回避された。その後、清朝崩壊以後のモンゴルの独立志向、チベットの独立志向をそれぞれ援助することにおいて、英露は中華民国に共同して対応する協調路線がとられることになった。主编 周伟洲《英国、俄国与中国西藏》中国藏学出版社、一九九七年、二四九—二八〇頁、三七二—四二四頁参照。

（6）二〇〇八年五月二七日、中国社会科学院文学研究所主催の隆辺嘉措の講演における発言。

（7）同右、隆辺嘉措の講演における発言。

（8）それはまた同時に、親中国の立場をとるチベット人指導者の系譜がどのように生じていたのかに関しても、イギリスのチベットに対する帝国主義的関与が前提にあることを見なければならない。現に二度、イギリス軍のチベット侵攻が行われているが、その際にチベットの指導者層内部に混乱が生じていた。一九〇三年イギリス軍がチベット侵略を開始した際、一時ラサ市を占領した。このため、当時のチベットの最高指導者であったダライ・ラマ一三世はモンゴルに亡命したが、一方そのライバル関係にあったパンチェン・ラマ九世は、英領インドに向かうこととなった。その後イギリス政府は、チベットの清朝による宗主権を認めたものの、再度軍事侵攻を行うことになり、この時ダライ・ラマ一三世は北京に赴いている。この再度の軍事侵攻に対して一九一〇年、今度は清朝軍が大規模な反撃を行った際、チベット内部はまた非常に混乱し、今度はダライ・ラマ一三世が英領インド領に亡命することになる一方、翌一九一一年、かつて英領インド政府を訪問したパンチェン・ラマ九世が、今度はラサ市での清朝の軍事活動に協力することになった。——このように、チベットの指導者は、英領インドに頼るか、清朝（中華王朝）に頼るか、という局面において非常な緊張を経験してきたことを考慮する必要がある。それは翻って、今日チベット人指導者において親中国派の立場に立つ人々の代価＝コストにも思いを馳せる必要がある、ということでもある。梅 戈尔斯坦《喇嘛王国的覆灭》（杜永彬 译）时事出版社、一九九四年、米国出版、一九八九年、二五六―三一三頁参照。

(9) 大陸、台湾間の緊張関係は、朝鮮戦争を経て、一九五八年のいわゆる金門砲撃戦においてその頂点をなすことになったが、その際に米国は、物資の輸送のレベルでのみ台湾側に協力していた。朝鮮戦争の後の一九五四年に結ばれた「米華共同防衛条約」が存在していたからだが、当時の米国では、この条約の有効範囲は台湾島だけに限られており、金門は含まれていない、という解釈があった。その後、金門における戦闘は、散発的形式的なものとなっていくが、一九七九年の米中国交樹立以降は、それもなくなった。その後、一九八一年の第五期全国人民代表大会において、全人代委員長葉剣英が「台湾との平和統一実現の九項目提案」を発表したが、これが実質的な意味での従来の「武力解放」テーゼの転換を意味するものと考えられる。

(10) 西側の「人権」論者は、近代植民地主義によって達成した自らの「近代」的地盤を省みず、後発近代国家、あるいは第三世界の「野蛮さ」を暴露し告発しようとする。しかし考えてみるべきなのは、先進国が第三世界の「人権」を問題にし始めたのは、七〇年代以降であるという事実である。つまり先進国が七〇年代の激しい労働運動の後で、自国の製造業を主軸とする産業資本を、すなわち自国の階級闘争の磁場を外側へ、つまり「第三世界」へと排出し、搾取関係を外に転移して以降のことである。この時間的脈絡と、いわゆる「人権思想」としての「フリーチベット」思想の勃興は軌を一つにしているように見える。

(11) ラモによれば、現在の中国の軍事コンセプトは、三つの契機が重なったものとして説明されている。一つは伝統的な観念として、中国は域外にかかわる軍事活動に適さない国家であり、初めから軍拡に向かう可能性が排除されている、という見地である。二つ目は、台湾との緊張関係を主要な契機として、これに備えるためにも、目下人民共和国は、軍備・兵器の増強を目指している、とする見地である。そして三つ目が、特に地政学的前提として、初めから米国との軍事バランスの非対称性を条件とし、正面作戦に対応するのではなく、その他の軍事技術の開発、例えばハイテクを介したピンポイントの対応などを模索する発想がある、とする見地である。ジョシュア・クーパー・ラモ「北京コンセンサス」（主编　黄平　崔之元《中国与全球化：华盛顿共识还是北京共识》社会科学文献出版社、二〇〇五年、一―六二頁、中文版、二一四―二七七頁、英文版、参照）。

日米安保体制と大陸中国／台湾

日米安保体制の終わりの構想

日米安保体制はどのように終わるのか、あるいはどのように終わらせるのか——その構想を語ることが必要な時代になって来た。それは紛れもなく、米国の軍事ヘゲモニーの世界的な低下傾向と、長く粘り強い反基地運動とその運動を進めて来た人々の闘いがもたらした契機であるものの、しかし同時に多くの日本「国民」はその終りの可能性についていまだリアルな認識を持ち合わせていない——これが議論の端緒となる当面のあり様であろう。本稿は、自覚的にそれを終わらせることを望んでいる、というモチベーションの下に書かれている。

竹内好はかつて、六〇年安保闘争の過程で書かれたエッセイ集『不服従の遺産』の「あとがき」でこのように述べていた。

始めあるものは、すべて終わりがある。宇宙にも終わりがある。まして、一文明、一国家、一集団には終わりがある。天壌無窮には賛成できない。終わりがなければ始めもないからである。人は、死ぬことを考えないで生きることができるかを、私は疑う。就職に当たっては、退職のことを当然考えていなければならない。そうでなければ、自由意思の主体であることを止めるわけであるから、身売りと変わらない。…（中略）…

私は、日本国家にも、解散規定を設けることを提唱したい。そうしないと愛国心はおこらない。（竹内好「あとがき　終末観について」『不服従の遺産』筑摩書房、一九六一年）

ここでの「終わりがある」という文言は、当然のこと論理的に、日米安保体制についても当てはまる。ついでに言えば、「そうしないと愛国心はおこらない」という文言は、「そうしないと真の日本人と米国人の友情はおこらない」とも読み替えられよう。これまで、「終わり」を想定しないかのように日米安保体制を半ば自動的に延長し続けて来た日本政府とその態度を容認して来た多数派の日本人は、やや外在的なところから、つまり沖縄からの「声」というプレッシャーから、他律的にもその「終わり」の可能性について触発されつつある、と言えるかもしれない。これは確かにチャンスなのである。それは、沖縄にとって日本とは何であるのか、また太平洋をはさんだ隣人、さらにその反対側の隣人たちとの間で日本はどのような「友」であり得るのか、再び考え始める端緒ともなろう。ただそのことは、五〇年前、竹内好が参加した一大運動の中に初歩的にでも、可能性として生じていたことであった。端的に、竹内は六〇年安保闘争を、紛れもなく日本国家の終わりと再生の問題として捉えていた。

さて、先走りして「友」という文字を出してしまった。もちろんリアルポリティクスにおける外交には「友」の文字はないであろう。しかし全くないものだ、とも言い切れないのではないか――そんな可能性にも賭けてみたい。おそらく日本はそうして、米国のみならず、懸案のアジア諸国・諸地域・人民との「友情」を近代史上初めて構築する糸口を得ることができる。その意味でも、必要なことは、日米安保体制の「終わり」を構想するに当たって、まずその「始まり」をしっかりと確認することであろう。日米安保体制はそれだけで独自に立ちあがったものではなかった。様々な国際的取り決め、軍事バランス、国家利害と絡まり合って「始まった」ものである。それは一般的には、やはり冷戦体制と書かれるべきものである。

サンフランシスコ講和体制と日華平和条約

日米安全保障条約は、形式論によらず、その実質的な連関を言うならば、サンフランシスコ講和条約を補うもの、あるいはそれと一体のものである。しかして、その実質的な連関を主導したのは紛れもなく日本を占領統治していた米国の意志である。一九五一年九月のことである。周知の通り、日本の戦争処理をなし、また日本の「独立」を果たすためのサンフランシスコ講和会議には、中国（二つの政権）や朝鮮半島（二つの政権）の参加はなく、ソ連は参加したものの調印しなかった。そのため、サンフランシスコ講和条約は「片面講和」と呼ばれ、さらに米国の冷戦状況において自らの広域へゲモニーを確立するために、日米安全保障条約が締結されるに到った。

その意味で、日米安保とサンフランシスコ講和条約は、日本の「独立」がそのまま西側冷戦体制に組み込まれることを意味する東アジア冷戦秩序の支柱そのものであったわけだが、ただそれだけで東アジア全体がカバーできるわけではなかった。当時の中華民国（台湾）の国際的地位は、国連（安保理常任理事国）に議席を確保していたとしても、大陸での内戦敗北の煽りを受け、不安定なものとなっていた。サンフランシスコ講和条約には、重要な領土問題が含まれていたにもかかわらず、先述したように、中華民国はサンフランシスコ講和会議に参加できなかった。条約にはたとえば、第二条「領土権の放棄」の(b)「日本国は、台湾及び澎湖諸島に対するすべての権利、権原及び請求権を放棄する」という文言がある。これが中華民国の代表者なしに取りきめられたことは、あきらかに外交的屈辱であり、また戦争の戦後処理の文言はそこになく、さらにお互いに大使館をおけない状態にもなっていた。

そこでその翌年、サンフランシスコ講和条約の発効の日付、一九五二年の四月二八日、日華平和条約が締結されることになった。日華平和条約の第二条には、サンフランシスコ講和条約を受ける形で以下のように記されている。

日本国は、一九五一年九月八日にアメリカ合衆国のサンフランシスコ市で署名された日本国との平和条約（以下「サンフランシスコ条約」という）第二条に基き、台湾及び澎湖諸島並びに新南群島及び西沙群島に対するすべての権利、権原及び請求権を放棄したことが承認される。

しかして伝統的に戦後日本の外務省は、これによって上記の領土が中華民国に帰したという解釈は取らず、放棄したことだけが決められたと見做しているようだ。だがこれは、紛れもなく日本と（台湾に移転した）中華民国との間で取り決められたことで、当然のこと中華民国側は自国に帰したという解釈を行って来た。これは、日華平和条約が遺した一つの問題だと言えるが、しかし同時に、台湾に場所を移した中華民国にとってこの条約は、重要な外交関係を開いた契機としての大きな意味を持つことになった。つまりこの条約によって、正式な二ヶ国間外交関係が発生し、東アジアにおける中華民国（台湾）の安定的位置が定まった、との見方も可能となるのだ。中華民国は、元より米国と外交関係を持つものであったが、台湾に移った後の関係の構築という点では、五四年一二月の米華相互援助条約の締結を待たねばならなかった。いずれにせよ、日華平和条約は、台湾に居を移した中華民国体制にとっては、いち早い「援助」となった。その意味でも、この条約は、実質的な賠償請求の取り下げというマイナス面があり、また日本が放棄した領土の帰属先を明確にできなかったとはいえ、台湾において中華民国が存続するためには、是非とも必要なものであったのだ。

翻って、戦後日本が東アジア地域において生きて行く上で、正式な国交が結ばれたのは、一九六五年までは、実に台湾の中華民国だけなのであった。東アジアにおける軍事を含む広域秩序という意味においては、六五年（日韓基本条約）までは、日米安保と日華平和条約が、その秩序の礎となっていた——このことは忘れてならない。

一九七二年、幾つかの衝撃

六〇年代に到ると、しかし冷戦秩序は俄かに大きな転換期に差し掛かることになる。それは端的に、六〇年代初期の段階で、大陸中国とソ連との間の緊張が激化することで、冷戦秩序の対立軸が複数化し混沌とし始めたからである。六四年の段階で、大陸中国が核実験に成功したことも、広義の意味で東アジアの冷戦秩序に大きな影響を与えることになった。中国は六六年より、いわゆるプロレタリア文化大革命と呼ばれる一連の革命プロセスに突入することで国内秩序が流動化する様相を見せていたが、しかし水面下において対ソ戦略の要請から米国への接近も図っていた。そして七一年九月、毛沢東側近で実質的な文革のリーダーであった林彪が失脚すると、米中接近は急速に展開を見せ始め、七二年二月のニクソン大統領の北京訪問においてその方向性はついに定まることになった。

一九七二年はまさに東アジア冷戦の最大の転換をマークする年となったわけであるが、ここには、日米安保の文脈ではさらに重要な沖縄「返還」という歴史が書き加えられる。この沖縄「返還」に際しては、中華民国も決して小さくない影のアクターとなっていた。そこに微妙な形で、今日に到る領土問題と、領土問題から派生した東アジアにおける脱冷戦運動が発生していた。

沖縄返還に到る歴史のコマを少しだけ戻すと、このようになる。一九六九年、国連アジア開発委員会（ＥＣＡＦＥ）が台湾北部、尖閣諸島（釣魚台列嶼）に海底油田が埋蔵されている可能性を示唆したことからそれは始まる。翌七〇年九月、日本政府は尖閣諸島が日本の主権下にあることを宣言し、米国国務院もそれを追認するように、尖閣諸島が（返還が予定されている）沖縄に所属するものと発言した。これが日本政府に対する大きな「援助」となった一方、中華民国政府にとっては明らかに衝撃的な事態となった。この日米の連携に対して、当時の中華民国外交部は、一通りの形式的な抗議声明しか表せなかった。さらに、台湾北東部の宜蘭県の漁民が習慣通りに行っていた尖閣諸島付近での操業を日本の海上保安船が阻止するという事件が引き起こされる。

このような一連の対外的衝撃をきっかけとし、一九七一年四月、台湾及び米国在住の留学生による「保衛釣魚台」運動が勃発、政府の弱腰外交を強烈に批判する学生たちのデモンストレーションに発展した。「五・四運動」という文字が散見される、この「保衛釣魚台」運動はこの後、学園民主化運動へと引き継がれるなど、台湾における民主化運動の嚆矢となった。

さて七二年の沖縄返還は、米軍基地が残り続けるという分かりやすい経緯からも見てとれるように、当時の日米当局者の思惑においては、日米安保体制の再編過程に過ぎないものであった。その最中、台湾で引き起こされた「保衛釣魚台」運動は、まさにこの日米安保体制が構成する冷戦構造に対する異議申し立ての要素を含んでいたことになる。しかし中華民国そのものは、七一〜七二年にかけてさらに大きな危機を経験する。すなわちそれは、七一年一〇月の国連脱退であり、さらに翌七二年二月におけるニクソン米大統領の北京訪問、そして同年九月の田中角栄首相の訪中において実現された日中国交正常化である。日中共同声明が出された際、先の日華平和条約の無効が宣言されたのだが、中華民国側としては、たとえそうであれ、台湾、澎湖諸島などに対する領土権は存続しているものとする――つまり、条約の破棄は条約内容全てを反故にするものではなく、部分的には永久に確定されたものと見做している。

いずれにせよ、この二年間は、東アジアの冷戦構造がまさに大転換するプロセスであったが、一般的に日本では、さして意識されることはなかったようである。何故なら、ベトナム戦争は続いており、引き続き沖縄の米軍基地は、そのような世界冷戦（熱戦）の最前線に位置づいていたことに変わりはなかったからである。しかしベトナム戦争が七五年に終結、さらに七九年一月、米中国交樹立がなされると、冷戦構造の転換はもはや誰の目にも明らかなものとなった。しかし米国は、一方で「台湾防衛」を独自に追求するために、同年、国内法としての「台湾関係法」を議会で通過させ、東アジアにおける冷戦体制の温存を図るようになった。

両岸接近へと到る道

大陸中国政府にとって七九年は、「改革開放」政策のスタートとも重なり、さらに台湾を武力で解放しようとしていたかつての政策を転換する「台湾同胞に告げるの書」を発表した年でもあった。そしてここからの三〇年、大陸中国政府は、様々な紆余曲折はありながらも、台湾（中華民国）との関係においては、経済、文化、科学技術の交流などに重点をおいた「統一政策」を推進し、さらに〇八～〇九年の段階で、いわゆる三通政策（通郵・通航・通商）の全面解禁にも到っている。いずれにせよ、東アジアにおける人材とモノと知識の流れの潮目が、確実に大陸中国へと移動したのであり、経済圏的発想からみるならば、台湾は既に大陸中国の経済システムに統合されてしまったと見てもよい。

興味深いのは、このいわゆる両岸接近（日本のマスメディアでは中台接近）について、日本のマスメディア、学界とも、経済的な「効果」の叙述以外では、非常に冷ややかであったという事実である。両岸の急接近は、二〇〇五年五月、当時国民党党首であった連戦が大陸中国を訪れ、熱烈なる歓迎を受けたこと、そしてそのことが台湾において、さほど批判の対象とされなかったことから本格化し始めた事態である。このような国共内戦の終結を念頭においた国民党の行動は、東アジア冷戦体制内部において、実質的な脱冷戦、あるいは平和構築という問題設定において重大な契機であったにもかかわらず、両岸の接近を論じた日本側の報道や学界からの反応はほとんどなかった。他人事としておきたい日本の側の（無）反応の理由には、やはり何事か大きな問題――日本の東アジア冷戦におけるポジションがあぶり出されているかの観もある。

日本側の両岸接近への冷淡な態度は、東アジアの近現代史における長期にわたる日本と中国との敵対性に規定されている、と思われる。なぜなら、国共の和解とは、三六年の西安事件を端緒とした抗日民族統一戦線の記憶に連なるものでもあるからだ。このような歴史的背景を負った両岸接近に対して、〇五年五月、日本の町村信孝外相は、ニューヨークでの演説で、台湾は日米安保条約の適用範囲に含まれる、台湾は日米安保条約の防衛対象である、と発言していた――このことは、やはり思い起こされるべきである。現在の政権のことは問わないが、日本の中のいわゆる冷戦思考勢力とも呼べる人々は、東アジアを再冷戦化するためのカードとして台湾、あるいは両岸関係に介入する意志を持ち続けている、ということになるだろう。

現在の両岸関係における政治上の最大の鍵はというと、先述したように、台湾当局と米国政府との関係を規定する「台湾関係法」（武器援助なども含む）である。両岸の平和構築において、この「台湾関係法」は明確に対立事項として意識されるものであろう。その意味で、先述した町村信孝の（ニューヨークでの）発言は、明らかに「台湾関係法」と日米安保とを冷戦「主体」としてリンクさせようとするものであり、さらにこの発言について、当時のマスメディアや学界が反応できなかったことは、実に恥ずかしい出来事であったと言わざるを得ない。しかしてこの問題は、「主権」も含む台湾問題とはまた別のことである。たとえば、イデオロギーとして「台湾独立」を至上命題とする人物であったとしても、両岸の平和構築を願わない人間はいないであろうし、真に「独立」を望むのであれば、「台湾関係法」からの自律も念頭におかねばならないはずだ。

再び終りの構想（両岸関係及び沖縄）

日本の冷戦思考勢力において、両岸関係のあり様に対する注目が日米安保という装置を通じてしか果たし得ないのであるとすれば、それはまさに東アジアにおける脱冷戦の最たる桎梏を表象する。そこで初発の問いに戻りたい。日米安保はどのように終焉するか、あるいはさせるかである。

現在においても、日米安保体制、あるいはその物理的表象たる沖縄の米軍基地の存在を許容する最大の根拠は「抑止力」という概念であったが、両岸の和解と平和構築は、明らかにこの「抑止力」を不要のものとしつつある。しかしその一方、先述したところでの尖閣諸島（釣魚台列島）を象徴とする領土問題の過熱化は、この「抑止力」議論を誘発する要因にはなっている。しかし思い起こしたいのは、尖閣諸島問題にしても、その領有権を主張する最大の根拠は、沖縄「返還」を目前にして米国国務院が尖閣諸島が沖縄に所属するもの、と発言したことにあった。いわば日本は、自国の領土の主張についても、米国の助けを必要とする「保護国」なのである。そして、そのような論理的転倒性を自覚し得ないことがまさに日本の病理であるには違いないのだ。

日本において、よく「脱冷戦後の世界」という言い方がなされる。まったく主体性のない議論の前提である。東アジアにおいて冷戦体制とは、その最も大きなスポットとして両岸関係（及び朝鮮半島における分断状況）があることは言を俟たない。しかしてその最大の法的根拠が日米安保なのであった。その意味からも分かるのは、沖縄における反基地運動は、東アジアにおけるリージョナルな脱冷戦運動の一環としてあり、さらにそれは暗黙のうちに日米安保体制の廃棄を展望するものなのである。であるならば、沖縄における反基地闘争とは、論理的には、まさに沖縄の人々が日本（本土）に成り替わって、日本の「独立」のため、日本の「再生」のために闘っているという奇妙な歴史的行為であり、それはまた潜在的には両岸関係（及び朝鮮半島）の平和構築というリージョナルな歴史事業とも連関する行動以外のものではないのである。

日米安保の「終わり」はそれこそ、東アジアの新しい時代の真の幕開けを意味するものである。

今日、様々な東アジア共同体論のタイプと構想が描かれようとしている。しかしそれらの中に、沖縄の米軍基地や日米安保に触れた文言は極めて少ない。いわんや、米軍基地の許容を前提とした共同体論やアジア連携さえ提出されているようである。筆者の立場は、そのような東アジア共同体論は全くの「絵空事」である、と断言するところにある。

往還する「眼」、あるいは「冷戦」の旅　緑島から北京へ

はじめに――オバケの旗

いまの太極旗はオバケがはためかしている。その上に星条旗があるので決して解放されない。（キム・ソクキョンの発言『送還日記』より）(1)

ドキュメンタリー作家キム・ドンウォンが撮った『送還日記』の主人公は、「北」のスパイとして数十年間政治犯として収容され、娑婆に出てきた老人たちである。その一人にかつて「北」の高級官僚であり、「南」の知識人をオルグするために渡ってきたキム・ソクキョンがいる。出所した当初のキムは、ソウルの貧民街奉天《ポンチョン》九洞の住民の世話を受けながら生活していた。この礼儀正しく、学識豊富な老人が住民たちを驚かしたのは、彼があらゆる機会をとらえて祖国統一の必然性を説き、「北」を讃える異様な行動であった。住民たちの驚きは、もちろん「反共」イデオロギーが浸透した韓国社会において自然なことであったとしても、その戸惑いの中には、幾ばくかの真実への反応が孕まれているように思われないではない。キムが、おまえたちには太極

旗の上にはためくあのオバケのような「星条旗」が見えないのかと言い放つ時、実はそれは韓国社会においてありふれた真実であるのだ。例えば現に、米軍再編により過酷な基地拡充の嵐に見舞われた平澤市では、国家権力による農民の土地からの強制排除が展開され、また（旧）農地に隣接する繁華街では、常時、太極旗と星条旗が威風堂々と掲げられているのである。

　つまりキム・ソクキョンは、韓国において、いわば「裸の王様」を指さす子どもの位置にあったと言える。しかしてキムは、残虐な仕打ちを受けることなく韓国社会で暮らせたようである。事実、貧民街の住人は、キムの言動に戸惑いながらも、「北」に帰るまでの老人の人生の一部を温かく支えたし、尊敬の念さえ抱いた。

　では翻って問い尋ねてみよう、現在の日本において、キムのような人物は、どのように扱われることになるのか、と。現在の日本において「北」の人間、特にキムのような特殊工作を任務としていた男は、いわゆる「拉致」の関連で、最もおぞましい「オバケ」とされるほかないだろう。ただその一方で、キムと同様の政治的言説——アメリカを非難し、またそれに従属する自国をも痛烈に批判する——を弄する日本人も、おそらくかなり存在するはずである。ただそのように指摘する日本の人間は、韓国におけるキムの位置、つまり「裸の王様」を指摘する子どもの位置に立つことはできない。一般論として、日本という国家がアメリカ合衆国の世界的な軍事戦略におけるサブヘゲモニーを構成していることは、いわば自明な事柄となっている。日本においては、誰もそのような意見自体には驚くこともなかろうし、同時にそのような政治的人間に対して一面で恐れを抱きつつ尊敬するような事態もほとんどあり得ない。が、それは一体なぜなのか？

ここにおいて、まず「見えない政治」の位相を処理する能力が必要だと思われる。韓国社会において従来の反共意識は指摘するまでもなく大きな前提であった一方、韓国住民にとってキム・ソクキョンは同胞でもあり、彼の「異様な行動」を温かく見守るべき民族的前提が存在することは理解できる。そこで振り返ってみたいのは、東アジアの冷戦状況下の向こう側の「社会主義者」にかかわる表象政治の次元において、日本は従来、それを韓国（あるいは台湾）ほど苛烈に機能させて来なかったということである。しかして今日の日本は、二〇〇〇年代以降の、例えば「拉致」問題発生以降の「北」に対する新たな他者化の機制を顕在化させるなど、既に習慣化した光景を露呈し続けている。

問題は、今日の日本国家に対して「裸の王様」だと指摘し、多くの日本人に動揺をもたらすような「子ども」が一体どのように出現するのか、ということである。韓国において「北」のスパイとされた長期囚の出獄とは裏腹に、日本は今、あの「子ども」を予防拘禁、あるいはどこかに追放してしまっているのではないだろうか。その意味で、キム・ドンウォンの『送還日記』というフィルムの日本への紹介は、まさにあの「子ども」の日本社会への導入であった、と思われる。東アジアのポスト冷戦政治の位相に参入するために、むしろ私たちはあの「子ども」を自分たちの外部に探しに出かけなければならないのかもしれない。

緑島から

その「緑洲山荘」の池はかつて私が作ったものです。きれいでしょう。
（二〇〇五年夏、陳映真へのインタビュー）

韓国での解放六〇周年と中国での抗日勝利六〇周年（さらに台湾での光復六〇周年）の二〇〇五年の夏、私は台湾の東部に位置する緑島に接近しつつあった。一度目の訪問は台風により失敗し、短いインターバルをおいて二回目にやっとこの島に辿り着くことができた。ところどころ日本語の標識がそのままであることから日本から輸入された中古品と思われるフェリーに四〇分ほどゆられ、私はついに緑島に足を踏み入れた。緑島は、日本統治時代にはいわゆる「浮浪者」を収容する訓練施設を置いていたが、一九五〇年代の白色テロの嵐の中で、主に社会主義者を引き受ける恐怖の監獄島となって発展した。そこではまず、政治犯を収容する通称「緑洲山荘」と呼ばれる監獄施設の正式名称が「新生訓導所」であったことが興味深く思われた。この場合の「新生」とは政治犯を意味する名称であった。つまり政治犯は、「新生」を誓わされる存在だったのだ。

さて今日の緑島はどうなっているのか。八〇年代後半からの「民主化」を経て、政治犯は釈放されたものの、九〇年代後半より激しい観光開発にさらされた緑島は、済州島と似たケースを辿り、現在の若い世代にとって政治犯の島としてのイメージは全くの過去のものとなっている。かつて政治犯が過ごした「新生訓導所（緑洲山荘）」一帯は人権記念園区とされ、かつての獄舎は展示センターとなり、また隣接する海岸には「人権記念碑」が立つ小さな公園が併設されている。

政治犯たちが収容されていた獄舎。そのままの形で展示されている。

「カメラに向かって笑ってください」というプレートの付いた監視カメラによって守られた海岸の公園内にある「人権記念碑」は、私が到着した時には客が全くおらず、奇妙な静寂に包まれていた。この「人権記念碑」は、李登輝政権時代に設立された「人権教育基金」によって発起され、一九九九年に完成したもので、オープンセレモニーには李登輝本人も出席している。ただそこで問題となったのは、その「人権記念碑」の壁に刻された元政治犯たちの名の連なりの傾向である。陳水扁政権時代の副総統、呂秀蓮のように、必ずしもこの「新生訓導所」に収監されていなかった人物の名が刻まれているのと同時に、そこに刻されていない人々のことが改めて問題となった。そこに名が刻されているのは、大まかな政治カテゴリーで言えば、国民党政権に反抗したリベラリスト及び台湾独立運動の闘士たちであり、欠けているのは五〇年代には圧倒的に多数派であり、また処刑の対象ともなった社会主義者たちであった。

筆者は、かつてそこに収監されていた作家、陳映真に緑島訪問の後、事情を聞いてみた。陳によれば、生き残ったかつての政治犯たち全員に、政府の規定によって補償金が支払われることになった。しかしかつての罪名、つまり「反乱罪」という法的規定自体を覆すなどの名誉回復を図ったものではない、ということが彼ら社会主義者たちの刻銘拒否の最大の理由となったようである。

さて話を現場に戻す。「人権記念碑」のある公園を出た私は、いよいよかつての監獄(緑洲山荘)で今は展示センターとなっている施設を覗いてみた。そこにはかつての建物や運動場が保存されており、反共宣伝を主軸とした「反共復国」などの標語と兵士を描いた壁絵などが、消えかかるままに放置されていた。また新たに設営されたコーナーには、かつての政治犯の写真や当時の時事的なニュースが展示されていたが、私が釘づけとなったのは、そこに掲げられた三つに色分けされた(今日の)世界地図である。その世界地図は、自由国と半自由国と不自由国に分類されており、北アメリカ、日本、台湾などには「自由」の色が割り振られ、その反面あたかも当然であるかのように大陸中国には「不自由」の色が割り振られていた。そこで私は一挙に合点がいったように思えた。つまり今日、台湾における社会主義者の政治犯たちは、現在の国民党の政治方針とも混同されながら「統一派」と呼ばれているが、好むと好まざるとにかかわらずこの「人権記念園区」から除去され、この展示コーナーの世界地図の中の「不自由」国に押し込められている、ということになろうか。

そこでまた新たな想念が生じて来た。今日、台湾政府は、大陸中国からの観光客のビザを暫時的に開放する方向に向かっている。この島は、台湾内部では既に重要な観光スポットとなっており、今後大陸中国からの旅客人がこの人権園区に脚を伸ばす可能性はないとは言えない。その時彼／彼女たちは、獄舎の壁に書かれたかつての反共文化の名残りと、ネオ反共文化とも言えるその（今日の）世界地図をどのように眺め、どんな感情を持つことになるのか。ほぼ確実なことは、彼／彼女たちは、この人権園区から予め社会主義者が除去されていることにほとんど気づかないまま通り過ぎるだろう、ということである。

緑島にそのまま埋葬された大陸系政治犯の共同墓地跡。「新生訓導処 公墓」と記されている。

緑島は、一日だけの短い滞在であったが、もう一つどうしても気になるスポットがあり、探してみることにした。それは、一年ほど前に緑島を訪れていた大陸中国出身の研究者がその存在を私に教えてくれた「共同墓地」である。ホテルでオートバイを借り、

政治犯たちの共同墓地から望まれた緑島の海

それらしき人権園区の周辺を走ってみたところ、海岸沿いの細いデコボコした小道を入っていったところで、突然その「共同墓地」が現れた。消えかかった文字で「台湾省保安部 新生訓導処 公墓」と刻まれた石碑が絶景の海に向かって立っていた。見たところ、周囲には大小の墓石が無残に散在し、叢に埋もれるがままに放置されていた。一つずつ墓石に刻まれた文字を拾い読みしてみると、福建、山東、四川などの文字が散見され、彼らが大陸出身者であることが分かる。おそらく冷戦下、台湾出身以外の者については、遺体の引き取り手が来なかった事態が予想される。墓石はすべて海に向かって建てられているが、その海は彼らの故郷である大陸中国を臨む海ではない。緑島、それは台湾島の東部にあり、ちょうど大陸中国と反対側にあることに私は気づいた。

成長するに従って、台湾共産党や農民運動など次第に常識程度の知識となっていった。光復以後に来た中国の官僚たちは、この台湾の過去の運動についてどのような考えを持っていたのか、彼らはそれらを異民族支配下にあり得べき反抗として肯定的に見ようとしたのか？　それとも、危険な反体制運動と考えたのだろうか？　ほとんど知る手がかりはなかった。（林書揚『二・二八から五〇年代白色テロまで』より）(2)

台湾の社会主義者

台湾の社会主義者という存在は、日本においてほとんどどのようなイメージも結ばないかもしれない。冷戦下の台湾においても、社会主義者の生存は公的にはあり得なかったといっても過言ではなかろう。台湾における社会主義政治犯という存在について、文学の世界で一つのイメージを提出したのは、前述の陳映真の小説『趙南棟』(3)（一九八七年）であった。『趙南棟』という題名は、ある女性政治犯が獄中で出産した子どもの名が所内の「南棟」から採られていることに因んでいる。五〇年代当時中高生であった陳映真にとって、獄中にあった社会主義者たちがどのような生死の震えの中でもがいていたのかということは、下の世代として大きな関心事となったようである。陳映真自身も、一九六七年から七年間の入獄体験があるが、素材となる五〇年代のエピソードは、生き残った前世代の政治犯から得られたものであるという。

『趙南棟』の最大のモティーフは、外に残された家族がもはや中に居る当事者の存在を思想的に救うことができなくなっている、という悲劇性にある。台湾（あるいは大陸から流れついた）社会主義者は、人間存在としても、さらに社会の関心からも消されようとしている、そのような危機感が前提となっている。さて、そのような台湾の社会主義者たちの生死の震えの頂点となるのが、まさに朝鮮戦争の勃発という歴史的事件であった。『趙南棟』の中でも、朝鮮戦争の勃発とそれに連動して引き起こされた獄中の反応が描かれている。

あの年の六月、朝鮮戦争が勃発したのだ。ニュースが監房に伝わると、ほとんどすべての房内で激変しつつある歴史と時局について、議論が交わされた。その時、趙慶雲は次のような意見を述べた――アメリカが台湾海峡に介入し、台湾の軍事に介入するのは、つまるところ台湾の民心を安定させ、アメリカ自身「民主を尊ぶ国家」になるためだ。だから、おそらく政治犯に対する厳しい死刑執行を減らすか、うまくいけば停止させるかもしれない。張錫命と林添福は異なる理由からではあろうが、基本的には趙慶雲の考えを支持してくれたようだった。しかし、蔡宗義はこの問題に対し、同房になって以来、初めてといっていいほど悲観的な様子を見せた。

「第七艦隊が海峡でパトロールを始めるなら、歴史は一時的に軌道を変更したってことだろう」蔡宗義はいささか憂鬱そうに言った。(4)

その後、実際にはどうなったのか。社会主義者政治犯の大量処刑は、実は朝鮮戦争の勃発、つまり同時期のアメリカ合衆国太平洋第七艦隊の台湾海峡封鎖の後に引き起こされている（さらに、新中国成立一九四九年一〇月九日の一周年記念となる、一九五〇年一〇月が多かった）。筆者がかつて台北郊外の六張梨の共同無縁墓地で見た数々の墓石の日付も、すべてそのことを証拠だてている。その意味でも、このテキストでのやりとりは、あまりにも痛い。白色テロへと前のめりに傾斜していく蔣介石の政治的決断は、アメリカの台湾海峡の封鎖によって踏み切られたものなのだ。監獄の島、緑島のロケーションは、まさに台湾海峡と反対側でなければならなかったのだ。

証言から

筆者は、緑島行きの前、実際そこにいた台湾では最長の長期囚、林書揚（二〇一二年没）にインタビューする機会を得た。一九五〇年に逮捕され八四年に出獄した林は、現在、労働党の責任者となっており、筆者と台湾研究者の松永正義は、その労働党の事務所に訪ねることになった。

当初のインタビューの目的は、一九二六年生まれの林書揚に、戦前戦後の言語転換について問い尋ねる予定であったが、第二次大戦末期の期間に話が及んだ時、話は思わぬ方へと滑り込み、別のエピソードを語ってもらうこととなった。当時林は、日本の守備隊に編入させられており、鳳山の武器庫で働いていたという。何日かに一度、台南の麻豆の実家へ帰っていたのだが、その時、一人の農夫が使いとしてやって来た。その農夫を派遣した人物が求めていたのは、日本の将校がどのように太平洋戦争の戦況を把握しているかにかかわる情報であった。話の種を明かすと、その人物は、かつて東京において台湾共産党員（日本共産党台湾民族支部）となり、満州事変の年に入獄し、太平洋戦争の前年に釈放されて出てきた、台湾では有名な蘇新という前世代の社会主義者であった。蘇新は後に、二・二八事件に際して大陸中国に逃亡する人生の軌跡を持つことになるが、太平洋戦争当時、獄中からの帰還の後は、「銃後」の食糧生産体制に組み込まれ、ウサギの飼育を生業として生活していた。農民たちは、蘇新のことを「ウサギ小屋の主人」と呼んでいたが、その蘇新が一人の農夫を日本軍の中にいる林のところによこしたのだ。

後に判明したことであるが、蘇新は、台湾に米軍が上陸するかどうか、その判断の材料について林を通じて日本の将校から得ようと腐心していた、というのである。そうして「ウサギ小屋の主人」は、密かに村人たちに（実は情報の拡散を恐れ戸主だけに）、このような指示を与えていたという。海の方から砲声が聞こえてきたら、即座に食料と生活用具を携え、山のほうに逃げるように、と。後の歴史的展開に沿って考えてみた時、台湾が沖縄にならず、従って沖縄のように米軍基地で覆われた土地にならなかったのは、カイロ宣言によって台湾の中国への復帰が既に決定されていたからであろう。その意味でも、当初から連合国が台湾を戦場にするという判断はほとんどあり得なかった。興味深いのは、日本の植民地支配の最中にあって、日本によって引き起こされた戦争によるカタストロフの予感に震えながら、自分の郷土を守るためのあらゆる努力をなしていた台湾の社会主義者がいた、という事実である。

蘇新は、既に一九八一年に北京で亡くなっている。彼の亡骸は、北京郊外の八宝山の革命烈士の共同墓地に埋葬されている。一九四七年に大陸に渡った後の蘇新は、人民共和国内部の台湾関係の様々な仕事に従事していたが、六〇年代半ばからの「文革」の嵐の中で不遇な生活を送り、七八年にやっと「平反（名誉回復）」することになる。蘇新の著作は、台湾でも読めるようになっているが、彼は一貫して、大陸中国の地から台湾の上空に翻っているあの「オバケの星条旗」を指弾し続けて来た。もちろんその文章の内容は、いわゆる人民共和国政府の「統一戦線」の公的な枠組みをほとんど出ていない。しかし蘇新にとっての「オバケの星条旗」への歴史感覚は、人民共和国の公的イデオロギーを越えた位相において成立しているものである。少なくとも、あの終戦間際の蘇新の行動を勘案するならば。当時台湾にいた蘇新の予感し震えていた事態とは、ちょうどその後で沖縄人が聞いた米軍艦からの艦砲射撃の音でもあり、さらに一九五〇年九月の米軍の仁川《インチョン》上陸から始まる出来事の予感でもあるのではないか、と思われる。

さて一九七九年の米中国交回復をメルクマールとして、米軍の基地は台湾から消失した。今現在、台湾において米軍の基地は物理的には存在していない。大陸中国からの見方では、台湾から基地が去ったのは、まさに一九七九年の米中国交回復にいたる人民共和国側の努力によるもの、ということになる。しかし台湾におけるアメリカ合衆国の軍事プレゼンスは、正式の外交関係とはズレたところで微妙な形で継承されている。今日の「台湾防衛」が合衆国の国内法たる「台湾関係法」によって規定されているのは、周知の事実である。台湾は、いわばアメリカ合衆国に外交関係からは見放されながら、実際には合衆国の内部に位置されているのである。それは外側から眺めるならば、台湾（中華民国）の憲法よりもアメリカ合衆国の国内法が上位に位置するという、ネジレとなって現出している。と同時に、米軍基地が去った後の台湾は、むしろそのことによってさらに米国の軍事プレゼンスへの心理的依存を深める傾向にはまっているわけである。

そういったことからも、沖縄と台湾とでは、アメリカ合衆国に対する評価がほとんど共有されていない、という見方が多い。ただ実のところその根は、太平洋戦争の過程から始まっているとも言えるのではないか。冷戦時代の台湾におけるかつての米軍基地がほとんど「通信」に限定されていたことも、おそらく台湾で地上戦が戦われなかったこと、つまり軍事占領がなかったことと大いに関係があろう。もし仮に米軍の上陸が台湾においてなされていたならば、台湾は全く別の土地になったことは想像に難くない。その意味でも、台湾におけるアメリカの影は、字義通り見えない「オバケ」となっている。台湾におけるその見えない「オバケ」は、まさに沖縄や韓国にある米軍基地の「影」とも言えるものなのだ。

北京にて

共産党員に引退はない。引退とは革命をやめることだろう。それは間違ったことだ。共産党員はそうであってはならない。出来る限りまでやってみること、もうどうしようもない、というところまでやるのだ。（蘇新『帰らざる台共の闘魂』より）(5)

二〇〇五年の同じ夏、私は蘇新が亡くなった地、北京を訪れていた。主要な目的は、中国社会科学院が主催する抗日戦争と台湾の光復からの六〇周年を記念する「東アジアの現代文学における戦争と歴史記憶」に参加することであった。そこには、大陸中国以外に、日本、韓国、そして台湾からの多数の学者の参加があった。さらに、数日前にインタビューのために台北の事務所に伺っていた作家・陳映真の姿をも見かけることになった。

陳映真の報告は、「裏切られた皇軍」というテーマで、台湾人元日本兵のアイデンティティの変遷とその歴史性に言及しつつ、それは日台の間に閉じ込められるべき問題ではなく、東アジアにおける太平洋戦争とその後の冷戦・ポスト冷戦期における新たな覇権の編制にかかわる問題である、との結論を提示していた。もとより「裏切られた皇軍」というテーマ自身、大陸中国人の台湾に対する理解度を問うという意味で、挑戦的なテーマであったに違いない。

興味深いのは、その場のコメンテイターとして登壇した台湾出身（両親は大陸出身）の陳光興が、大陸中国の学者に向かってさらに挑発的な問題提起をしたことである。現在、中国社会科学院の文学研究所の中の部門においても、現代中国文学と台湾・香港・マカオ文学は、別セクションになっている。台湾文学は、中国大陸における正統教義とは裏腹に、現代中国文学とは切り離されている。陳光興の目論みは、台湾におけるアイデンティティの錯綜にかかわる歴史状況を、むしろ大陸中国のアイデンティティの問いへと転化しようとすることだった、と考えられる。このシンポジウムの狙いそのものが、日本、韓国、そして台湾からの学者の参加が要請されたことに見られるように、従来の「中国にとっての抗戦」の意味を「東アジアにとっての戦争」へと押し開く試みでもあったのだ。

だがそのような試みは、始まったばかりである。このシンポジウムでも、韓国の論者は中韓の問題を優先課題とし、日本の研究者はもちろん日中関係を、そして台湾の学者はまた当然のこと大陸中国とのかかわりを専ら論ずることになる。つまり、中心である中国が放射状に周辺部分と関係を持つ関係構造にならざるを得ないのである。またこのシンポジウムの中心的なテーマもやはり、中国の「抗戦」、つまり「対日本」という文脈を意識したものとならざるを得なかった。特にこの六〇周年の春（二〇〇五年）に沸き起こった北京・上海を中心とした反日デモに関する話題は、会議において触れられなかっただけに、潜在的な話題として会場に大きな「影」を投げかけていたように思われる。日本からの学者を複数招聘していたからでもあろうが、たまたま日本が話題になったとしても、それは「新しい歴史教科書をつくる会」の歴史叙述を問題化するなど、ある意味、中国政府による従来の公的ロジックに近いものが演じられたに過ぎなかった。つまり国交回復の時点で中国共産党が採用した、一部の軍国主義者に罪を転化するという方式を踏襲しているに過ぎないものであった。

しかしそのような潜在的な「対日本」という文脈を括弧に括った場合に、一人の聴衆として感じた中国側の中心的なテーマとは、このようなものであった。中国現代文学の課題において如何に「抗戦文学」として成立していた文学を、ヨーロッパにおいて成立した「戦争文学」のような戦争一般への批判たる普遍的形式へと転化し得るか、という問いである。現時点では直感的にしか語れないことであるが、そこには国民国家の成立と二度の世界大戦という歴史構造に言及しなければ解けない問題が存在するように思われた。言うまでもなくヨーロッパの場合、国民国家同士で（あるいは帝国主義同士で）二度の世界大戦が引き起こされたことが、その後の戦争観の形成にとっての大前提となっている。ヨーロッパにおける第一次大戦は、ヨーロッパ文明の危機全般として経験された。そのためかつて敵味方に割り振られていた善悪の判断は、むしろ戦争一般を悪として分離する思考を準備したと言ってよい。にもかかわらず、結果として第二次大戦は招来されてしまった。この究極の挫折感は、なるほど深いものがある。しかしそこで問題となるのは、第二次大戦はむしろ、表面上はファシズム陣営とそれに対抗する「民主主義」陣営という二項対立として単純化される側面を含んでしまった、ということである。いずれにせよこの二回の大戦の経験によって、国民国家と戦争とのリンケージからの離脱、ないし脱落を表示する「戦争文学」の成立が刻されることになったわけである。

しかし東アジアの場合、世界大戦規模での経験は第二次大戦からであり、その時点で国民国家の体裁を整えていたのは、日本と中国のみであった(6)。ただし中国は事実上分裂しており、むしろ抗日戦争の過程において「民族国家」を遂行的に析出しようとしていたわけであり、さらに台湾や朝鮮半島はその最中において帝国日本の一部として巻き込まれたに過ぎなかった。つまり仮に世界大戦の時間構成という水準から見るならば、ヨーロッパのような「戦争文学」が成立する歴史的次元は、一九四五年までの東アジアの歴史には存在しなかった、という見方も成り立ってしまう。

東アジアにおいていわゆる「戦争文学」が成立するかどうかという問題はさておき、東アジアの戦争観の形成において決定的な構成要素であり、しかし容易に見過ごされがちなのが、一九四五年までの戦争の結果に対する裏切りとして始められた冷戦（熱戦）ではないだろうか。そして、その冷戦（熱戦）の最たる焦点として、紛れもなく朝鮮戦争があるということだ。朝鮮戦争は、朝鮮（韓国）の「独立」の挫折過程としての内戦であると同時に、米ソ東西陣営の角逐の最前線でもあり、そこにかつての日中戦争の当事者である中国（人民義勇軍として）と日本（後方の兵站基地として）が参加したことなど、およそ三つの次元が重なり合う多次元戦争であったと考えられる。

またそこに付け加えるとすれば、本稿で論じたように、朝鮮戦争は、台湾における社会主義者にとって全くの他人事ではない、自身の生命にかかわる大事件でもあったという事実である。東アジア内部における対話は、おそらく一九四五年までの戦争過程とともに、この冷戦（熱戦）を同時に論じるフレームワークを設定しない限り、それぞれが矛盾を孕む複雑な過程を処理することが不可能であると思われる。

その意味でも、中国にとっての冷戦がたとえアメリカ合衆国とソ連とを仮想敵国としていたとしても、実際の戦争は自身の領土の中で展開されなかったことは、冷戦の問題を考える上での大きな所与条件とならざるを得ないように思われる（朝鮮戦争もやはり領土外であった）。しかし中国にとっての冷戦とは、実感のレベルでは内部問題として処理されてきたものであった、と言えるだろう。興味深いのは、それとは裏腹に、東アジアの冷戦において中国こそが最も強く大きなアクターであった、という事実である。東アジアの冷戦におけるこの中国の存在のあり方——その内部的視点と外部的視点の落差が、おそらくポスト冷戦期を生きる私たちにとって、（前期）冷戦の問題を処理する際の盲点として考察されなければならないものであるように思われる。

結びに代えて——東アジアの心理地図を求めて

液体Aと液体Bの混合の場合に、もし液体Aが意識をもったとしたら、かれは自分が液体Bとまざりあうという観念には達しないだろう。かれがもし東洋なら、自分が失われることを感じるだけだろう。（竹内好「中国の近代と日本の近代」より[7]）

一九四五年までの東アジアにおける戦争（と植民地動員）と、その後の冷戦（熱戦）を考える上で、最終的な問いの対象となるのがおそらく日本のポジションであろう。一九四五年までの帝国日本から冷戦期における戦後日本への変化は、いずれにせよ他の東アジアの国家、諸地域とは絶対的に異なるコースであった。この変化には、当然のことアメリカによる「占領＝民主化」の過程の問題が孕まれざるを得ない。そこで要請されるのが、帝国日本が崩壊した一九四五年以降にあり得たもう一つの「民主化」のコースを想定し直し、同時に東アジアの心理地図を再び書き直すことであろう。

そこでの一つの仮設課題として、東アジアにおける「日本の影」を測定しなおす、というプロジェクトがあり得るように思われる。先に触れた大きなアクターとしての中国の位置とちょうど対偶のポジションにある「日本の影」——隠れた冷戦のアクターとしての「日本」に対する想像——の問題である。ここ数年筆者は、韓国、台湾、そして大陸中国との往還において、ある側面では肌感覚として、またある側面では実証の積み重ねによって、その「日本の影」について一定程度の了解を作りつつあるように思う。当たり前のことであるが、各地に散在する「日本の影」という問題は、事実としてそれぞれの地域におけるアイデンティティに深くかかわっている、と同時にそれはほとんど比較されたことがない、という事態がある。

例えば、先の北京におけるシンポジウムでも問題となった親日的な台湾と反日的な韓国・中国という構図がある。結論から言えば、この構図はまったく無意味である、と言わざるを得ない。とりあえずこのように言えるのではないか。例えば韓国の人々は日常的に、日本という国家を意識しないではいられない文化構造にある。一方今日の台湾であるが、対照的に日本という国家を意識する度合いは、（消費文化のジャンルを除いては）実は極めて低い。日常的に台湾人の対外意識にあるのは、アメリカ合衆国の動向と大陸中国の政治経済の行方である。既に日本とは、現実の意識構造としては大きな距離を持ってしまっている（日本政府が台湾海峡の「有事」に関心を持つなどと宣言しない限り）。この日本との距離が、植民地ノスタルジーを誘発する前提的土壌なのである。その意味でも韓国の日本との近さは、絶対にノスタルジーの形成を許さないものだ、と言えよう。

この距離はまた、植民地帝国期における支配構造にも連関する問題である。朝鮮半島においてかつての「創氏改名」は八〇パーセントを超えていたのに対して、台湾においての「改姓名」は許可制であったためもあり、二三パーセントあまりに過ぎなかった。この差異は、満州への支配権の安定化をも含む中国大陸への日本帝国のプレゼンスの強化において、より強く朝鮮半島を「皇民化」しなくてはならなかった、当時の地政的ポジションに関連するものと想定できる。さらに朝鮮半島の人々は、数多くの無産労働者の内地への流入に見られるように、強烈な勢いで日本の中心部へと吸引されていたわけである(8)。

こういった叙述は、東アジアの心理地図を書き直すための一例に過ぎないし、さらなる検証を必要とすることは言うまでもない。しかし一つ言えることは、このような眼に見え難い心理地図を何度も書き直すことを通じてしか、おそらく東アジア内部の対話は進まないということである。その際ポイントとなるのは、言うまでもなくあの「オバケ」であろう。ただその際に日本人としてやらなければならないことは、あの「オバケ」と寄り添いつつ小さな「オバケ」として生き延びた戦後日本の亡霊性を現在から過去へと遡及しつつ、また東アジアへとエリアを広げつつ、徹底的に解剖し、除霊してしまうことであろう。今私たちにとって必要なことは、日本人自身が自身を「裸の王様」だと指摘する問題提起の仕方を再び学び直すことである。

竹内好は、日本という国家の性格規定として、ヨーロッパのような主体性をもたず、東洋のように抵抗もしない日本は実に何者でもないものと評したことがある（つまり「オバケ」?）。竹内の日本に対するこの性格規定は、冷戦期も、さらにポスト冷戦期の今日においても、意義深い問いかけであり続けているように思えてならない。

参考文献

林書楊『従二・二八到五〇年代白色恐怖』時報文化出版（台北）、一九九二年。
蘇新『未帰的台共闘魂―蘇新自伝与文集―』時報文化出版（台北）、一九九三年。
蘇新『永遠的望郷 蘇新文集補遺』時報文化出版（台北）、一九九四年。
陳映真『陳映真自選集』三聯書店（北京）、二〇〇〇年。

注

（1）森達也編著『送還日記』リトルモア、二〇〇六年、八〇頁。
（2）林書揚（藍博洲編）『従二・二八到五〇年代白色恐怖（歴史与現場）』時報文化出版、一九九二年、三六―三七頁。
（3）陳映真「趙南棟」は、『季刊 前夜』（影書房）にて、第一期三号（二〇〇五年四月）から訳出を開始し、第一期八号（二〇〇六年七月）を持って完結することができた。改めて『季刊 前夜』編集部にお礼を申し上げたい。
（4）陳映真「趙南棟」『季刊 前夜』第一期八号、影書房、二〇〇六年七月、二三二―二三三頁。
（5）蘇新『未帰的台共闘魂』時報文化出版、一九九三年、九五頁。
（6）アメリカ合衆国の世界大戦への参加が第二次大戦からであり、そこでの勝者となったことは、ヨーロッパと合衆国との差異を決定づけているかもしれない。アメリカ合衆国は、第一次大戦の未経験から、国民国家による戦争をそれ自体として悪とする思考習慣を形成し得ていない、という見方も成り立つだろう。

(7) 竹内好「中国の近代と日本の近代」『日本とアジア』ちくま学芸文庫、一九九三年、一九頁。

(8) さらに、植民地化以前の土壌について言っても、朝鮮半島は既に日本商人によって入念にその地理・風土が踏査されていたのに対して、台湾はほとんど清朝からの割譲を受けた後において、初めてその実情が調査・研究され、そのためにこそ後藤新平時代(一八九八―一九〇六年)において「旧慣調査」がなされなければならなかった。当時から台湾は、日本において辺境の地であったのだ。また同時に言えるのは、台湾はいわゆる中国の天下概念から言っても辺境の地であったということだ。それは、台湾がずっと漢民族にとっての開拓の地であったことなどからも自明のことがらである。台湾はいわば、日本帝国の配置においても辺境であったし、中国の天下概念においても辺境であったということである。さらにいえば、今日の台湾は、その防衛機構においてアメリカ合衆国の「辺境」にある、との位置づけも可能であろう。

第三世界／中華世界の知識人

戴国煇が闘って来たこと

出会い

私が戴国煇（二〇〇一年没）と会ったのは、二〇〇〇年の夏、総統選挙の最中に台南に滞在していた時のことであった。その時私は、当時指導教官であった松永正義と台湾で調査活動をしていた。戴のかつての学生で、台南の成功大学歴史系で教鞭を執っている陳梅卿が催した晩餐の席——戴国煇とその友人たちとともに選挙結果をテレビで観ることになった。台南は民進党の支持基盤が厚い地域であり、陳水扁の当選が報道されると街では爆竹が鳴らされるなど、お祭り気分に湧いていた。テレビ放送を通じて、各候補の支持者の悲喜こもごもの反応を受け止めながら、その場にいた者同士、個々の候補の資質や台湾政治の今後にかかわる感想を取り交わしていた。その時、戴がおもむろに呟いた言葉が印象深く、私の脳裏に刻まれた。テレビを観ていた戴はこう言った。「大陸中国から台湾に逃れてやって来た国民党がついに台湾人の力で倒された。これは中国共産党も完全にはなし得なかったことだ。この結果を受け、では共産党政府は台湾とどのような対話をするのか？」と。私はその時、戴の発想のスケールの大きさに圧倒されたのだった。

この二〇〇〇年から〇一年にかけての時期、日台間では、興味深い文化現象が引き起こされていた。日本の漫画家・小林よしのりが描いた『台湾論』が台湾でも翻訳され、そこに描かれている台湾観をめぐって鋭い対立状況が生まれ、一時期は小林の入国禁止という措置もなされた。『台湾論』には、台湾のある企業家へのインタビューの中で、かつて従軍慰安婦にされた台湾女性が取りだされ、「慰安婦」は自らの志願であって強制ではなかった、といった歴史解釈も埋め込まれていた。また『台湾論』は、親日台湾を強調するとともに台湾内部のイデオロギー状況にかかわっては、はっきりと中国からの「台湾独立」を目指す流れに組みする内容であった。

細かい言葉のやりとりに踏み込んだところの情報は得られず、あくまで人伝《ひとづて》に聞いたことであるが、戴は病床にあって小林『台湾論』をめぐって引き起こされた台湾の文化状況に大きな憂いと憤怒を抱えていたそうである。

話の筋を総統選の日の戴の言葉に戻す。確かにそれ以降、大陸政府は国共内戦の枠組みだけでなく、台湾の「民意」そのものを相手にしたところで両岸政策を志向しなければならなくなった。同時に、日本と台湾における台湾研究、台湾観察の動向に関しても、大陸中国を含め、東アジア全体の局面において台湾のあり方を捉えなおさなければならない段階に入り始めた印象がある。現在の、そして過去の台湾と大陸中国との関係をどのように位置づけるべきか、様々な葛藤と躊躇が渦巻いているようである。そこで思うのは、今こそ戴のような懐の広い視野でアジアの過去、未来を検討する研究者、発言者の存在が本当に必要になっているということである。戴の業績は、台湾内部のいわゆる「統独」（大陸中国と統一するか、あるいは独立すべきか）など、狭いイデオロギーの枠組みによって分類されるべきものではなく、広くアジアの遺産として整理されるべきもの、さらには、アジア型の知識人の思想として取り扱われるべきものだと思われる。

アジア型知識人

ここで、アジアの遺産、あるいはアジア型の知識人と言った場合の「アジア」は、地理的区分としてのそれではない。私が想定するのは、近代以前からの多様でかつ共通した文化基盤を有し、しかし近代以降において複雑な反応や葛藤をともなう展開過程を有した、インデックスとしての「アジア」という意味である。さらに、そのような「アジア」とは、どこかでアフリカやラテンアメリカなどの歴史経験とも触れ合っているのではなかろうか、とも思われる。

戴の経歴を紐解いてみる。日本への留学から始まった戴の学問の業績が農業経済学であることは、特筆に値する。それは台湾において初代の民選総統となった李登輝の学歴とも共通するものである。考えてみれば、ギニアのアミルカル・カブラルやスーダンのジョン・ガランなどに代表されるように、第三世界の指導者において、農業経済学を修めた者は多い。第三世界的な社会土壌から出発した独立国家（あるいは独立を目指した民族）においては、国づくりの基礎を農業経済学に求め、そこに自身の国や故郷の社会改良の道筋を見出そうとする傾向があった。その意味合いからも、戴が一般的な学者である以上に行動者的な相貌を持っていたことが理解される。晩年の戴の、台湾の政治を動かし得る場所に飛び込もうとした国士的行動も、そういった文脈にあるだろう。戴の博士論文は戦前台湾の農業経済であったが、戴の問題意識は、純学問的な動機からだけでは説明のできないものであり、また当初から台湾だけに限定されるものではなかった。農業経済学というツールを通じたところでの、アジア的あるいは中国的な社会の仕組みの探求が最大の動機であった、と言えるかもしれない。

そこで、学術評論として書かれた二つの論文の重要性が浮かび上がってくる。一つは、「中国〝社会史論戦〟紹介にみられる若干の問題——紹介と研究の間」（『アジア経済』一三巻一号、一九七二年）であり、もう一つは、「中国〝社会史論戦〟と『読書雑誌』の周辺」（『アジア経済』一三巻一二号、一九七二年）である。両論文のテーマの対象となる一九二〇年代後半から三〇年代にかけて行われた「社会史論戦」は、中国社会の改造にかかわる実践的論争であり、論文のテーマはそれへの再評価と整理であった。ここで考えておくべきこととして、「社会史論戦」は中国革命の文脈を色濃く反映した論戦だったことから、それはまず台湾では研究が不可能なものであり、また当時、当然のことながら直接的に大陸中国に赴くこともできず、必然的に日本においてでしかなし得なかった仕事であった、ということがある。

論文の具体的な対象である『読書雑誌』は、大陸中国における国民革命（北伐）とその最中の大きな挫折としての一九二七年の蔣介石による上海クーデタ及び武漢国民政府の崩壊後の史脈において、中国社会の性格を実践的に解明しようとする、特に左派の側から生じた論争を反映した雑誌であった。だから当然のこと論争は、当時の国際的な文脈として、コミンテルンの教義、あるいは「トロツキスト」と見做されたグループの中国社会観（通称「アジア的生産様式」と呼ばれていたもの）なども絡んだところで展開されたものであった。興味深いことに、戦前の日本においても、ちょうどその直後に「日本資本主義論争」と呼ばれる論戦が主に左派の陣営内部において展開された。というのも、この「日本資本主義論争」そのものが、大陸中国での国民革命の進展に刺激を受けたところで生じたものであったからだ。そのころのアジアの知性は、質の高低はさておき、アジアの変革の動きと深く結びついたものであったのだ。自身の国と隣接する地域において、深く広い革命過程が進行しているならば、類似する議論が活性化しないはずはなかった。この「日本資本主義論争」は、明治維新からの日本社会の特色を整理し、再定義し、その上で日本社会の変革の展望を目指すためのものであった。つまりこの時期、社会を規定し直す作業と社会改革を推進せんとする志向が一体のものとして出ていたわけだが、それはまさに（日本による大陸「進出」という契機も絡んで）国境によって閉じられたものではなかった。戴には、台湾で生を受けながら心の祖国である大陸中国の社会改革にかかわる知識と実践のあり様への強烈な関心が存在していたのだ。さらに先述したように、このような論争が研究可能な資料として遺されていたのが、戴が赴いた「戦後の日本」であったのだ。

ここにおいて、戴がこの二つの論文を書く行為が、一体誰を対象にしてなされたものであるのかも肝要なモメントとなる。二つの論文は日本語で書かれたものであることから、まず日本の研究者が第一の読者ということになる。二つの論文の制作意図をより具体化に説明すると、かつての中国「社会史論戦」にかかわってなされた日本側研究者による評価への反論及び修正にあった、と読み取れる。隣り合った地域であればこその連動性がありながら、その評価には様々なバイアスが存在していた。

論戦にかかわる整理や批判の内容は割愛し、戴がどのような志向性において二つの論文を書いたかが明瞭となる部分を読んでみよう。

われわれの意識の中は往々にして後進国の政治家や研究者の言論や、政治主張が寄木細工に過ぎないと一笑に附したくなる習性がある。われわれにとって、かれらの言論や主張がたとえ寄木細工であって一笑に附したくなるようなものであっても、その言論がかれらの実社会で現実的な役割をはたしているものなら、われわれはわれわれの学問的趣味でわれわれの尺度でそれを云々するよりか、それらの言論や政治主張がいかなる役割を現地においてはたしているかを究めることがわれわれの研究課題となるのではないか。(「中国〝社会史論戦〟紹介にみられる若干の問題——紹介と研究の間」『アジア経済』一三巻一号、一九七二年)

私は、戴のこのような問題意識の立て方に、私が先述したところのアジア型知識人のイメージを見る。しかしこれは、私が言いたいことを逆から言っていることになるかもしれない。アジア型知識人というカテゴリーがはじめからあるわけではない。アジア型知識人とは、ある種のアイロニーを湛えた傾向をいう。それはつまり、こういうことである。「彼らを一笑に附してはならない」という姿勢を採るのが戴であるのだが、中国人論者による「社会史論戦」を「一笑に附していた」のは、文中において「われわれ」と示された主体である。その意味で、この「われわれ」

はそもそも分裂した主体性を表示する。「われわれ」は、「一笑に附してはならない」と批判する／される対象であるが、この時「われわれ」を批判するものとして、直接そのくだんの中国人知識人たちが特定されているわけではない。明確な外延と内包をもたないものの、この「われわれ」を批評する主体として「アジア的知性なるもの」が仮構されている、という具合に私は読みとるのである。

台湾知識人の自己克服

アジア型の知識人とその分裂というテーマは、かつて孫文などによって定式化された「近代主義」という概念設定から、それを批判する「反近代」思想の潮流によって代表されるものと見做せるかもしれない。「近代主義」とは、西洋列強によって植民地化され、また前近代的な社会土壌を多く含む非欧米諸国・諸地域において、社会改革の処方として西洋近代の様々な思想パターンが上から導入されつつも、社会改革自体は一向に進展せず、むしろ逆効果が露わになる――といった悪循環を示す社会現象、思想環境を示すものだった。この「近代主義」の矛盾は、最も鋭く、知識人と民衆との隔絶において顕現するものであった。日本においては、このような思想的水脈としては、たとえば竹内好がいた。彼は、戦後改革が進展しつつある時期、その戦後改革の停滞への憂慮を湛えつつ、知識人のあり方への批判を「近代主義」批判として展開した一人であった。竹内は以下のように述べていた。

民衆と隔絶している日本のインテリは、それ自体が畸形化されたものになる。この畸形化は、個人としても、全体としても、統一の欠如としてあらわれる。インテリはインテリとしてみても分裂している。個人における分裂は、かれの知的労働が、現実とのかかわりなしに、生活と無関係に進行するということだ。だから思想がそだたない。実地の検証を経ない、借り物の外来思想を、流行に応じて身にまとうのが日本のインテリだ。二階にはプラトンからハイデガーまでが紐に吊り下げてあっても、主人は階下で神棚に燈明をあげているかもしれない。理論と実行が相互に無媒介な人間は、人格が分裂しているといわねばならない。……

インテリの自己分裂という現象は、日本文化の自己分裂という別の表現におきかえてもいい。インテリは文化の担当者である。少なくとも、文化の高度の集中点である。文化に国民的統一がないことと、インテリが民衆から隔絶されていることは、別の現象ではない。そして、日本文化の分裂については、すでに多くの外国の観察者が指摘しているし、また国内でも、いろいろの分野で気がつかれ出している。（竹内好「インテリ論――安藤昌益の伝統について」『展望』一九五一年一月号）

思うに、このような五〇年代的とも言えるテーマ設定は、現在においては、かなり等閑視されているとは言えよう。それは、その後の大衆社会、情報化社会の成立により、知識人それ自体の値打ちが下がったからであろう。ただここで、少なくとも言えることは、このような問題は、戦後日本において積極的能動的に克服・解除されたわけではない、ということである。だから後々、様々に形を変えて出現しているとも考えられよう。

いずれにせよ、このような問題設定——知識人と民衆との隔絶、あるいは知識人そのものの分裂——は、特に非欧米諸国・地域において普遍的に散見されることであり、それはさらに植民地化された地域や民族において、最も鋭く現れるものであると言えよう。戴が書いてきたものは、いずれもが台湾、中国、アジアにかかわる歴史論述であるが、そこに通底する問題意識として、知識人の責任意識が色濃く滲み出ていることが指摘できよう。見方によっては、戴の仕事に関して、知識人の倫理、特に旧植民地を出自にする知識人特有の「責任」が一貫して語られている、という読み方は可能である。

一見したところ、地域的にはアジアと関係がなく、またいわゆるアカデミックな知識人とも無関係なものを対象とした評論「モハメッド・アリの「火種」」(『展望』一九三号、一九七五年一月)にもそれは滲み出ている。まず戴は、モハメッド・アリのパフォーマンスを知識人的な主題として論じる。アリのリング内外におけるパフォーマンス——ベトナム戦争への徴兵を拒否する行動も含め、それらの行動や言動に対して、「チョウのように巧みに舞い、ハチのように破たんなく刺すことは知性に属する」と戴は評価する。さらに、このアリのリング内外における戦法は、「アメリカ文明」やワスプ体制を逆なでするものとして、ベトコンのゲリラ戦を隠喩するものだとも言うのである。

このような戴の評論は、ベトナム戦争を背景にしたところでの時代特有の表現ではあれ、結果として、奴隷貿易によってアメリカに連れて来られた植民地主義の最たる存在の行動様式に「知性」を読み込む試みとなった。その眼差しにはまさに、時代や地域、人種も越えたある志向性が宿っている。つまりそこで書かれたのは、先の竹内好が述べたような意味での、「近代主義」を乗り越える知性の型ともいうべきものである。周知の如く、モハメッド・アリはボクサーとして成長する過程において、自らのルーツへの志向と信仰（ブラック・モスレム）の深化を期し、自らの名をカシアス・クレイからそれへと選び直した人物である。また、ショーマンシップの発露ではあれ、ある特別な試合に関して、意図的にその場所をアフリカ・キンシャサに設定もした。このパフォーマティブな振る舞いとは、黒人奴隷の子孫たる自身の生を克服するプロセスとして、「反近代主義」のエトスを体現する知性以外のものではない、と戴は観察したのであろう。

このような見方に立ったところで、初期の評論「日本統治と台湾知識人——某助教授の死と再出発の苦しみ」（『暖流』第五号、一九六四年）と「植民地体制と知識人」（呉濁流『アジアの孤児』新人物往来社、一九七三年五月、解説）を読んでみたい。そこに書かれているのは、まさに植民地主義によって分断され、分裂してしまった台湾の人々——中でも特に民衆に対して責任を負うべき台湾知識人の自己克服の歩みが記されたもの、と読み取れる。特に前者「日本統治と台湾知識人」は、戴より少し年上の世代で、台湾における皇民化期の文化的プレッシャーを全面的に受けた世代に対する複雑な感情が込められた語りとなっている。

ここで戴のプロフィールの側面からも興味を持つのは、戴の青春期がまさに台湾の光復（中国への復帰）後の一〇年間（一四歳〜二四歳）に相当することである。上記の後者の論文「植民地体制と知識人」にも窺われるように、この期間、戴は学園生活のみならず、兵役の経験も有している。このことも戴の志向性を大きく決定した。台南など外省人への嫌悪感が強い地域で育っていなかったことも一つのモメントとして挙げられるが、それ以上に兵役の経験が、大陸から来たばかりの同世代の外省人への理解に繋がっている。この論文では実に丁寧に、同世代の外省人の歴史の深淵と記憶の痛みが紹介されている。光復直後のこの経験、そして出会いが、家系のルーツが大陸中国にあること以上に、戴本人と近現代中国史との距離を縮めさせるように作用し、またその言葉の本義を象徴するように「光復」が戴の知性と身に体現されることになった、と見做せよう。台湾にとっての「光復」とは、（実態ではなく）概念としては、植民地主義からの決別と、祖国への参入を同時に表現するものであった。曰く、「われわれの緊急の課題はほかでもない、われわれにとって日本とは、日本の植民地統治とは何であったかを考えぬき、植民地体制の残した祖国と日本に対する根強い被害者意識を克服揚棄して己れの主体性を確立し、遅まきながら中国史の書換えに参与する準備をととのえることにあろう」。以上のようにして、戴が基本とするフレームワーク——日本（植民地）と大陸中国（祖国）、そして台湾との関係性が定位されたのだ。

文化中国という原基

前述したように、戴の問題意識の所在は常に、容易には入り得ない大陸中国の動向と潜在的には繋がっていたと想定できる。ただその志向性の中身は、当時の国民党政権からする大陸中国との対峙を前提とした「冷戦」の論理とは違ったものであり、また大陸中国側のイデオロギーに単純に賛意を寄せるような論理とも違ったものであった。先述したように、そのような戴の独特の大陸中国への接し方、あるいはそのイメージ化の方向性も、両者からの距離を置いた日本においてこそ成立したもの、とも想定できよう。

戴が日本に留まっているからこそ可能となった研究活動の深化は、周知の通り、決して少なくない人間を巻き込んだ台湾研究というジャンルの確立という成果も生じつつ、さらに別の方向としては華僑及び華人研究としても実を結んだ。戴によって発案された「落葉帰根」、あるいは「落地生根」といった概念は、やはり大陸中国との関係を物語る概念でありつつ、またどこかで戴の人生そのものを象徴するようにも読み取れる。つまり、戴自身が「中国人として生きること」と「他の土地で生きること」の緊張関係を維持していたことに繋がる世界感覚でもあった、と類推できる。

しかして、このような戴の研究の動向は、再三述べたように、日本に留まっていたことと繋がっていた反面、「ある民族として他の土地で生きること」にかかわる理解に関して、民族としての「日本」そのものは大きな働きを持たなかったようである。戴が紹介するように、たとえば公民権運動の大きな流れの中、七〇年代米国では、黒人作家アレックス・ヘイリーの『ルーツ』が大きな話題を呼んだが、その翻訳本も、テレビ番組（吹き替え）も日本で作られ、享受されていたのである。にもかかわらず、戴の感覚では、『ルーツ』は日本人の思考に大きな影響を与えず、素通りに近いものとして通りすぎた。戴の言う通り、『ルーツ』のような黒人奴隷の伝記物から類推されるのは、日本の場合には、日本華僑（在日台湾人）、あるいは在日韓国・朝鮮人の存在であるのだが、そのような関心の結びつき方は概ね日本では生じなかった。

さてここから、戴自身の自己ヒストリーにかかわる話題に繋げてみたい。戴自身は、意図的に自叙伝を遺さなかったが、半ば研究的角度から書いた自身にかかわるヒストリー――特に客家であることのアイデンティティの由来を叙した「中国人にとっての中原と辺境」（一九八三年一二月）が遺されたことは幸いであった。この自叙伝的成分の強い論文が興味深いのは、「中国人であること」の論理構造が親子のコミュニケーションを手掛かりにして鮮やかに示されているからである。

漢籍の教養をベースにした父の客家語による訓話は、十分に理解はできなかった。幼いことと、日本人教師による皇民化教育と洗脳の結果、知らず知らずのうちに、父の話を「迷信」と単純に見立て、心理的な反発、それ以上に抵抗感をもちはじめていたことを告白しておこう。なお植民地台湾における日本語教育が、私ら若き世代の言語生活に、異民族語たる日本語を押しつけているとき、日常生活での会話においてわれわれ兄弟は客家語の語彙でことは一応足りた。だが歴史など少しでもこみいった説話になると、私たち同世代がもちあわせる母語での語彙は貧しく、対応に困難がみられたのは、いわば当然のことだった。

父は諦めなかった。自分の子供、日本の「近代」によってかすめとられつつある彼らを自分のそして祖先の手もとに奪い返すべく奮闘努力する。

父と子の対話で父は、ことば、発声をともなう言語プラス、体ごとで表現するいわば「生理的言語」の総体に置いて試みた。

線香の焚き方、拝み方、暮らしの伝承を共有し、共通した認識と了解が徐々に醸成してゆくその雰囲気が、不足がちな言語によるコミュニケーションを補ってくれていると今では理解している。

生意気盛りの私は「父さん、黄帝は実在の人物ではないですよ。実在しない人物がなぜ漢民族の、そしてわれわれ戴家の大本《おおもと》の祖先になるの」と聞き返した。

「君のいうように、黄帝は実在の人物ではないかもしれない。しかしわれわれの父祖たちは黄帝の実在を信じ、そのように伝承してきた。そのように信じることが子孫の義務だ。親への孝行はここからはじまる」と命令口調になってきた。（「中国人にとっての中原と辺境」、橋本萬太郎編『民族の世界史5　漢民族と中国社会』山川出版社、一九八三年）

ここでキーワードとなるのは、父親が語ったとされる言葉の中にある「そのように信じること」であるように思われる。これは、父から子へ民族アイデンティティを伝えんとする「祈り」の言葉であるのだが、この「祈り」には三つのコミュニケーションの位相が絡み合っているように思われる。一つは、言わずもがなのことで、日本による植民地化（皇民化）による断絶を乗り越えんとするコミュニケーションの位相である。さらにそこに重ね合わせられるのは、いわゆる近代的思考とそれ以前の前近代的な思考との間の断絶を繋ごうとするコミュニケーションの位相である。そして最後にもう一つ指摘できるのが、中華世界における中心と周辺との間の距離を縮めようとするコミュニケーションの位相である。

特にこの三つめのモメントに関しては、国民国家形成が基本的に終了していると観念され、また自分達が生きている範囲がほぼ地理的に確定されたものと観念されている日本人にとっては理解の難しいものであろう。というのは、中国人というカテゴリーと同伴するように、華僑、華人、客家人などが並列されている――この構造自体が現在の日本人の思考において、類推できる材料が極めて少ないと言わざるを得ないからだ。翻って、そのような日本人のあり方とは対照的に、現在においても、中華世界の広がりのあり方として、「そのように信じること」は基底にあり続けている、と言わざるを得ない。ただし、特に中心として想定される大陸中国において漢民族と自認できる人間にとっては、「そのように信じること」は強いて意識されないことかもしれない。「そのように信じること」は、やはり中華世界の周辺部において、また中華民族においてもマイノリティであると感じられている（台湾）客家人にとってことさら強いわけで、その意味でも彼らにおいて中国人意識の強さがむしろ全面に出ることもある――という構造になるのではないか。ただしいずれにせよ、「そのように信じること」は、前近代的伝統にのみ局面化される問題ではない。さらに言えば、他の民族からしても全く理解困難なものでもないし、現在の世界構造において、むしろ力強く生き延びているとも言えるのではないか。

いみじくもウェーバーが述べたように、近代社会の成立によって世界から「魔術的なもの」が一掃されるかのように見えてそうならないのは、たとえば「九・一一」事件の衝撃によって改めて知らされるところとなった。もちろんのこと、私は戴の境遇とそれらイスラームの人々の怒りの構図を無媒介に繋げたいわけではない。ただ「そのように信じること」のエネルギーは今でも同時代史的にも根深いものとして世界史の中で機能しているのであり、その波動の長さと深さは侮れない。このことを改めて言い直せば、戴の中国観（中華観）は、目の前の実在する政権としての政治中国（政治台湾）に限定されないもの、それは長期的波動をもった文化中国とも呼べるもの、ということである。だがしかし、この文化中国とは語義矛盾であるかもしれない。というのは、そもそも中国は文化概念以外のものではない、とも言えるからだ。別の言い方をすれば、文化中国は、無限に政治中国を生み出す原基にほかならない。この生み出す過程の中にいるのが、まさに中国的（中華的）知識人なのであり、戴はその相貌をくっきりと浮かび上がらせる代表的人物であった。

以上述べたような意味合いから私が感得したのは、こういうことである。戴が遺した思想は「中国人（より広く華人）であること」という民族的なモメントを起点にしながら、しかしその基底にある「そのように信じること」は人類において普遍的な言語行為としてある、ということ。私が述べたこと自体はすでに言い旧されたものであるかもしれない。だがいずれにせよ、戴国煇の遺した仕事を通覧し、また何かを書き記す機会を与えられた幸運については、いくら感謝しても感謝し足りないものである。

台湾「反サービス貿易協定」運動の可能性と限界

代表制の危機、あるいは阿Qの連帯

はじめに

二〇一四年三月一八日の学生たちによる立法院占拠から始まった一連の事件は、台湾社会を大きな議論の渦の中に投げ込んだ。ある南部の親が息子にひまわりを送り届けたことから、この運動は「ひまわり学運」と呼ばれることになったようである。事の始まりは、大陸中国との間で二〇一〇年に、「両岸経済協力枠組み協議（ＥＣＦＡ）」に後続する「サービス貿易協定」（金融、保険、医療など中国側が八〇項目、台湾側が六四項目を新たに開放）が既に相互の政府窓口で結ばれていたが、占拠の前日三月一七日、発効にかかわる立法院審議を一方的かつ拙速に国民党側が推し進めたことにあった。政権側の中華経済研究院は、第三次産業が既に主要産業となっている台湾では一万人以上の雇用が創出されると予測し、主要経済六団体も早期承認を求める声明を出していた。一方、野党民進党は、この協定は台湾の中小企業を犠牲にするものではないかと主張したが、実際には協定の項目一つ一つにかかわる審議を要求していたのであって、協定そのものには反対ではなかった。民進党は学生たちの今回の行動に賛意を示しつつも、一方ではＴＰＰ（環太平洋経済パートナーシップ協定）には基本的に賛成の態度を示していた。

本稿は、この協定の中身には詳しくは触れず、「ひまわり学運」を中心とする「反サービス貿易協定」運動が孕んだ複雑なコンテクストとその意味を、台湾のみならず、東アジア全体の視座で扱うことにする。協定の中身が大陸と台湾との間で今後どういった影響を及ぼすかは、実際に運用する裁量に任されるような曖昧な内容だからだ。ちなみに、台湾の識者による推量として、政権のある部分はこの運動を利用していたのではないか、との指摘もある。王金平立法院長が斡旋案「協定監督制度」の立法を運動側に提示し、概ね受け入れられたことからも、政権側の一部も大陸側に対する台湾側の自律性の確保から学生の立法院占拠をむしろ容認していたとの見方もある。ある意味、立法院は空っぽの空間であり、政権に打撃は少ない場所である。一方で行政院占拠に向かった三月二三日の行動は、百名余りの負傷者を出すなど、国家暴力は完全防衛の体制を敷いた。協定発効のための実務にかかわる蓄積、つまり文書の保管場所は行政院だったからだ。ところで、この原稿は四月一〇日、立法院を占拠した中心的グループが撤退した直後に書かれたものであり、その時間的制約を負っていることを申し添えておく。

代表制の危機と世代対立

そこでまずこの運動――立法院の外側に展開した座り込み、コンサート、ティーチ・インなども含む――の大まかな性格を規定するならば、台湾における「代表制の危機」（マルクス『ルイ・ボナパルト ブリュメール十八日』）に発している、ということになろう。運動内部において広範に、簡単に言えば次の選挙まで待てない、という感覚が存在していた。

しかしここでいう代表制の危機という問題設定は、やや長期中期的な意味合いもある。二〇〇〇年の総統選挙において初めて民進党の総統候補陳水扁が当選し、二期目もかろうじて陳水扁が当選したのだが、その二期目の総統選挙の最中に発生した銃撃事件は、自作自演の噂を究極的には払拭できず、さらにその後家族グループぐるみの不正蓄財を問われ、周知の通り陳水扁元総統は服役する身の上となった。次いで、二〇〇八年にはこの余波を受け、国民党側の馬英九候補が総統選に勝利し、馬政権の執政がこれまで五年続いているのが現段階である。台湾における八〇年代以来の民主化運動は、選挙運動によって国民党政権を覆すことと同義と見做されていた。しかし、適正なる選挙によって再び国民党政権が誕生してしまったのである。ちなみに今回は野党になっている民進党は、学生支援の姿勢を見せ、立法院の議場の外で演説をしていたが、「次の選挙ではよろしくお願いします」といった瞬間には若者たちから大きなブーイングも受けたそうである。

次に経済分析を加えてみよう。この間、経済状況からして、台湾社会は二〇〇〇年代までの経済成長が望めない社会体質となっていた。今日、台湾における最も喫緊の問題は、特に大学卒業者の就職／失業問題である。これは、輸出加工型産業を七〇年代～八〇年代まで発展させて来た台湾経済の成長サイクルが大きな転期を迎えたからだが、その要因は主に国内賃金の高騰と社会資本の縮小から来る一般的な「利潤率低下」の法則による。台湾の経済成長の持続がどうにか二〇〇〇年代前半まで延長できていたのは、周知の通り、大陸中国の安価な労働力を利用し、莫大な市場に向けてモノを売ったからである。九二年の鄧小平の南巡講話以降、大陸中国は己の労働力と土地と市場を（台湾も含む）先行工業国に譲り渡して来た。つまり、この流れが一方向的なものではなくなったのだ。大陸中国と台湾との間にあって、資本と人材と情報の流れは、大陸中国の経済成長とともに生まれた新たな経済ステージにより、もう一段高い資本＝労働力＝市場の結合を求めるようになっていた。

以上、こういった観点から、三月一八日に立法院を占拠した「ひまわり学運」の存在論的な性格を分析してみよう。議場占拠の学生たちによる宣言文「ブラックボックスのサービス貿易協定に反対する行動宣言」（三月一八日）の冒頭には、「我々は十年後も台湾青年が22K（二万二千台湾元、ほぼ最低月収の意味）の生活で我慢しなければならないとは考えたくない。台湾は、コーヒーショップ、個人企業など、青年たちのベンチャードリームを実現し、一生懸命頑張れば「社長」になることができるベンチャー天国と信じたい」とある。この行動宣言の言葉の仕組み（十年後、コーヒーショップ、ベンチャードリーム、社長など）は、明確にマルクス主義の古典的用語における、経済動向に敏感に浮動するプチブル急進主義者のものである。そして、彼らを政治的に代表してくれる宛先が、年上の世代の代表組織たる国民党にも、民進党にも見つからないという事態。これは、またマルクスが描いたように、政治経済的混乱において、代表するものとされるものとの間に恣意性が発生する代表制の危機の状況であり、この時、言説が成立して初めてその代表「性」

が露わになったということである。年上の世代は、大枠として台湾ナショナリズムの傾向が指摘されながら、紛れもなく大陸中国との貿易関係において、ほぼ二〇年の間、経済的な利益を蒙って来た世代である。九〇年代から二〇一〇年代までの台湾人アイデンティティを最もうまく表す表現は、「頭では独立志向、下半身は大陸に入り込む」であった。総じて「ひまわり学運」は、一つの局面として世代対立の様相を持つことになった。しかしそれはまた、台湾特有のイデオロギーたる反共・反中国言説にも巻き込まれる。以下に紹介する分析は、東海大学の左派の代表的論客・趙剛によるものである（「思想的貧困：評龍應台評太陽花」四月八日 http://www.coolloud.org.tw/node/78104）。

趙の分析はまず、台湾を代表する大文化官僚で作家でもある龍応台（日本では『台湾海峡一九四九』〈白水社〉で有名）が『自由時報』（四月三日）上で、学生たちに対して「思想が薄弱で、……矛盾だらけで一貫性がない」とオトナの立場で批判したあり様に注意を促した。一見して世代闘争として受け取られる言動である。だが次に趙が注目したのは、この龍の発言が学運を支持する独立派系統の人々により、さらに強く非難された事態である。同じ『自由時報』に載ったものであるが、ハンドルネーム「熱血時報」という人物による龍への批判「通匪命人神経失常（共産・中国のゴロツキに通じる行為によって神経が失調させられる）」に趙の目が注がれた。龍は周知の通り、ずっと台湾民主を擁護し、大陸中国の独裁を批判していた反共闘士であった。にもかかわらず、「熱血時報」は、学生たちを庇うために、またしてもお馴染みの反共言説をむしろ龍に投げかけたことになる。ちなみにここで使用された「匪」という文字は、匪賊や強盗の意味を持つ蔑み言葉である。連想されるのは、魯迅の「阿Q」である。

もう一つ取り挙げたいのは、日本で出版された『台湾68年世代　戒厳令下の青春』（作品社）の著者で、戦後台湾で初めて起きた学生による反政府運動、「保釣運動（釣魚台を守れ運動）」の当事者であった鄭鴻生の文章「哀楊逵精神的失落（楊逵先生の精神が失われていることへの哀悼）」（四月八日 http://whoisgriot.blogspot.jp/2014/04/blog-post_8.html）である。戦前の文学者にして、農民運動の活動家のリーダー、戦後には大陸の左派との統一戦線を目指すものの弾圧の憂き日に遭った楊逵を偲びつつ、大陸中国は批判するが米国覇権への批判にはほとんど関心を示さない「ひまわり学運」に疑問を投げかけている。ハード反共国家としての四〇～五〇年の月日を消費した台湾において、もっとも情緒的に人を動員して来た言葉の枠組みは、やはり反共言説であり、それと連続する中国脅威論であった。明らかに鄭鴻生のような保釣運動の世代、あるいは趙剛のようなインテリ左派は、この文脈に対する危機意識を抱いている。彼らは、台湾に植え付けられた植民地モダニティと冷戦イデオロギーの呪縛により学生運動全体の思想的貧困が克服できていない、と指摘するのである。

以上の意味からも、「ひまわり学運」の学生たちが、台湾において自然化されていた従来の言説——反共反中国意識を克服できるかどうかは、この運動が今後新しい意義を加えるかどうかの「鍵」となろう。先ほどの三月一八日の行動宣言の続きには、こうある。曰く「将来、台湾の中小零細企業は、資本が豊富で上から下まで一体化している中国企業の台湾上陸に直面することになるだろう。サラリーマンか農民か労働者か商人かによらず、その生存は脅威にさらされるだろう。また個人の生活だけでなく、ポータルサイトやウェブホスティング、印刷や出版の経路など、我々の言論の自由にとっても深刻な脅威となる」と、危機意識の内容が列挙されている。だがその一方、明らかに年上世代において根強い感覚たる「中国の要素」から発する統独論争から距離を置こうとする姿勢も見受けられる。それは次の個所で、「サービス貿易協定への反対は、「中国なら何でも反対」ということではない。……サービス貿易協定の本質は、WTO、FTA、TPPなどと同じものである。この国家間の協議とは、いずれにせよ国家が人民に対する保護を放棄することにある。サービス貿易協定とは、中国と台湾が統一するか独立するか、統一派か独立派かという問題ではなく、少数の大資本家が多くの農民と労働者と小商工業者を飲み込んでしまう階級問題であ」る、と。ここには明らかに、二〇〇八年の世界同時恐慌の波を受け活発化した反グローバリズム運動の基本コンセプトたる「階級」意識が根付いている。この方向には、世界性と可能性があると言えよう。

いずれにせよ、先から引用している行動宣言は、「ひまわり学運」の性格を正確に分析するための徴候的解読の対象となる言説である。行動宣言の最後は、「青年友人皆さん。そういった大企業グループや少数の為政者たちによって構成された両岸を跨いだ政＝財集団は、いつでも台湾を投げ捨て、安い労働力を求めて世界中を駆け巡る。彼らは吸血鬼と同じで、ある国の青年の血と汗を吸い尽くすと、次には他の国の若い肉体を求めはじめる。台湾の青年の皆さん。台湾は私たちが生活する土地であり、生活を維持する場所である。この不正義の経済貿易協定を阻止し、制度を踏みにじり強権復活を狙う政党を阻止するため、どうか我々とともに立ち上がらんことを。どうか我々と一緒に我々の台湾を守っていただきたい！」とある。簡単に言えば、この濃厚な情緒的傾向は、被害者意識の典型を免れていないように見える。

ただ、ここで指摘しなければならないのは、立法院などの周辺を取り巻いた膨大な座り込みの渦の中には、反原発運動の市民、反グローバリズムを掲げる労働者や農民なども含む実に雑多な集団と個人がいた、という事実である。議場を占拠したグループだけでは、この運動すべてを代表しきれない。ここ数年において、台湾で最もラディカルな運動は、三つあった。一つは反原発運動で、今回行政院の占拠を目指して失敗した若者たちも反原発運動のグループであった。台湾の反原発運動の対象は建設中の第四原子力発電所であるが、これは日本から輸出されたもので、日立、東芝、三菱重工などの日本製である。それへの「反対」が起点となり、最近では三月一一日にちなんで台北などで十万人以上（時には二十万人）のデモが行われた。もう一つの運動は、都市の再開発による土地の囲い込みへの反対運動で、さらにもう一つは台湾の工場を引き払い、大陸中国へと移転してしまった資本家とそれを黙認した政府に対する異議申し立て運動である。土地の囲い込み運動は、台湾支配層の同意のもとに、以前から既に非人格化し非国家化した経済グローバリズムの波が台湾の土地空間を飲み込んでいた事態を指し示している。そしてもう一つ、工場移転への異議申し立て運動が語っているのは、ある意味では、台湾の資本家が自らの意志において工場を大陸中国に移転させている、という事態である。ここからは、膨大な大陸中国人労働者を働かせて搾取し、莫大な富が大陸にプールされている——そのようなもう一つの現実が浮かび上がって来る。先の行動宣言は、外から穢されてはならない美しい場所としての台湾を表象せんとしているが、徴候的読解から明らかになるのは、大陸中国の労働者の存在であり、台湾の空洞化の事実である。二千三百万人の人口を有する台湾において、常時二百万人の台商(台湾資本家)が大陸中国で経済活動を展開している。

ここで是非取り上げたいのは、先に述べた立法院の外側で活動していた労働者グループ「全国関廠工人連線(工場移転への異議申し立て全国労働者グループ)」の宣言文である。一部においてだが、彼らの宣言は密かな共感を得ている。彼らは、「ひまわり学運」が大陸中国の要素を粗雑に扱う危険性を察知し、以下のように述べる。曰く「どのようにして、「中国の要素」を民族差別的に扱わないやり方を見出せるのか? 我々は国家内部の差異に目を向けなければならない。たとえば習近平は依然として「共匪」のように見えるが、習と同じようなものとして(台湾資本の会社の)富士康で働く大陸の娘たちを見做してよいのか? 我々は「両岸経済協力枠組み協議(ECFA)」でボロ儲けした台湾人の郭台銘が、過酷な管理によって中国人を飛び降り自殺させた「台湾の要素」を見ないわけにはいかない。学生を褒め称えんとする大学教授が広場で声を荒げ、中国からの投資と人の流れが台湾を犯すと主張している時に、彼は三三万もの大陸の下層労働者が既に台湾で働いている事実を少しも考えていないのではないか? 戦慄を覚えるのは、三三万人の新たな移民とその家族が何も声を発しないことである。すべての運動の参加者はこのことに気づくべきである。もし「反中」言説がその他の言説を抑圧しているのなら、それは今回の審議のブラックボックスと同様にして民主の危機である」（三月二七日）。こういった自覚は大きな可能性を垣間見させる。自分たちの民主を志向し想像する対象（分母）を大陸にいる人々にまで延ばそうとする意図を含んでいるからだ。

結びに代えて——阿Qの連帯、あるいは「示衆」（見せしめ）

日本でも公開されたジャ・ジャンクー（賈章柯）の新作『罪の手ざわり』（原題：天注定〈天の定め〉）は、四つのエピソードから成るオムニバス映画で、近年実際に起こった中国内部における暴力事件（自殺も含む）を素材にしている。そのエピソードには、台湾の濃厚な影がある。四つ目のエピソードの若者が働くのは、台湾人や香港人がやって来る性風俗産業であり、また台湾資本の大工場である。台湾人管理者は若者に対して、「優秀な工員は、台湾の本社見学に招待される」とはっぱをかけるのである。何よりも象徴的なのは、現に台湾資本の富士康で発生した労働者の飛び降り事件をなぞるように、その若者が宿舎から飛び降りる瞬間のシーンである。ジャがプレスで語っているように、このフィルムに顕れる暴力は、すべて個人的な次元で展開されている。にもかかわらず、その暴力はグローバル経済に浸透され、移動と労働と剥奪を余儀なくされる一般的主体を表示する。

私がかつて魯迅の『阿Q正伝』を分析する中で思い至ったのは、それまで夢の中にあるようにしてしか行動できなかった阿Qが、衆の前で公開処刑される直前、奇妙にもふっと我に返り、自分が何者であるかに気づいてしまう場面である。ここでの問題は、なぜ魯迅がそのような名もなき民衆としての「阿Q」を造形せんとしたかである。それは紛れもなく、暴力の予感が蔓延する当時の中国の状況への恐れを「無名」の側から、衆に晒される身体の側から見通したかったからだろう。周知の通り、魯迅は自伝的エッセイ「『吶喊』自序」と「藤野先生」の中でも、たった一人きりの中国人として日本人学生が犇めく教室で、あるスライドを見たと記した——ロシア側に通じていたとして日本官憲に中国青年が公開処刑されるシーンである。魯迅の卓越した手腕とは、いわば民族であることと個人であることを、「示衆（見せしめ）」という高度な表現の位相で一致させたことである。その時、その主体は死に瀕しており、無名である。翻って、デモや座り込みとは、原理的にはそういうものではないか。彼らは「衆」に身を晒すことによって意志を伝える。その中で個々は個々として無名な存在としてあり、暴力に晒される危険性をはらんでいる。しかし同時に、無名の個の集合であることに高度にエネルギーが宿り、新たな全体性を一瞬に代表してしまうこともある。その意味で、「阿Q」は連帯の不可能性を表示するとともにその可能性の代名詞でもあるのではないか。

この度の「ひまわり学運」は、その非暴力と礼儀正しさ、さらに清潔好きを褒め称えられるであろう。これまでの従来のデモ運動の主体とは違った主体性、それが顕れ出たことは間違いない。その場に偶然、観察者として居合わせた港千尋が聞き及んだところでは、彼らの多くは、チェーン店化されたコンビニや飲食業の従業員、つまりサービス労働者であった。彼らは自らの日常的に習得した労働習慣（礼儀正しく清潔を保持）を議場内で実演して見せたことになる。かつてレーニンは、革命的プロレタリアートの規律は工場内で生まれると定式化したが、その反復と差異を彷彿とさせよう。その一方、台湾の資本を含む怒涛のような資本投下と収奪、そして再移動が繰り返されるグローバル資本の最前線の地域（多くは対岸の大陸中国）では、ジャ・ジャンクーが描いたように極端な暴力が蔓延し、現代の阿Qが蠢いているはずだ。このコントラストこそ未だ意識化されていない全体性である。

二〇一二年という年（領土問題により反日デモが起きた年）、大陸中国では魯迅の文章を教科書から大幅に減らす決定がなされた。一方、戒厳令の解除の宣言（一九八七年）まで魯迅が禁止されていた台湾では、魯迅が俄かにインテリの間で精神的支柱の一つとして流通するようになっているという。この現象も、先述したコントラストに重ね書きされるもう一つのコントラストである。同じ年、二〇一二年の台北市立美術館で催された特集展示「現代性場景（モダニティの場景）」において合計一六のインスタレーションが展示された。その「場景一」は、まさに魯迅によって描かれた処刑＝示衆（見せしめ）であった。台北において、皮肉にも設備が完備した、高級感の漂う公共の場で阿Qが展示（見せしめ）されたことになる。では現在、生きた阿Qは果たしてどこに？　阿Qの連帯はいかに可能になるのか？　もちろんそれは、「ひまわり学運」の中でも生じたことであろう。しかしそこだけでもないだろう。（本稿の執筆に際し、台湾留学生・羅皓名氏の助力を受けた。ここに感謝する。）

台湾「反サービス貿易協定」運動の歴史的整理

はじめに

二〇一四年三月に引き起こされた、中華民国立法院を占拠した「反サービス貿易協定」運動——学生中心の運動でもあったため「ひまわり学運」とも呼ばれている——への評価について、筆者は初歩的にも既に『atプラス』（20号、太田出版）にて「台湾「反サービス貿易協定」運動の可能性と限界」という論考を提示している（本書所収）。従って、本稿はその余白を埋めるものとして、台湾をめぐるやや長期的な政治経済状況への史的考察を試みるものである。

上記拙論「台湾「反サービス貿易協定」運動の可能性と限界」で提示したように、この運動は、大陸資本が台湾に膨大に流入して来ること、そこから派生する想像として、大陸中国人労働者が台湾に入って来ることへの忌避感が大きなバネになっていた。大陸資本の流入は実際のこととして、大陸の労働者（第二次産業労働者）が正式にそのまま入って来ることは「協定」の中身からは読み取れない（その一面で、既に「大陸花嫁」など「婚姻」を通じた特殊な女性下層労働者が台湾には入っている）。さらに付け加えると、当該論考で示したのは、それ以前に既に台湾資本が膨大に大陸中国に入り込み、大陸の労働者を十分に搾取して来たこと、このことの否認が「反サービス貿易協定」運動の内部に貼り付いていること——こういった批判を提示した。ここから必要になる知見は、このような台湾資本の大陸への投資は、いつ頃からどのように始まったかという事実確認であろう。

台湾現代史のターニングポイントの一つに、一九八七年の戒厳令の解除がある。この時に実はもう一つ重大な政策変更が行われている。大陸の家族や親戚を訪ねることができる権利を認めた、いわゆる「探親」の解禁が決定されたのだ。この時から、やや非合法の形であれ、台湾資本が様々な中間的媒介を通じて大陸中国に入り込み始める。さらに一九九二年の鄧小平による「第二次改革開放」の号令が下された「南巡講話」の後、台湾で正式に大陸への投資が法制化される。この後、大陸中国の沿岸部における莫大な（台湾に限らず日本、欧米も含め）投資により超高速度での輸出加工区の形成が始まるのである。

必要なのは、こういった文脈がどのように作られたのかを振り返ってみることである。特に重要なのは、一九八〇年代の冷戦状況である。この時世界はまだ、米ソの対立軸で動いており、ソ連包囲網の戦略的配置からして、実は中国と米国は蜜月期だった。この脈絡の中で、台湾の対中投資が進められたわけである。この時、台湾は米国から見放されないように必死であった（政府も反体制側も）。「ひまわり学運」に先行する学生民主化運動「野百合学運」（一九九〇年三月に中正紀念堂を占拠した運動）は、その後、台湾の現実を反映し辛い「国民大会」を廃止させ、立法院選挙を全面的に台湾で行うなどの、いわゆる台湾大の選挙民主主義を実現した。さらにこの流れは、中華民国総統を選挙する制度変更にもつながって行った。ただし言ってみれば、この「野百合学運」は、米国流の民主主義を掲げることによって、国民党政権から最大の譲歩を引き出すことに成功したものである。大陸中国での第二次天安門事件の際と同様にして、学生たちは米国を潜在的な同盟軍としていたのである。総じて、台湾の民主化、また資本の自由化（大陸投資を最大の眼目にする）は、台湾を挟んで、米国、そして大陸中国との関係の中で生じたことになる。

ここでのもう一つのポイントは、第二次天安門事件（六・四鎮圧事件）の後、欧米社会からの批判にさらされた大陸中国であったが、米国との関係では、南巡講話以降、戦略的な互恵と競争関係にあるパートナーシップを確立し現在に至っている、ということである。その反面として、台湾の「民主化」が米国の監視下にあることは、端的に民進党政権時代の陳水扁総統が米国を含む西側社会のリークによる不正蓄財の容疑で告訴されたことをもってしても証明できる。つまり、その時の陳水扁総統は、中国からの独立を急ぐために、「カイロ宣言無効説」など、台湾の中国復帰が決定された歴史的約束への攻撃を行っていた。この行為は第二次大戦後の世界秩序からの逸脱であることから、陳水扁総統は米国政府の強烈な反発を引き起こし、周知の顛末（獄中入り）に落ち込んだのである。

両岸（大陸と台湾）の間の分業体制

台湾の運動家、林暉鈞が指摘するように、かつての「野百合学運」にとっての潜在的な影響者が米国政府であってみれば、今回の「ひまわり学運」の影響者は大陸政府ということになる。しかしてその影響者は、どのような態度であったのか。今回の運動に対する大陸政府からの公式なコメントは、実はなかった。大陸政府は概ね静観したのである。既に大枠は二〇一〇年に成立した「両岸経済協力枠組み協議（ECFA）」により定まっていたからだ。「サービス貿易協定」はこのECFAの下に位置する個別協議に過ぎないものである。ここで議論が難しいのは、今後ECFAがどのような具体的な影響を大陸中国と台湾との間に引き起こすのか、実はやってみなければ分からない領域も確かに存在するということである。また別の参照として、台湾の労働組合団体「労働人権協会」が「ひまわり学運」とは違った声明を出している事蹟がある。曰く「両岸の経済貿易の往来強化は、東アジア域内の平和に役立ち、さらには両岸の平和に役立つ」と述べ、さらに「サービス貿易の取決めは労働者の雇用機会を創出することができる」と表明している。今回の「反サービス貿易協定」運動の担い手が学生であり、労働組合が参加していなかったことは実に象徴的である。大陸中国内部では、ECFAは台湾側に譲歩しすぎているとの不協和音も生じていた。ただ一方、台湾においては、特に中小の小売業者などが割を蒙るのではないかとの危機感が表明されたことは、「協定」の内容からも類推が可能である。

ここでもう一つ付け加えるならば、台湾の中華民国政府が何故、大陸中国との間のECFAの締結を求めたかである。もちろんこれは、簡単に言えば台湾の資本家からの要望であるのだが、それ以上に国際環境からの要求でもある。国際的に孤立している中華民国（台湾）は、WTOに大陸中国とともに参加しながらも、いわゆる国家間FTAが締結できず、国際経済の中で孤立を深めていた。そのためにこそ中華民国（台湾）による「辺境化」打開策として、まず大陸中国との間で両岸版ＦＴＡたるＥＣＦＡが求められた。既に国際社会との間で多くのＦＴＡを構成している大陸中国を一つの突破口として、辺境化を回避する――このような戦略を追求する途上にあったと言える。ある意味では、中華民国（台湾）の国家理性が作用した出来事であった、と考えられるのである。国民党も民進党も、ある種の国家理性によって動いている。既にＥＣＦＡが成立している今日、台湾においては、国民党も民進党もともにこの実績（ＥＣＦＡ）を足掛かりにし、さらにＴＰＰへの参加を模索しているのである。ＥＣＦＡに対しては、国民投票を求めるなど批判的姿勢を有していた民進党も、ＴＰＰにはほとんど諸手を挙げて賛成している。

そこで予想してみたいのは、ＴＰＰに向かおうとするのが現在の中華民国（台湾）の国家理性であったとして、ではＴＰＰに反対する広範な反対運動が起こるであろうか、ということである。おそらく、今回よりは大きくならないだろうことが予想される。ＥＣＦＡとその具体化案「サービス貿易協定」に対する即時的な抵抗運動として成立した「ひまわり学運」は、国家の強硬な態度に対して発露されたわけだが、そこには明確に反中国感情が対抗軸になったという側面があった。

だからこそ、今回の運動に対しては、台湾の社会階層関係がどうなっており、それがいかに反映されていたかを見る視点が重要になってくる。台湾は一九八〇年代から始まる大陸への積極的投資によって、工場の大部分が大陸へと移転し激減していた、すなわち第二次産業が既に空洞化している事実がある。既に大陸中国において、恒常的に百万～二百万人のビジネスマンを中心にした台湾人が経済活動を行っていて、その下で、何千万、何億人の大陸労働者が働いているという現実がある。ＥＣＦＡの締結（二〇一〇年）以前においても、既に大陸中国と台湾との間での分業体制が成立しており、この分業体制の現実的反映として、台湾と大陸中国双方の社会階層が成立しているのである。そうなると精神分析的な潜在的不安として、今度は、大陸の資本が台湾に来るとそれに「従属」するイメージに怯えることになるのである。

複数の地域経済システムと平和

ここから論を進めるべきは、「サービス貿易協定」の上部取り決めたるＥＣＦＡが、別の複数の地域的経済統合システム、例えばＴＰＰなどその他の経済協力機構とどのような関係にあるかである。ＴＰＰは元々、シンガポール、ブルネイ、ニュージーランド、チリによって進められていた小規模の経済協定に過ぎなかった。ここに米国が入るのが二〇〇八年であり、さらに日本なども含めたＴＰＰ拡大への道が進行するようになったのが二〇一〇年三月のことで、そこからいわゆる拡大交渉会合が推し進められて今日に至っている。興味深いのは、先のＥＣＦＡもやや同時期の二〇一〇年の六月に正式合意されているのであるが、それに先立つ首脳同士の基本的な合意は、胡錦濤中国共産党総書記と呉伯雄国民党主席との間で既に二〇〇九年に取り交わされていた。この前後関係から見えるのは、ＴＰＰによる拡大交渉会合を事実上推し進めているのは米国であるが、そのタイミングに関して、ＥＣＦＡを意識した競合関係が仄見えることである。米国主導の機構となったTPPは、東アジアから見るならば、米国の軍事的な意味での「アジア回帰」と平仄を一つにする東アジア地域への再関与の意志の表れなのである。

ここでもう一つ、TPP以外で注目すべきは、RCEP（東アジア地域包括的経済連携）である。これは、ASEANが主導し、そこに日・中・韓・印・オーストラリア・ニュージーランドの六ヶ国が加わろうとしている経済機構である。二〇一一年にASEAN（東南アジア諸国連合）から提案され、翌二〇一二年一一月に正式発足している。このRCEPの興味深い点は、TPPとは異なる原理を有していることである。まず第一に、米国がその中に入っていないこと。そして第二に、各国の法体系には抵触しないことが基本合意となっていること。問題はここで誰が大きなヘゲモニーを持っているかであるが、もちろん最大の国際的発言力を持つ大陸中国が中心であるとも見做されるが、実はやはりASEANの政治力が大きな意味を持っている。ASEANが、このRCEPが核にあることで、実はインドとの接触が可能となり、オセアニア諸国との接続も可能となる。つまり、緩やかに中国をそういった国々に接続する媒介として、ASEANが最大のバランサーとなっているのである。もちろん現在、中国とASEAN諸国との間では、南シナ海をめぐってキナ臭い駆け引きも存在している。にもかかわらず、この領海問題が破局に至らない理由も、おそらくASEANが最大のクッションになっているからである。

つまり東アジア（東南アジアも含む）の様々な経済機構に込められた欲望は、単純な経済的利益だけではなく、一つの常識として域内平和への志向なのである。振り返ってみれば、台湾と大陸中国との間の戦争の可能性を最大限に縮小したのは、やはりそのような経済連携であった。

反中国意識の由来

最後に触れなければならないのは、何故かくも台湾においては、反中国意識が主流のイデオロギーになっているかである。「サービス貿易」反対運動内部の実際のスローガンにおいて、「怠け者（大陸人）には来てもらいたくない」という表現が多々見受けられた。これは端的に、歴史的に構成され、蓄積されて来たものと言わざるを得ない。字体は違っていたとしても、同じ書記システムを使い、それによって中国の古代にまで遡れる能力を有している意味では、台湾の人々は、基本的に原住民を除いては中華の民ということになる。ここでまず初歩的に区別すべきなのは、政治的なものの分岐と文化的な同一性である。政治中国と文化中国という概念を提出するのであれば、あきらかに台湾は文化中国に属してしまう。しかしその上で発せられる反中国意識は、だから政治的な言説の積み重ねにおいて出て来たもの、と取りあえずは想定できよう。

幾つかのポイントを提出するならば、まずは日清戦争による日本への割譲であろう。興味深いのは、陳水扁政権時代、副総統の呂秀蓮が下関条約による割譲を肯定的に論評したことである。台湾はこのために「遅れた中国」と決別する道を歩むことができたと明言したもので、いわば典型的とも言える台湾イデオロギーである。このイデオロギーに付随するものとして、清朝によって台湾は「化外の地」とされたという言説がある。「化外の地」とは、一八七一年に宮古島島民が原住民地区において遭難し、殺害された牡丹社事件の処理に関して、結局は一八七四年に台湾出兵が強行されるに至る交渉の中で出て来たものである。清朝側の官僚が発言したとされるもので、当該地域が清朝側の行政力が及ばない土地にあったことなどから、危険地域につき日本側の（武力）関与に対して自制を促すために語ったとされる言葉であった。ところが日本はむしろ、「化外の地」ならば、そこに武力関与してもよいことになる、と解釈した。その後、「化外の地」は、その出処が検証されることなく台湾の島全体に適用され、言説の独り歩きが生じてしまったのである。周知のように、台湾は日本統治の前までに、およそ西側三分の二以上の地域は、既に漢民族の居住区となっており、清朝によって設定された行政統治も行われつつあった。台湾人類学者の陳其南によれば、台湾社会は初期の移民社会から土着社会へと変化しつつあったと言われている。というのも、科挙制度の基礎的制度たる「郷試」も台湾で行われるようになり、亡くなった祖先も大陸の祖地ではなく台湾でも埋葬されるようになっていた。

もう一つだけ台湾イデオロギーの発生ポイントを探すならば、それはやはり一九五〇年の朝鮮戦争により、米国の反共防衛ラインが変更され、太平洋第七艦隊によって台湾海峡が封鎖されたという事実である。朝鮮戦争の勃発まで、米国政府は台湾が大陸の人民解放軍によって「解放」されることを黙認する態度であった。この遠因は、カイロ宣言にある。[1] この宣言によって、台湾の中国への復帰が決められていたからだ。しかし、米国の決定は朝鮮戦争を機に「反共」を優先することになった。すなわち、台湾に残った中華民国という政治体制は、朝鮮戦争に端を発する米国の東アジア政策の変更によって生き残った傀儡国家なのである。しかしこの傀儡国家を食い破って誕生した民進党という台湾育ちの政党が、反共イデオロギーを廃棄することは出来なかった。むしろ、今日の台湾イデオロギーとは、蔣介石が敷いた反共イデオロギーを土台として成立しているものである。蔣介石時代の台湾の教科書には、共産党の暴政によって飢え苦しむ民衆の姿が刻印されていた。このような教科書が作り出して来た、両岸の人間を軽蔑し合うよう仕向ける構図が、時代時代にその形象をアップデートさせ登場することになる。それは先に挙げたところの「反サービス貿易協定」運動において見られた「怠け者（大陸人）には来てもらいたくない」というスローガンに通じるものである。

台湾で引き起こされる、あるいはその他のアジアの到る所で引き起こされる政治的事件、社会運動を観察する上で決して外せないのは、マルクスが『ドイツ・イデオロギー』で述べたように、現実に動いている世界交通、あるいは歴史過程の運行を見ないように仕向けるイデオロギーへの批判であった。ただそれは台湾だけではない、日本においてこそ必要なものかもしれない。

注

（1）太平洋戦争の末期に、なぜ米軍はフィリピンから台湾を飛ばして沖縄に上陸したかという問いがある。明確な証拠はないが、やはりカイロ宣言において、戦勝国になるべき中国、そこに復帰が決まっている台湾を破壊することが「連合国」の立場として忌避されたからだと考えられよう。この予想を前提とするならば、陳水扁は、台湾を米軍の破壊から守ったカイロ宣言を無効だとするような自己矛盾を行っていたことになる。

Ⅳ 自治編

方法としての香港

香港問題へのアクセス

二〇一四年の九月二七日から始まった行政長官選挙の抜本改革を求める「占拠」運動が同年一二月に事実上終了した。およそ三ヶ月弱続いた大規模な学生や市民による運動の意味と意義をどう確定するのか――一般マスメディアが報じない、その背後にある香港現代史、またその現代史を内部から理解する手がかりが求められている。

大きな前提的理解として、今回の運動の要求の宛先は、まず香港特別行政区政府であり、さらには人民共和国の中央政府である。そこで、日本のマスメディアが示す一般的な政治構図とは、「民主」を求める香港の民主派に対して、その要求を警察力で抑えようとする親中国派の香港政府、またそれを背後から支える中国中央政府――こういった力関係で表示されている。もちろん、この構図が全く誤りであるわけではない。ただこれだけでは、何か足りない予感もある。例えば、日本のマスメディアでは、香港内部の政治構図を先に示したように親中派VS民主派という枠組みで説明している。しかしそもそも、現地では「親中派」という用語はない。香港特別行政区政府を支持する体制派的な思考を有する人々を「建制派」と呼ぶことが一般的である。いわば、香港「返還」以降の体制派であるのだが、では機械的に考えて民主派は単純に「反中国」を政治信条にしている、ということになるのだろうか。問題はさほど簡単なものではないように見受けられる。民主派といっても、その中には労働運動を中心とした左派や様々な社会運動グループも含まれており、異なった政治的志向性を有する多数の中間団体が存在する。そして最大の観察対象として重要なのは、もちろん政治的思考のはっきりしない、あるいはさせようとしない香港の一般市民である。

いずれにせよ、日本における香港についての既成の知識は、教科書風の通史的なものか、返還前後についての政治分析がいくつかあるだけで、豊富とは言いがたい。特に戦後から「返還」にいたる間、イギリス植民地統治下においてどのような思想的営為があったか、ほとんど知られていない。そんな中、香港の現代史（またその中で育まれた思想）を積極的かつ丁寧に発信し得る研究者として、羅永生（Law Wing Sang）の名が英米圏のアカデミーで、また中華圏のアカデミーでも脚光を浴びつつある。羅は香港嶺南大学文化研究系准教授で、学問の方法論としてはカルチュラル・スタディーズ系の教員である。香港を代表するアカデミシャンである一方、香港の新聞や雑誌などで論壇の中心人物ともなっている。守備範囲を列挙するならば、植民地史、香港の文化構成、香港映画、宗教社会学、比較社会思想などである。既に著書として『殖民地家国外』（二〇一四年）がある（この本を主軸として日本語版の論集『誰も知らない香港現代思想史』がレプブリカから出版される）。羅は他に、二〇一〇年代から香港で活発になりつつある新しい社会運動——

無責任な都市再開発に反対する「運動」にも積極的にコミットし、また昨年の「占拠」運動の最中においては学生たちのストライキに呼応し、オープンな講座プログラム（香港現代史、公民教育など）を開設する運動にも参与した。羅が提示している問題意識のメリットをざっくりと示すならば以下の三つになるだろう。

まず第一に、香港はイギリス植民地時代に思想形成がなされているということ。香港の思想課題を一言で表すと「脱植民地」の問題にほかならない。すなわち、一九九七年の「返還」は受動的なものであり、その後に派生する中国中央政府との対話を通じて追求される「民主」にしても、遅れて始まった「脱植民地化」という課題を伴っている、という考え方である。羅は、いわば未完の「脱植民地化」をどのように「今」の中に実現するのか、という問題意識を抱き続けている。翻って、そういった「脱植民地化」を通じた香港の主体性の確立がなければ、目下の中央政府との「交渉」も生産的なものにはならないだろう、という発想である。

第二に、香港の現在を考えるに際しても、言うまでもなく中国大陸の存在と香港は不可分であるという基本的立場が示されている。戦前より香港は大陸中国とイギリスとの間の交易と商業の媒介地として発展し、一時は冷戦システムによって遮断されながらも、改革開放以降の大陸中国との経済的結びつきを濃密に復活させ今日に至っている。すると例えば、香港と中国中央政府との間に、実は広東文化圏が存在していることに気づくだろう。ここからさらに興味深く思われるのは、香港を私たちの思考の中に導入することで、台湾やチベット自治区など、その他の中国の辺境問題に対する理解を深めることができる、というメリットもあるということである。

そして第三に、香港はシンガポールを筆頭とする東南アジア、さらにインドと結びつきの深い地域であるということ、これもまた紛れもなく、香港が広義のイギリス植民地経済圏にあったからで、先に挙げたところの「イギリス植民地としての香港」という視角の延長線上にあるものである。興味深いのは、こういった問題角度により、日本に住む我々にとっては、東アジアを北京・ソウル・東京などに限定して考える思考の習慣を相対化してくれる、ということである。畢竟、イギリスの植民地支配と日本の植民地支配の歴史的経験の差異などを議論することも可能となるだろう。

幾つかの歴史的契機

いずれにせよ羅が目指しているのは、香港の「主体性」を如何に再構築するかという課題なのだが、この問題に入るためには、まず歴史の区分の話があるべきだろう。そこで、ややスパンの長い歴史から語っておく必要がある。紛れもなく香港現代史は、阿片戦争の結果として清朝中国がイギリスに敗れ、その租借地となった時点から始まる。そこで考慮しなければならないのは、イギリス本国は香港人をイギリス人化しようとしたか、という問題である。働き口を求めて移民／難民が相次いで大陸中国からやってくるが、香港華人の中から植民地政府に協力的な商人、あるいは中層官僚となるものが現れる。彼らは制度上イギリスに忠誠を誓ったわけだが、本質的にはイギリス市民になることは出来なかったし、イギリス本国もそのような政策は奨励しなかった。

イギリスにとって必要だったのは、大陸中国や東南アジアとの交易にかかわって活躍する人材であった。大陸中国における国民国家形成の観点からは、そのような人物は軽蔑の意味を込め「買弁階級」と呼ばれていたが、羅の分析が興味深いのは、今日の「建制派」をそのような階級的系譜に位置づけていることである。ここで重要なことは、日本の経済学者である濱下武が指摘しているように、イギリスは決して中国大陸から東南アジアにかけて存在していた中華の朝貢システムを全面的に書き換えたわけではない、ということである。イギリスが香港を通じて展開したのは、それまでの華人ネットワークを利用した交易と市場の拡張であり、だからこそ香港の「買弁階級」は自身をイギリス人に同化させる必要はなかった。例えば、端的に、一九四九年までの香港経済は、イギリス香港政府による経済振興政策によって成り立っていたのではなかった。初期の香港政府の主な収入項目は、土地税、ライセンス料（酒販、質屋、移民斡旋業、アヘン販売など）、警備、光熱税、郵便、罰金などであった。その反面、香港の主たる収入は、ほぼ華人系商人が大陸と海外の富を結び付ける経済活動から得られたものであった。すなわち、香港の経済を支えていたのは華人ネットワークであったわけだが、これはまさに現在のあり様に直接的にも繋がってくることである。

決して否定的な意味ばかりでなく、二〇一四年の「占拠」運動の主役を担ったのは、そのような経済ネットワークからは一定程度遊離している「学生」たちだった。ある意味では、学生でなければあのような運動はできなかったのだ。その一方、「占拠」運動に拒否感を持った市民たちとは、否応なく大陸中国との経済関係において生きている人々である、と想定できるだろう。

話を戻す。いずれにせよ、以上に述べたような経済システムが一九世紀の半ばから一九四九年まで続いたことになるが、中華人民共和国の成立と朝鮮戦争の勃発を受け、一時的に大陸中国と香港との間には冷戦体制の壁が立ちはだかり、経済的一体化はこの間抑制されていた（もちろん、ひっきりなしに労働人材は大陸中国から流れ着いていた）。しかしその後、大陸中国で改革開放が始まるや濃密な関係が回復、そして政治課題としての「返還」が改めて香港人の念頭に登ってきたのであった。

羅の整理によれば、この「返還」という政治日程と結びついて顕在化したのが「本土運動」である。本土運動とは、香港を自分たちのものとする意識運動であり、政治的スローガンとしては香港人による「自治（自主）」というところに集約される。その本土運動の第一波は、「文革」の影響を受けたところで、一九六七年の労働争議から始まった都市暴動（通称「香港暴動」）からの一連の動きである。この時期、少数グループによって性急な中国への復帰が叫ばれるが、この事件はいくつかの流れに接続する。一九七一年～七二年、「尖閣諸島（釣魚島）」が沖縄「返還」の際に日本の領土に組み込まれたことへの青年層の怒りを原点とした愛国運動、「保衛釣魚島運動」が香港で勃発する（同様にして台湾においても「保釣運動」が展開される）。またもう一つ、香港暴動が起きた翌年の一九六八年より、イギリス香港政府の英語偏重への批判が巻き起こり、「中国語運動」が学術界や教育現場で提起され、推進されることとなった。ちなみに当時七〇年代前半、商業映画としても、中国語（標準語）映画が大きな盛り上がりを見せていた。総じて、この第一波の本土運動は、中国ナショナリズムが牽引したことになる。ただ、それはイギリス統治への反発を明確化しただけでなく、「保釣運動」に見られるように、冷戦構造の西側の代表格たる米国をも批判したことにおいて一つの画期を示すこととなった。

そして第二の本土運動の波は、天安門事件（六・四事件）の衝撃から始まる九〇年代前半の政治意識の高まりとして到来する（その前段階として七〇年代後半から、大陸中国での魏京生らの「五つの現代化」という主張への共感なども散見されていた）。大陸中国の「民主化」への祈願とそこへ「返還」される香港の主体性を意識した動きとして、この波は今日まで継承されている。周知の通り、毎年六月四日は香港において大規模なデモが執り行われている。総じて、この第二波の本土運動も「返還」それ自体を拒むものではなかった。だが興味深いことに、二〇一〇年代以降の今日においては、「六・四」を記念化すること自体に意味がないとする政治的立場も登場してきている。すなわち、「返還」されるべきではなかったとする論調である（もちろんこの政治的志向は、統計的には少数派であるようだが）。

いずれにせよ羅の分析では、一九九七年の「返還」は総体として香港人にとって受動的なもの、イギリスと大陸中国という二大大国の間で「取引された」という感覚を強め、そこから主体性への希求が出てきたことになる。さらに返還から五年が経った二〇〇三年、国家反逆罪などの内容を規定した「基本法第二十三条」への反発から、「返還」の記念日七月一日に五〇万人のデモンストレーションが巻き起こり、公然とした香港の自治（自主）と「民主」を要求する文脈が作られることになる。羅はこれ以降の流れを本土運動の第三波と位置付けている。いわば、この第三波の本土運動のピークが昨年二〇一四年の「占拠」運動として一つのサイクルを形成することになった、ということになろう。

ただこのような第三波の本土運動に対し、羅はそこに憂慮すべき傾向を確認する。パーマネントな労働は許可されていないものの、大陸中国人はほぼ自由にショッピングや観光を目的として香港を出入りできるようになっている。そのような今日的段階において、強烈な「排外」意識が香港において生じている。これは、大陸中国の経済力の発展とも関数関係にあるのだが、台湾で二〇一四年三月に起きた「反サービス貿易協定」運動との共通点も確認できる。台湾で「怠け者（中国人）は来てほしくない」というスローガンが出現したのと同様に、香港においても大陸中国人を排斥せんとする「反イナゴ」運動が引き起こされた。イナゴ（蝗）を「害」として表象する運動は、そもそも農村共同体＝儒教的な価値観を裏書するものであり、言葉の形式そのものは決して「脱」中国的なものではない。この度の二〇一四年「占拠」運動によっても、特に大陸中国からの旅行者が制限されたわけでも、減少したわけでもなく、また大陸との間の商取引も遅延したわけでもなかった。

香港現代思想と自己／他者表現

これまでの一般化された香港イメージとして、八〇年代以降に出て来たエコノミック・アニマルとして表象される香港がある。さらに五〇〜六〇年代まで遡ると、移民／難民と黒社会（ヤクザ）によって構成された混沌都市としての香港イメージも存在した。ただ直近での日本でイメージ化される政治運動の盛んな香港のイメージはやはり、これまでの整理では、大陸中国における天安門事件（六・四事件）以降の第二波の本土運動のこととなろう。

最近では忘れ去られているが、「政治」香港のイメージを強く印象付ける事件として、「文革」に影響を受けた左派分子による一九六七年の香港暴動を想起しておくべきだし、それは実際に一つの画期点であった。まさにこれを画期として、香港において特有の思想展開が生じてくることになるからだ。羅の論述にある通り、香港におけるイギリス流リベラリズム以外の思想は、共産党政権を嫌った南下知識人による伝統中国の再評価運動としてまず立ち現れ、次いでこの流れの中にあって、中国革命に影響を受けた世代が新たに大陸中国を再認識せんとする意思表示を示したという。この思想の継起的転換は、やはり香港暴動／ポスト香港暴動の文脈において生じた思想現象であった。

興味深いのは、一九六七年の香港暴動はイギリス香港政府の政策にも直接的な影響を与えたということだ。その一つは先に述べたように、香港政府が「中国語運動」を容認する姿勢を見せざるを得なくなったこと、そしてもう一つは都市政策の見直しであり、特に住宅環境を改善する動きが出てくる。八〇年以降の香港現代映画に出て来る高層の大衆向けアパートは、そのような文脈から派生したものである。つまり、暴動の原因が劣悪な住居環境にあると考えたイギリス香港政府による施策の一環として、それは推し進められたものであった。そしてもう一つ決定的なことは、香港暴動の最中にあって、旧来の植民地系銀行が軒並み閉鎖に追い込まれた出来事に起因し、七〇年代に入ると多くの華人系銀行の設立が認められるようになったこと、すなわち、この時点において大陸中国の改革開放に接続する経済の流れが準備されたことになる。以上の意味でも、七〇年代以降の香港の本土運動（第一次）とは、端的に脱イギリス化を指し示していたと言える。

羅が指し示したように、六〇〜七〇年代にかけて大陸中国の革命思想に鼓舞されて現れた左派の一部は、七〇年代の後半になって中国共産党が「文革」路線を放棄すると、むしろ「国粋派」と呼ばれるような思想傾向を示すことになり、「建制派」の一部分としてそこに合流することになる。総じて、今日の香港の批判的な知識人や活動家のタイプは、まさにこういった脈絡から自立した勢力である。すなわち、そういったオルタナティブな左翼勢力が、大陸中国の政治志向から自立した方向性を模索し、大学や労働組合、コミュニティー運動の中に入り込み、現場に根を張った本土運動の活路を見出したということになるだろう。

だがその一方、羅が論じているように、戦後の一般的香港人はずっと政治的な立場をはっきりさせないことを生活信条としてきた。たとえば、冷戦の真っ盛りの時期において、毎年の一〇月一日（人民共和国の建国記念日）と一〇月一〇日（中華民国の建国記念日）に、それぞれ人民共和国の旗と中華民国の旗とがお互い競うように香港の街並みを彩っていた。これも一つの風見鶏的な、実際のところ脱政治的な態度であったのだろう。ここでキーポイントになるのは、イギリス統治は、大陸中国との関係上、台湾や韓国で制度化したようなハードな反共体制は採らなかったということ。香港は特有のソフト冷戦イデオロギーの配置を自身の内部に凝縮させていたことになる。その裏返しとして、香港人は政治的信条をはっきりさせない、あるいは故意にそれを曖昧にさせてきた。さらにそこに加わるのが、香港の大部分の人口が大陸からの政治難民、経済移民であるという歴史的事実である。香港人は、自身のそのような出自についても、曖昧な態度を示す習慣がついてしまっている。香港人同士でも相手がどこからきたのか敢えて問わない——これが香港における処世術として存続していたという。ならば、そのような曖昧な香港、これも一つの分析対象となろう。

話を少しズラすことになるが、このような曖昧な香港人の態度は、私たちの知っている香港映画にある種の豊かさをもたらしていたとも言える。言い換えれば、それは政治化され得ない香港の複雑なアイデンティティを表象し続けていた。伝説的な娯楽アクション『男たちの挽歌（英雄本色）』（一九八六年）のジョン・ウー、香港人の寄る辺なさをリリカルに描いた『欲望の翼（阿飛正伝）』（一九九〇年）のウォン・カーウァイ、さらに香港返還前後に撮られた返還三部作（『メイド・イン・ホンコン』、『花火降る夏（去年煙花特別多）』、『リトル・チュン（細路祥）』）のフルーツ・チャンなどの映画作家が描く香港の自画像がそれである。彼らの作品において、香港市民の中核部としての警官などの公務員、それと常宿を持たないヤクザや移民などの下層大衆——この二層のコントラストは実に鮮明である。周知の通り、この三人の映画作家は、いずれも大陸中国からこの地に流れ着いた移民の家系に属するものたちである。ジョン・ウーは広州市、ウォン・カーウァイは上海、フルーツ・チャンは広東省出身である。彼らは自らの作品群を通じて、いわば香港のアイデンティティが常に外側との関係、大陸中国や東南アジア華僑との関係において活性化してきた来歴を明かしている。また翻って、それら作品群は香港人の無意識と記憶の地層に響くものでなければならなかったし、そこが彼らの映画作家としての成功のポイントでもあった。

中でも、大陸中国からの「不法移民」を正面から扱ったフルーツ・チャンの『リトル・チュン』（二〇〇〇年）のシーンで印象深いのは、強制退去される間際に少女が書いた手紙の中に、「（香港人は）みな私のことを小人蛇と呼ぶ」と記されていることであった。この作品を撮ったフルーツ・チャンは、インタビューの中で「香港出身者と大陸からの移民、このような区分けをしたくない」と発言している。フルーツ・チャンは、二〇一〇年代に俄かに突出してくることになる「反イナゴ」言説を先取りしていたことになる。そしてこの作品の最大のモチーフは、香港と広東省を貫いて敬愛されていた広東オペラ歌手へのオマージュであった。このような映画作家が見定めようとする香港アイデンティティへの注視は、香港人が香港人であることの由来と根拠を見定めようとする営為において、これも広義の本土運動と呼べるものかもしれない。

方法としての香港

二〇一四年九月～一二月までの「占拠」運動の期間、第二次天安門事件のような「虐殺」が香港警察による鎮圧行動で生じるのではないか、との危惧も聞かれた。多くの逮捕者を出した鎮圧過程は改めて権力のパワーを見せつけたが、もちろん人民解放軍が出てきたわけではなく、専ら市警察による「法的」行動であった。また大陸の中央政府からも、直接この「占拠」運動に対して正式の声明が出されたわけでもなく、特別行政区政府に任せる態度に終始していた。

興味深いのは、この期間において米国のオバマ大統領が、この「占拠」運動に同情的態度を示し、中央政府と香港政府の態度を牽制していたことである。もはや、イギリス政府が公式的な行動を採れない中、米国だけが特定の政治的発言を表したことになる――この背後にはどのような意味があるのか。それは、一九九二年に米国議会を通過し制定された「香港政策法」である。この内容は、安全保障の内容を含むものではないが、香港の「民主」に米国として強い関心を示すことが謳われている。周知の通り、香港は中国全体からして「一国両制度」という政体の内部にあって、「主権」の所在については疑い得ないものとなっている。だが、その内部にある地域の「民主」について特段に神経を払うという米国の態度は、実に米国ならでは、である。ここで想起されるのは、一九七九年の米中国交樹立とともに制定された、同様にして米国国内法たる「台湾関係法」である。これは、それまで国交のあった中華民国（台湾）をどのように「保護」するのか、という意識のもとに制定された。この「台湾関係法」では、安全保障にかかわる規定も存在しており、その意味では「香港政策法」とは違ったカテゴリーと見做されねばならない。しかしやはり、この二つの「法」は米国国内法である限りにおいて、考えてみれば奇妙なことながら、米国が東アジアの内部に入り込んでいる事態を表示することになる。

東アジアにおいては、既に直接的かつ大規模な米国の軍事行動は考え難くなっている（監視行動はずっと続いているが）。ただ米国はベトナム戦争以来、南米中米地域に対して、また一九九一年の第一次湾岸戦争以来は中東地域に対して、自身の「民主」の規定に沿わない勢力地域に軍事介入を繰り返してきた。第二次天安門事件以降、中国政府がずっと念頭に置いているのは、このような米国の世界政策によって「主権」が傷つけられるのではないかという危惧である。

さて先に述べたように、香港に対するポストコロニアルの視角は、日本植民地統治を経た台湾（あるいは朝鮮半島）との比較という極めて有意義な研究課題を我々に与えるだろう。ただその一方、冷戦／ポスト冷戦期を彩る米国を中心とした「民主」の拡張過程としての覇権構造とのリンクの中で香港問題を考える必要もある。そこで、さらに踏み込んで考えなければならないのは、羅が語っているように、民主・法治・人権といった近代リベラルな価値観が、植民地支配を通じて受動的に香港にもたらされた限りにおいて、それはバーチャルな性格を持たざるを得ないという問題意識である。台湾と同様にして、香港における「民主」をめぐる運動と思考は、その現地香港のみならず、逆に大陸中国にどのような影響を及ぼすことになるのか、これが中長期的な観察の核心部分となるはずだ。

ただこの問題視角を有効なものにするためにも、いくつかの原理的な理解があらねばならない。そこで必要なのは、まず「一国両制度」下の都市であることの香港の性格である。それは当然のこと、経済的後背地としての広東省、さらにその背後の大陸中国が存在する意味を理解することである。改革開放以降の広東省で開発された都市たる深圳や珠海は、大陸経済が香港やマカオと繋がるための倉庫であり待機地であり、また安価な「不法労働者」の供給地もしくは通過地点でもある。翻って、香港という都市は既にしてそのような「不法労働者」を必要としている。しかもその「不法労働者」を大陸中国側は、公的には奨励はおろか認めてもいないのであり、その活動は基本的に労働者に任されたものとなっている。

ここにおいては、私たちは世界史的な思考に連れ戻されることになる。ギリシャのアテネにおいて範例化した「民主」の形式は、アテネの市民階級（有産階級）によって構成された丘の上の民会（エクレシア）に象徴されるものであるが、そのアテネ市民の経済生活は奴隷階級による家内労働と耕作労働によって成立したものであった。その意味でも今日、「民主」は政治形式の側面からだけでは推し量れないということ、このことが理解されねばならない。そこで興味深い現象として、例を挙げると、香港への大陸中国側からの電力供給の問題がある。広東省の原子力発電所からの送電であるが、香港市民は、福島三・一一以降の「安全神話」の崩壊から、反原発のデモを行っている。すなわち、大陸中国との間で成立する「一国両制度」とは、このような奇妙な現象を生じせしめているのである。結論から言えば、香港人の経済生活は、もはや大陸中国抜きには考えられない。その上で大陸中国に向けて主張される「民主」とは一体何を意味することになるのか。

そこでこそ問われるのが、すなわち羅の述べる香港の「主体性」である。香港経済は、イギリス植民地時代の前半期において、大陸中国からの利益を引き出すための中継地として発展した。次いでその後半の冷戦期においては、東南アジアや台湾、日本などの反共圏を中心とした経済活動と交易のハブ地ともなった。そして今日、大陸中国の改革開放以降、大陸中国の旺盛な経済成長と「人材」を取り込んで発展してきた。この間、香港に流れ着いた人々は、順に香港人となっていくわけであるが、いずれにせよ（東南アジアやインド以外では）元大陸中国人である。そのような香港において追求されるべきは、羅によって定義された本土運動の中身が示しているように、自身の由来も含めた中国認識の深化を含んだ「主体性」の確認とならざるを得ないだろう。

グローバル化が激しく進展する今日、自分が食べているもの、身に着けているもの、消費しているエネルギーなど、それらがどこからのものなのか不明なまま、私たちの経済生活は前進し回り続けている。香港で追求されている「民主」運動の傍らで、そこにどのような主体的契機を想起させるのかということが香港知識人の使命であるようだ。とすれば、この課題は、方法としての香港として、まさに私たちの「民主」と生活の問題でもあるはずなのだ。

済州島への歴史の旅　東アジア冷戦／平和の起点

はじめに

済州島の名を、またそこで起こった虐殺事件四・三事件を知るようになったのは、確か金石範の小説『鴉の死』を読んだことが始まりだったように思う。そこから続けて四・三事件についての書籍を読むようになった。

以下の段落は四・三事件の概要である（既知の方は読み飛ばしていただいてかまわない）。

四・三事件とは、解放後朝鮮半島での統一国家の生成に向けた下からの動きが挫折させられていくプロセスの中で起こった弾圧事件である。とりわけ済州島では、分断統治に反対し、新しい統一国家を作り出そうとする動きが盛んで、半島の南部（現在の韓国）で実権を握りかけていた統治層から警戒されていた。一九四七年三月一日、三・一独立運動を記念する済州島での集会で警察の鎮圧により六名の死者が出る。これが全島的な怒りへと転化し、次いでゼネストが挙行される。これを「アカ」の浸透の結果と見做した米軍の指示の下、半島から補充された警察隊と「北」から追われた反共青年団体（西北青年団員）による大規模な鎮圧活動が始まり、それへの対抗暴力が不可避となり、翌年の一九四八年四月三日、ついに一斉武装蜂起が引き起こされる。そしてこの済州島での蜂起の継続の最中、半島南部エリアで単独選挙が強行され、大韓民国が成立する。蜂起と単独選挙のボイコットに直面し、当局側は蜂起に加わった側の民衆を弾圧するため大量の軍を島に呼び寄せ、新たに討伐隊が再編され、ここからさらなる大量虐殺が引き起こされる（以後は蜂起側を武装隊、弾圧した側を討伐隊と称する）。結局、最後の武装隊のメンバーが逮捕される一九五七年までの間に、（討伐隊側の死亡者も含め）実に二万五千人から三万人が死亡したとされる。当然のこと、解放前からの流れで社会主義者のアイデンティティを有した者もいただろうし、また半島本土の左派の勢力の関与もあっただろう。しかし虐殺に巻き込まれた住民の大半は、村落共同体の一般住民であった。米国側の資料は、島の八割以上の人間が「アカ」になっていたと「報告」している。だがこれが虚構であることは、現在ではほぼ常識となっている。

虐殺現場の一つである北村里（プッチョンリ）の慰霊碑。殺された人々が折り重なるように倒れていた様子を再現。

八〇年代後半から九〇年代にかけて、四・三事件の島としての済州島のことはずっと気になっていた。大学院で日本文学専攻の修士課程を修了した後、私は日本語の教師をする方向で自分の人生の道を考えていた。その時、日本語教師として、韓国か、あるいは台湾に行こうかと考えたが、結果として台湾の話が舞い込み、一九九〇年から一九九三年の三年間、台湾で日本語を教えることとなり、この経験は私にとっての台湾研究の礎となった。振り返ってみて、修士課程を卒業した後、韓国に行っていたらどうなっていただろうか、と考えることもある。

※

それはさておき朝鮮／韓国の歴史、中でも済州島の歴史イメージは、四・三事件関連の書籍、また済州島出身の作家たちの文学作品を読む中で醗酵し続け、私にとっては現代台湾史との比較の枠として生き続けていた。先の金石範や金時鐘の文学エッセイなども重要な参照枠となった。また四・三事件そのものにかかわる整理では、文京洙の『済州島四・三事件』が最も参考になった。さらに杉原達の『越境する民』という、戦前の大阪落語の演目の一つに済州島の在日一世が代書屋に渡航証明書の代筆を頼む話があるが、この件についての分析から始まる研究書の存在も大きかった。戦前大阪での在日朝鮮人の労働運動とのかかわりも含め、自分の知らなかった世界が開かれた。と同時に、多くの在日朝鮮人を送り出した済州島には一度は行ってみたいと益々想い焦がれるようになった。ただ私に最も大きな影響を与え、済州島への想像を掻き立てたのは、被害者の子孫にあたる玄基栄の小説『順伊（スニ）おばさん』（金石範訳）であった。四・三事件を経験し生き残ったハルモニが我が子の虐殺の衝撃に苛まれ、数十年経った後、再び虐殺現場を訪れそこで亡くなる道行が静謐かつ身に迫る文体で綴られていた。

空港——イメージと場所の相克

二〇一四年の八月、私は済州国際空港に到着した。その着陸の瞬間、先に触れた金石範が書いたエッセイの一節を思い出していた。金石範には、この空港に初めて降り立った時、針金で数珠つなぎとなっていた死者たちの骨の鳴る音が聞こえたという。この空港自体が虐殺死体の穴埋め場所であったことが知られるようになっているのである。

済州島内外の人間がほとんどここを通過する国内線、国際線を合わせた済州空港は、典型的な観光地イメージに模《かたど》られた姿を私に見せつけた。近代以前にはなかったであろう、南国のリゾート感覚を強調するための移植の蘇鉄が繁茂している。済州島は冬には雪も降るので、蘇鉄に雪が降りかかるという奇妙な絵が出て来るのだそうだ。空港の到着ロビーには韓国語、英語、日本語、中国語の観光案内のパンフレットが数十種類もカウンターに刺さっており、この島が主に観光産業によって成立している現実を見せつける。——果樹園、エステサロン、保養／健康施設、海の幸／山の幸、海洋テーマパーク、欧米を模倣したテーマパーク、（性の）秘宝館、珍獣動物園、馬の牧場／乗馬施設、石とガラスの博物館、子どもランド……ありとあらゆる種類の観光スポットがこの島を埋め尽くしているのだが、この島の歴史と連続性を持つのは、戦前に日本の品種が移植され盛んになった蜜柑栽培の果樹園と、元朝の間接支配時代に移植された馬を活用した乗馬施設くらいであろう。外貨獲得のための観光地開発は、六〇年代に入って、朴正熙の指示の下で推し進められたものであり、それまでこの島はさしたる産業開発はなかった。そのため皮肉にも、いわゆる第二次産業の進展がなく、島の空気と水はきれいなままに残されたのである。しかし島の国有地を除いた土地の半分は、既に半島本土の大資本によって買い占められている。市内には巨大ホテルとショッピングセンターが立ち並び、山の中腹には、あちらこちらでリゾート施設が華やかに看板を競っている。

今回の私の訪問の主要目的地、四・三平和記念館のパンフレットは、当然と言ってよいのだろうが、済州空港カウンターには刺さっていなかった。四・三平和記念館は、金大中政権、盧武鉉政権下において成立した四・三特別法の制定以降に進展した事業であった。もしかしたら盧武鉉政権までは、四・三平和記念館のパンフレットも空港におかれていたのではないか、と私は穿った観方をしている……。

またもう一つ空港に到着した瞬間に気づいたことは、中国人観光客の多さであった。国際線の発着状況を掲示する電光掲示板には、杭州、温州、上海、アモイ、天津、武漢、北京、貴陽、その間にわずかに東京（成田）と大阪が挟まっているという具合である。この島に関しては、中国人観光客はノービザになっているのだそうだ。

島の今と過去

今回の取材に同行してくれたのは、日本でコンピュータープログラマーとして働いていた具聖牧氏である。今回の済州島訪問のもう一つの目的は、島の南側の海岸、江汀村で起こった軍港建設反対運動の現場を実際に訪れることであった。具氏の母方の故郷はこの江汀村の隣村にあたり、具氏も長期的にこの反対運動に関わってきた。

この軍港建設計画は、二〇〇七年に立ち上がったもので、ちょうどポストイラク戦争と「中国の台頭」、また以前からの北の共和国への封じ込めの強化に合わせた、米国の「アジア回帰」の文脈で推進されたものであり、当然のこと完成された軍港は米国艦船も使用することが見込まれている。この江汀村での反対運動は、約二百名による断続的な「肉体の壁」を主要な闘争の武器として数年間継続したが、現在は海岸での工事の着工自体は既成事実化してしまい、目下のところ闘争自体は小康状態に入っている。すなわち私が訪れた時、この江汀村において、この後どのように運動を展開させるかが問われる時期に入っていた。村の中心部に開設された平和センター、そして併設されたブックカフェの様子からも伺えたのは、方針の緩やかな転換である。今後は軍港関係者の居住区建設が始まり、以前と同様にして「肉体の壁」による闘争も再び始まるであろうが、大きな方針としてはこの江汀村を「平和村」としてモデル化すること、つまりこれまでの運動と平和思想、環境思想の発信地として発展させることとなったようである。

この地の闘争の状況として、江汀村は共同体の感覚が強く残されており、住民の八割は反対派

軍港建設反対運動が起きた江汀（カンジョン）村中心部ブロック塀に描かれた平和アート。塀下部の石垣は島伝統のものと思われる。

である。村の闘争の雰囲気を伝えるものとして、反対派の住民の家には黄色い旗が、建設賛成派の家には韓国の国旗が掲げられている。確かに圧倒的に黄色い旗が多く見える。また地元警察のトップは、弾圧のやり方が手ぬるいということで、上部機関からの指令で何度も入れ替わっている。よく言われていることとして、親戚や血縁を重視する本土に比して、済州島では生産を中心にした村落共同体の団結心が強く残されており、親戚血縁の力関係よりも、共同体内部の結束力が優る場合が多々あるという。その反面として、同じ親戚の中で激しい対立が生じるケースも多く、また地域共同体の核となる教会でも、反対派の教会と賛成派の教会との間で、信者の移動が生じている。さらに言えば、この江汀村に隣接する別の村が建設反対運動に必ずしも協力的なわけでもないそうである。いずれにせよ、この反対運動に関して、この地域の内部に入れば入るほど、複雑で判明し難いことが多々発生する。例えば、ある一人の賛成派の親玉と見られていた男性にまつわるエピソードを耳に挟んだ。ある日、反対派が集まる闘争現場で（賛成派がわざわざ来ることはほとんどあり得ないのだが）、その彼が心筋梗塞で倒れているのが発見され、そのまま亡くなったそうである。一人の人間の中でも一面的に賛成とも反対とも明確に切り分けられない複雑な葛藤があり、それが露呈された結果ではなかったか、と考えられている。

共同体の論理

ここで思い出されたのは、四・三事件当時の住民にしても、やはり村落共同体ごとに行動していた形跡である。一九四八年五月の単独選挙へのボイコット運動は村落が丸ごと山に入ることにより実行され、討伐隊の攻撃を避けるため、多くの村人たちは子どもも老人も含め断続的に山に留まり続けた。概括的には共同体としての行動であったとしても、個々人では別の考え方もあったことだろう。また、行動の判断が二転三転し定まらなかったこともあろう。昼は討伐隊の命令に服し、夜になると武装隊側の要求を聞かねばならない村落も多くあったという。さらに隣り合わせの村落ごとの判断の違いが、決定的な対立を生んだこともあったそうだ。私が四・三平和記念館で見た写真で最も強烈な印象を受けたのは、討伐側に回ったある村落が「アカの村」とされ、山に向かった隣村との違いを強調するため、故意にその境界に石の壁を築いたという、その写真である。また次のようなエピソードがあった。討伐隊が優勢に掃討作戦を進める中、ある人物が武装隊側の人間として指名手配されたのだが、その人物と同姓同名の人物が討伐側の村落のあるメンバーにいて、誤認逮捕され殺されたケースである。討伐隊の側に回ったその村では、咎を指名手配されていた武装隊側のその「アカ」に被せ、この問題を心理的に「合理化」せねばならなかったそうである。

ここに大きな問いが潜在するであろう。つまり、ある共同体社会が近代以降に発生した途方もない暴虐に直面し、どのような選択を強いられてしまったかということ、またその選択がもたらした結果に対して、その後の社会がどのように対応せねばならなかったのか、ということ。

もちろん、今の済州島において、四・三事件当時のような極限的な人間どうし村落どうしの間の葛藤が暴発するわけではないだろう。現在の江汀村の闘争でも、村民同士で過激な暴力事件が起きているわけではない。ただ、村にはメインストリートを挟んで二軒のスーパーマーケットがあり、片や建設反対派のスーパー、片や韓国国旗たなびくスーパーが店を構えている絵は象徴的である。韓国国旗のスーパーの客は、警察関係者、軍港の工事現場関係者に限られてしまっているそうだ。そしてその目と鼻の先にあるのが、反対運動側が作った平和センターとブックカフェである。そこには、沖縄や台湾から、さらに欧米から来た支援者が常時待機し、運動情報の発信に努めている。

ここで思い出したのは、沖縄における新たな米軍機の発着施設の建設地として焦点化している辺野古、そしてオスプレイも含むヘリコプターのヘリパッド発着施設とされた高江村の闘争のことである。建設阻止に至るプロセスも闘争の様子も、さらに言えば風景も極めて類似するところが多い。にもかかわらず、微妙な差異としてあるのが、闘争現場の村落共同体のあり様である。

辺野古にしても、高江にしても、実は当該現場の村落の闘争への参加率は低い。闘争の主体は、現場のやや外からの人員である。だから闘争の主体は「沖縄」となる。その一方、江汀村の闘争の場合、闘争現場の村落そのものが闘争の主役となっている一方、済州島全体が闘っている、とは言えない状況である。基本的に闘争は江汀村だけに集約されているように見受けられた。

ただしだからと言って、江汀村が孤立しているわけではない。常に外からの支援も受け入れながら闘争が展開されているのは、平和センターとブックカフェに展示されている様々な資料からも類推できる。ただ先に述べたように、この闘争は「済州島」を主体とした闘争とはなってはおらず、少なくとも現時点で顕在的なものになっていない。現段階では、当然のこと四・三事件は島全体の名において記念化され、名誉回復される途中にある一方、江汀村の闘争はむしろ半島本土での反基地闘争、さらには沖縄など韓国の外側の反基地闘争と結びついてどう進展して行くのか、注目の最中にあると言える。

歴史の中の済州島

済州島の人々は、半島本土の人々のことを「陸地の人」と呼ぶのだそうである。済州島には、元々独自の王朝が存在しており、耽羅国と称されていた。その耽羅国が陸地の支配に組み込まれるのは一二世紀の初頭で、高麗の統一王朝によって派遣された官吏が行政を掌握、一三世紀の高宗の時代に島は「済州」と改められる。済州島が「陸地」に組み込まれた時、最も苦労したのが納税の問題であった。そもそも穀物が育ち難い済州島において、それは悩みの種となった。そこで済州島民は、海産物を加工したり、また後には馬の毛で編んだ帽子などを生産したりして「陸地」へ上納したという。私がもう一つ訪れた国立済州博物館には、馬の毛で帽子を編む円形の作業盤が展示されていた。そこで編まれた帽子は、韓国の時代劇でもよく見かける官僚用のもので、その生産地として済州島があったことなど初めて知った。

また済州島に来るとよく目につくのはモンゴル由来の石像で、観光地用も含めて多く散在している。元朝の支配を受けるまでのプロセスも複雑である。高麗は元朝との戦いにおいて、江華島に朝廷を移して抵抗を試みたが、元宗代の一四世紀後半に屈服を余儀なくされる。しかしこの時に最後まで戦ったのが高麗の三別抄という将軍で、珍島を経て済州島に陣地を構え最後まで抵抗した。元による支配は一世紀以上続いたが、この時期に多くのモンゴル人と文物が移動して来たため、この島に一大文化混交をもたらすことになった。また同時期、九州地域との交流も盛んとなり、いわゆる「倭寇」との間の繋がりにおいて、済州島民はその被害者でもあり、また人的な供給源とも目されることになった。しかしてさらに、元朝の末期に高麗軍が押し寄せる段になると、モンゴル人との混交が進んだ済州島民にとって、それは新たな「外勢」とも見做されたという。

このような事蹟が記録され、また伝説として残っていることからも理解できるのは、済州島は常に地政学的に陸地の動乱との直接的な関数関係におかれ、島こそが一つの抵抗体として生成変化しつつ、外勢に対して自分たちを団結させて来たこと、またその気質を伝承して来たということである。これを直接的に四・三事件にまで延長させるのは、学問としては乱暴な手続きとはなろうものの、やはり目に見えない気質の継承は否定できないのではないか。そこで言えるのは、陸地の変化のリズムと島の変化のリズムは、密接に連動しながらもズレていたということ。四・三事件以前の、統一した朝鮮における独立国家への気運が陸地においては次々と切り崩されていった段階で、島ではむしろそのエネルギーが保持されていたということである。陸地の半島では、北と南に分かれた「ナショナリズム」が半島を急速に分断／固定化したが、済州島においてそのようなイデオロギーが浸透するには、「自治」的なものが強すぎたということになろうか。

四・三事件は、名誉回復への衝動が湧き上がる九〇年代の市民運動の成果と、金大中政権、盧武鉉政権など民主化勢力の執政期の追い風もあって、先に述べたように島全体の名において記念化する一つの取り掛かり口を既に得ている。しかしもう一つの問題として、島自身が今、どのような社会経済状態にあるのかという問題がある。それは先に述べたところの、江汀村の闘争が今後どのような方向に発展して行けるのか、あるいは停滞を余儀なくされることになるのかとも関わって来るあり様である。

そこで戻って来ざるを得ないのは、この島が江汀村の問題が持ち上がるまでさしたる軍事化が為されていなかったとしても、約四〇～五〇年もの歳月をかけて大規模に観光地化されて来た現状にかかわる考察であろう。今回の旅で最も印象的であったのは、冒頭で述べたところの中国人観光客の増大であったが、島全体を観察する中で気づいたことは、リゾート開発の看板からも察知されるように、既に中国資本が入り込んでいる事実である。中央にそびえる漢拏山の中腹には、将来的に中国人の富裕層が移り住むだろう別荘風の家が何十戸と建設されていた。これは、陸地の韓国資本の建設会社と組んだ事業であり、中韓の間でのＦＴＡ（経済パートナーシップ協定）による資本提携の先駆けを象徴する。今回の旅の同行者である具氏に聞いてみたところ、しかしさしたる反対運動も、また中国人排斥の動きもないそうである。観光開発の論理に真っ向から反対する論は、少なくとも島においては大きなコンセンサスには至っていない。ただし、島の環境団体が提案していることとして、開発のスピードをもう少し緩めてほしいとの要望があり、これについては考慮するとの回答が行政側からなされているらしい。しかし開発の規模からしても「事業」を進めるモーターそのものは、既に島の段階を越えた上のところにあるように見受けられた。

ただここで最も驚いたのは、軍港が建設されている江汀村から自動車で十分ほどしか離れていないところに、中国資本の健康リゾート施設が建設されようとしていたことである。開発業者の看板には、漢字で堂々と「不老不死」とキャッチフレーズが誇示されていた。中国の清朝期、「不老不死」の原料を求めて、清朝の使いが済州島に上陸したとの記録が残されていたそうである。ここではたと気づいたことは、江汀村に建設されようとしている軍港は、その性格付けとして「中国の台頭」への警戒に基づいた「アジア回帰」に向けた軍事的判断によるもののはずである。その軍港の目と鼻の先に、多くの中国人が利用するのであろう健康施設がオープンするのである。この目もくらむような近接性は、果たしてどこで調整されていることなのか、あるいは調整過程が無視されているのか、あるいはそれが壊れた結果によるものなのか……。類推のための補助線として、陸地（半島本土）ではこのような目立った中国資本による開発はまだないらしい、ということである。つまり、済州島は、中韓のＦＴＡの特区としての性格を付与されたものと理解できる。中国人はこの島についてはノービザで入れるようになっているが、さらに個人として五万ドルの投資があれば、この島での永住許可証が発行されることになっているのだそうだ。さらに具氏から聞いたことで、もう一つの理解の補助線となるのが、江汀村の軍港とその周辺施設の建設に関しても、これで潤うのは韓国屈指の大企業サムソンだという事実である。行政側の説明原理としては、この港を「軍民複合型観光美港」だと称している。もちろんここには欺瞞が紛れ込んでいるはずだが、ここに大民間資本の入念な利害＝関心が入り込んでいること自体は間違いではないようだ。軍港建設も、また中国資本を介在させたリゾート地の建設にしても、資本の動向としては同じ軌道にあるということだ。そもそもは別カテゴリーであるはずの軍事的判断と資本的判断が微妙な形態を採っている、という予想が成り立つかもしれない。

記憶の分断体制

済州島には四・三平和記念館の他に、済州抗日記念館もある。周知の通り、韓国本土にも抗日記念館は多々存在するが、この抗日記念館では日本で労働運動を行っていた人物も抗日烈士の一人として顕揚するなど、韓国本土にはない要素も含まれており、個人的には非常に収穫があった。韓国本土においては、戦前日本の在日社会における労働運動への参与など、極めてマイナーな扱いとなるであろう。済州島においても、またむしろ済州島であるがゆえに、日本統治時代からの連続性の上での発想も必須である。島における解放後の抗争においても、やはり分断体制の構築過程において親日派の復活という現象が「鍵」となる出来事だった。朝鮮半島全体としても、また済州島にしても、日帝時代からの直接的間接的な影響の叙述が必要な所以である。

済州島の場合には、戦争の末期に、ここが日本の本土決戦構想と並んだところで、徹底抗戦するための最終ラインとされたことも重要なポイントであった。実に四個師団半（八万四千人）もの日本軍が駐留し、全島に点在する洞窟を改造し、多くの地下壕が掘られ、七百ヶ所もの大小の拠点が作られていた。もしも終戦が長引き、戦争のプロセスがもう一、二ヶ月延びていたら、米軍がここに上陸し、沖縄の地上戦と同じような様相を呈していたかもしれない。さらに四・三事件の武装隊は、日本軍が残した拠点を一部再活用していたのである。

私が今回訪ねた済州島の記念館は、四・三平和記念館、国立済州博物館、済州抗日記念館の以上の三つである。この三つは、扱う歴史の位相も、範囲も異なるものであるが、それぞれ潜在的な線分で結ばれているものともいえる。ただし島全体を覆う観光リゾート施設との落差に言及すれば、それは歴史の眩暈とでも言うべき記憶の分断に思い至るだろう。

韓国現代史の転換点に遡るなら、それは一九八七年の市民・学生によって担われた六月抗争であろう。翌年のソウル・オリンピックを控え、当局者側も妥協を迫られ、全斗煥大統領の辞任（後継として盧泰愚が指名された）が発表され、以後の大統領は選挙によって決することになった。この八七年の六月抗争の結果として出て来た政治体制は、民主化運動側にとっては一つの妥協の産物ではあっただろう。しかし韓国社会はこの時から空気が変化し、国家による無法行為がまかり通っていた八〇年代以前の戒厳政治が成立し難くなった。四・三事件に関わる名誉回復の気運と真相究明の運動の起点も、この六月抗争に求められると言える。一九八七年という年は、いわば世界的な冷戦構造の解体（一九八九〜九一年）の前夜に当たる時期であり、その前触れ的な現象であったと認識できる。韓国を代表する論者、白楽晴の主張する「分断体制論」における朝鮮半島の分断システムの重大な変化と動揺の始まりも、この八七年の六月抗争に起点が置かれている。

白の分断体制論は、従来の韓国の政治、経済、社会への分析に関して、「分断体制」というシステムの介在を強調すると同時に、朝鮮民主主義人民共和国を評価するにせよ批判するにせよ、それもまた「分断体制」＝システムの桎梏から見直されるべきで、単体の国民国家として分析するのでは問題の本質が見逃されるという主張である。そして韓国社会の今後の課題としては、この分断体制の桎梏を自然化し受け入れるのではなく、能動的にこれを克服して行く理路と実践が必要であるとの見解である。このような白の分断体制論の主たる狙いは、韓国の旧来の政府が表面的には「国家の統一」を主張している事実への対抗言説の構築である。つまり韓国国家は常に国家統一のイメージを「国土の統一」として抽象しているが、それに対して、実際には分断の維持を図るシステムが社会全体に入り込んでいるのであり、この「分断体制」＝システムを如何に克服するのかという観点を強調するものである。直観的に思うのは、四・三事件の名誉回復と真相究明に向かったエネルギーとは、まさにこの分断体制論に即応するものであったということである。

そこでも四・三事件の名誉回復に関して取り残された問題として、例えば、実際に朝鮮半島の北側の勢力と連絡を取っていた者は名誉回復の対象となるのかどうか、である（実際、名誉回復の対象とならなかった）。このような四・三事件にかかわる真相究明のアポリアの根深さは何処に繋がっているかというと、武装隊側の人間がほとんど亡くなっており、その証言が有効に取り出せないという現実がまずある。またそれとは対照的に、討伐隊側の人間が未だに生きているという現実がある。彼らは有形無形の力を行使して、自分たちの「利害」を護ろうと活動している。さらに最終的には、この四・三事件の歴史的定義として、それが韓国国家の正統性に亀裂を入れる性格を持っているということが決定的である。すなわち初発の単独選挙をボイコットした史実からすれば、済州島民は論理的に、韓国という国家の成立自体に根本的な異議を唱えていたことになる。その反映として、四・三事件の名誉回復は、「人権」という抽象化された妥協的ロジックを押し立てることにより、かろうじて進行されたということになる。

済州島においてかつて武装蜂起があった記憶の痕跡は、平和記念館及び幾つかの小規模の記念館以外には全くといってよいほど存在しない。ただし、済州島出身者と島外からの参加者をもって作られている民衆マダン劇の劇団「ノリペ・ハルラサン」の活動は四・三事件のテーマ化も含め、一つの大きな民衆的試みとして持続し発展している。今回の取材旅行に同行してくれた具聖牧氏もその一員である。マダン劇は、七〇年代の民主化運動から始まったところの、民衆の舞台形式を生かした歌や踊り、あるいは祈りを採り入れた演劇で、特に済州島の場合には独特のシャーマニズムの色彩が織り込まれている。

このマダン劇のシナリオを担当している具氏から聞いた武装隊側の記憶は、実に生々しいものでありながら、一方的に押し流される時間の推移の中で宙づりにされざるを得ない。例えば、山に逃げた武装隊側の民衆が如何にして討伐隊による攻撃から身を護るかに関して、山に繁茂する熊笹は全く役に立たないということがある。というのは、討伐隊は朝鮮戦争時において人間一人を殺すのに銃弾を一万発から二万発使ったロジックと同様にして、熊笹に向けて銃を乱射しながら進んで来るのである。熊笹の下に隠れようとする誘惑に如何に負けないかがキーポイントであったらしい。しかし、このような記憶は今どのように受け止められるのか、受け止められる必然性の欠如に苛まれざるを得ないだろう。このことと同様にして、気の遠くなるほどの記憶と記憶の存立基盤に関わる根本問題として、生存者の希少さだけでなく、生存者が生存者となり得た（その逆として生存することが全く不可能となった）島の構造が問題となる。

つまり、武装隊側の人間として生き残った者は、大きく二つに分けられるという。一つは島を脱出した人々、そしてもう一つは「実力者」の庇護に入ったものである。いずれも潜在的に死者への「裏切り」の文脈が生じてしまうだろう。後者はさておき、島を脱出し得た前者の人々は、大なり小なり島の生産や生活の活動から一定程度遊離していた人間であったはずだ。代表的なのはやはりインテリの活動分子である。生産／生活共同体としての村落に組み込まれた人々ほど、脱出は念頭に置かなかっただろうし、また不可能であった。ここまで問題の核心を絞り込んで来ると、やはり絶句するしかない。このアポリアは社会科学的な学知だけでは解決し得ないものであり、何らかの別の回路によって昇華する以外には手立てがないものかもしれない。しかしこれこそ、いわゆる分断体制を克服する限りなく狭い回路である。

まとめに代えて——周辺と起点

日本でも大きく報道され周知の事柄となった、二〇一四年の四月一六日に発生したセウォル号沈没事件は、済州島から遠くない珍島郡の観梅島の海上で発生した。この事件は間違いなく韓国社会に大きな衝撃を与えており、この衝撃のプロセスはいまだ進行中である。一般的な解釈では、事故の最大要因となったところの復元率を低下させた「改造」と積載量の問題は、多く李明博政権下の規制緩和政策に依っていることは間違いない。ただこの事故は、そのプロセスが情報化時代の趨勢にも合致して、あまりに絶大な感情的効果を生み出してしまったため、この衝撃の帰趨は一言では表現し難い。具氏によれば、従来の政治運動とは違う次元での何かが始まるかもしれない、とのことであった。利益効率追求の風潮により、社会的な倫理の核心部分での腐朽が極限にまで進行したことへの反省がどのような形をとってこの後に生じるのか、ということである。セウォル号事件のことも、半ば済州島人となった具聖牧氏との対話の中で、私にとって日本にいた頃の印象とは違うものとして見えて来た。敵との闘いの次元とは対照的な、自身との闘いとしての自省の次元である。日本ではセウォル号事件は専ら現在の朴槿恵政権の支持率や信任への揺らぎの問題にされ、さらには韓国社会そのものの「欠陥」を浮き立たせ、そこで「呆れてみせる」という態度が多い。そのこと自体が日本社会の潜在的な退廃を表示するのだが……。

振り返って、今回の済州島への旅が私に残したものは、いずれにせよ東アジアの分断体制の克服という課題であった。済州島に来て改めて、白楽晴の「分断体制論」が指し示そうとしたものが何であったのかがより納得させられた。つまり、済州島の内部に潜在する記憶の分断とは、実に東アジア全体の分断だということである。済州島の四・三事件は朝鮮戦争の勃発に先んじており、また四・三事件の名誉回復の運動の起点は、世界的な冷戦構造の崩壊に先立つ一九八七年の六月抗争に求められる。その意味で、韓国もまた済州島も、決して常識の地図の中での周辺部なのではない。むしろ周辺であることにおいて、それを包む全体の変化を引き起こす起点として作用して来たと言えるだろう。それはまた、済州島が朝鮮半島とは少しズレた位置にあり、また独自の生活の歴史の蓄積があったからに他ならない。

翻って、今の済州島も、現在の大陸中国からの影も含め、それとかかわる資本融合と軍事的判断の落差が曖昧に展開する場所として、東アジア全体の運命が動いていく先ぶれの場となっていると言えるかもしれない。同行してくれた具氏が私に向けて何度も繰り返したところの、済州島を思考する上でのキーワードは「自治」であった。最後にもう一つだけ、具さんと共に入った海女さんたちが経営する組合食堂――その台所に立つ海女さんたちの会話を紹介しておきたい。客に聞こえるかのようにして大声で議論していたのは、店の営業シフトの問題であった。サザエの漁獲が少ない時には売上を伸ばせないのだから店を閉めようと提案する海女さんに対し、もう一人はそれでも少しは収益もでるのだからやはり続けたい、子どもを学校に行かさなきゃならないのだから、と。海女さんたちの延々と続く議論を、またお客たちはニヤニヤしながら温かく聞いていたのであった。

はじめに済州空港に降り立った印象として、この地は最も「自治」と程遠い風景として見えた。しかし帰路に向け済州空港に到着した時、私の頭の中ではやはり「自治」という言葉が鳴り続けていた。九〇年代、四・三事件以降の済州島において初めて沸き立った社会運動は、実は海岸の埋め立てに反対した海女さんたちの運動からなのであった。これが、島の中での四・三事件の名誉回復、真相究明の運動に接続していったのだそうである。

「孤島苦」と「流動苦」

「琉球共和社会憲法私案」の根拠と可能性

はじめに

川満信一氏の「琉球共和社会憲法私案」（以下「私案」）を強く意識しはじめたのは、二〇〇七年九月のこと。仲里効氏、その他友人と中国社会科学院の孫歌氏を北京のご自宅に伺った時からである（この期間北京にてテント芝居の公演を行っていた桜井大造氏も同席していた）。ざっくばらんなお茶飲み話の中から、やや唐突に仲里氏が「私案」のことを話し始めた。「私案」が『新沖縄文学』に公表されたのが一九八一年のことであるから、既に二六年の月日が経っていた。そこでなぜ、仲里氏が「私案」を北京で持ち出したのか。私の推測で補うならば、それは二年前に遡る。大陸中国の北京と上海において、それぞれ一万人と二万人の反日デモが起きていた。当時の小泉首相による靖国神社参拝があり、また同時に日本の国連常任理事国への昇格の願望が打ち出され、それへの反発が中国大衆において巨大デモの形を伴って噴出した。いわば、今日の領土問題などを含む日中間の軋轢が、都市大衆行動の形を取って顕れた初期段階、と定位できるだろう。さらに付け加えると、その時の中国の大衆が掲げるバナーの幾つかに、中国語で「琉球を返せ」というスローガンの文字があった。もちろん、この要求は政府レベルのものではないだろう。だがこの表現は、（川満氏や仲里氏も含め）沖縄の人々にとって、幾ばくかの困惑を引き起こしたことは想像に難くない。いずれにせよ、今日問題になっている尖閣諸島（釣魚列島）問題も含め、また沖縄本島の米軍基地問題も含め、さらには石垣島など国境防衛の拠点化なども含めたところで、琉球弧の島々は東アジアの内部に穿たれた特異なトポスとして、否応なく浮き出て来てしまったのである。その扱われ方は、辺境、孤立、無援といった旧来のイメージから、一挙に係争、介入、援助にまで大きな揺れ幅を経験するに至っている。まさに琉球弧は、東アジアの準紛争地域と化しているようにも見える。

私が「私案」を意識し、そして何事かを論じる必然性を実感する「現在」を規定しているのは、以上の文脈である。ただ個人的な経緯を言えば、それはまさに仲里氏の熱意であり、そして孫歌氏の応答である。『沖縄タイムズ』の読者である方はご存知であろうが、この「私案」にも絡んで、ご両人の間での往復書簡が既に紙上にて発表されている（『沖縄タイムズ』二〇〇八年四月～五月）。仲里氏の熱意は、琉球弧から海を越え、大陸中国を一つの起点にして再提起されたことになる。翻って、私が感ずるところは、「私案」は単にヤマトVSウチナーの構図には収まらない新たな段階に対応し、もう一つの運命を生き始めた、ということである。行動提起的に申せば、「私案」は直ちに中国語や韓国語に翻訳されねばならないだろう。

「慈悲」の論理

後に仲里氏が市民運動主催の講演会で語ったところで、「私案」にかかわるキーワードとして、「非暴力」、「慈悲」、そして「民衆自治・自立」の三つが挙げられている。「私案」の持つ思想系譜にアクセスするのに最短距離の紹介であり、実に的を射ていると私は思う。「非暴力」や「民衆自治・自立」に関して言えば、ある意味日本の市民運動レベルでは接近しやすいタームである。まず「非暴力」――周知の通り、このタームには反植民地闘争をリードしたガンディーの思想が響いているだろう。またかつて、両属制を有効に機能させようとして来たため、琉球処分の際、さしたる武力装置も持っていなかった尚王朝の悲劇性を深いレベルで受け止めた態度なのではないか、などうっすらと想像される。つまり、琉球弧に強制されて来た数々の反復的暴力――それに耐えてきた主体性を表示しているのだろう。また「民衆自治・自立」であるが、これも七〇年代以降の「新しい社会運動」の流れを想起させるが、特に沖縄においては、戦前における強力な文化統制（同化）を経験して来たことへの反応、また強い武力を背景とした大国の論理への抵抗感が基礎となっており、先の「非暴力」とも強い親和性を持っている。そしてさらに、この二つのキーワードに絡み合うのが「慈悲」だが、この言葉は他の二つと違ったレベル、すなわち宗教的な位相を強く有している。そして、実に「慈悲」はこの「私案」の中で特権的な位置を占めているのだ。

「慈悲」は、「私案」の中で、宗教的なコロラリーとして「原理」や「戒律」といったタームと連結されるのみならず、また「海」や「内海」とも連結されているところに最大の特色を持つ。元々「慈悲」は仏教用語で、二つの梵語の組み合わせを漢語で表記したものである。つまり、「慈」は“maitrī”であり、「幸せを与えること」、「悲」は“karuṇā”であり、「苦しみを取り除くこと」とある。私が気になったのは、「私案」の作者が如何に仏教に影響されているかを指摘することではない。作者をしてこの「慈悲」を選ばせたなにがしかの必然性に注意が惹かれるのだ。というのは、庶民レベルのところに視点を据えるなら、琉球弧における仏教の影響自体はさほど大きくはないはずなのだ。尚泰久が即位し尚徳へと引き継がれていた時代、京都の五山僧が沖縄を訪れ、仏教が広められたとされている。が、その主たる狙いは、五山僧たちが持っていた貿易にかかわる交渉能力に尚王朝側が期待してのことであった。尚王朝の主たる繁栄は、まさに中継貿易によってもたらされたものである。この脈絡において、「慈（幸せを与えること）」のベクトルはこのような交易の歴史に適応するのだろう。だが類推するに、「私案」作者は、むしろ深く「悲（苦しみを取り除くこと）」の方に接近したのではないか。しかしてその接近の論理が重要となる。

「慈悲」が「海」とともに使われているのは、やはり地勢的な文脈で「島」の論理を語っているわけで、この「私案」の最大の特色を示している。そこで注目したいのが、「私案」の「前文」である。

「島」の論理

第一段落の冒頭――「浦添に驕るものたちは浦添によって滅び、首里に驕るものたちは首里によって滅んだ」と語られる文言は、そのまま「科学に驕るものたちは科学によって滅び」、「国家に驕るものたちは国家によって滅び」などと同様の反復を繰り返し、第二段落の最後においてやっと「われわれの足もとはいまも焦土のうえにある」で結ばれる。一九一九年三・一独立運動への弾圧に抗議した宮崎滔天の「力を頼むものは力に倒れ、剣を頼むものは剣に敗る」を彷彿とさせる。いずれにせよ、この文章形態が明らかにしているのは、歴史の反復である。単純に琉球弧が平和な島々であったところに暴力的な近代（日本）が侵入した、という構図を採っていない。先ほど述べた尚泰久が仏教を導入したもう一つの理由として、彼が王位を継ぐ直前、跡目争いから派生した戦乱のため首里城が焼かれた「戦後」の文脈が潜在する。歴史的に琉球弧の内部においては、宮古・八重山なども含んで、人類学史的にいうところの小戦争が多発していた。レベルは違うとはいえ、内部感覚として、この歴史の反復の延長線上に「焦土」の光景が据えられたことになる。そして「前文」の最後の文言は「もはやわれわれは人類廃滅への無理心中の道行をこれ以上共にはできない」となっている。

憲法とは明白に近代的なものの所産である。しかしこの文脈から分かるのは、「私案」は近代を超えた歴史の反復を射程に入れたところで「人類」を選んでおり、そこで「慈悲」という宗教的タームが引き寄せられた、という印象が生じる。

ここで思い出されるのは、ジュネーブ赴任の前の一九二一年、沖縄、宮古、八重山を訪れていた柳田国男の「島」の論理である。柳田の沖縄との関わりは、戦後に書かれた『海上の道』で有名だが、その時の沖縄の島々は日本から行くことが困難な時期であり、日本の起源として「南方」を強調していた。だが二〇年代の時期に柳田の念頭にあったのは、一つには日本における山人研究の延長線上にある問題意識であり、もう一つは、南太平洋の島々の国際管理にかかわる問題意識であった。『遊動論』の著者、柄谷行人による柳田読解の筋で言えば、大陸ならばすぐに横に移動すれば済む矛盾の蓄積を、「島」の人間はある程度我慢してしまうのであり、そこに島特有の内部力学として内紛が始まってしまう、ということになる。そして、そのような内紛を逃れた人々の日本列島での生存形態こそが「山人」だという。つまり柄谷によれば、柳田の「島」の論理は、「山人」という存在形態を琉球弧において別角度で考え直したものなのだ。そうして柳田によって名付けられたのが、「島」が地勢的に抱える「孤島苦」というコンセプトである。が、これは琉球弧に限らず、日本列島そのものが抱えた問題でもあることを柳田は指摘している。

これが一箇単独の歴史ではなくて、諸君のいわゆる人文地理の現象であったことは、南太平洋の多くの大島が、次第に近代化した路筋を比べてみればよく解かる。沃野千里という大陸であったならば、こんなに事情の切迫する前に、住民は必ずもっと分布したであろう。また国覓《もと》めの宗教が我々の祖先を興奮させていた時代ならば、人は小舟に乗って未知の海に飛び出したであろう。奈何《いかん》せん最初この島に入って来た時の悦ばしい安逸と幸福とが、個々の家には記憶となって伝わり、どうしてもわが島を愛せずにはいられなくなってしまったのである。従って人を押し除けなければ住まれぬ時世が来ると、従弟でも叔姪でもまたその末々でも、同じ血筋の間にも争いが起きるのである。

日本の歴史にもその証跡が少しはある。南北朝以降足利期を通じて、所領は一族繁栄とともに分割し得られるだけは分割したが、やはり本家には格式があって、それまで失えば本家ではなくなる。従ってどの家もどの家も必ず二組以上の中心ができて、骨肉が殺し合うまでに闘争したのである。応仁の大乱はその一つの行詰まりであったが、わずかな年代を過ぎると再び同じことが繰り返された。これを民族性などと名づけたら、それこそ大まちがいである。要するに島は隣が騒々しくなくて落ち付きやすい。従って繁栄する。人口増加の弾力性がある。外へ出て行くことはそう容易ではなく、鎖国政策は自然である。従って内紛が起りやすく、これを平和の裡に処理しようとすれば、陰謀ともなれば虚偽ともなるのである。そこへ外部の勢力が参加する段になると、そこにまた新種の痛苦が出現する結果を見るのである。（東京高等師範学校地理学講演会、一九二六年、『青年と学問』、一九二八年所収）

柳田に則して考えれば、琉球弧が負う「孤島苦」は確かに地勢的なものを含んでおり、抽象的な「民族性」といった概念に還元できないものである。この意味からも、「私案」の第十一条（共和社会人民の資格）に「人種、民族、性別、国籍のいかんをとわず」とあるのは、極めて情理に合ったものであり、「私案」の原理としての「慈悲」はまさにそこから派生したものと思える。そしてさらに、否応なく「島」は、柳田が述べるように、新たな段階として「外部の勢力」の到来により、「新種の苦痛」を重ねていくことになるのであろう。

先の柳田の問題意識——つまり琉球弧が抱える歴史的条件をむしろ日本列島の分析に結び付ける発想は、思想史的文脈においては竹内好が踏襲している。竹内によれば、沖縄は日本の縮図として見える、ということになる。竹内がそういう発想をもったのは、六〇年安保運動の前の時期であり、ここには当然、米軍基地の問題が絡んでいる。竹内はその時期に「沖縄は日本全体の明日の運命を示している」と述べていた（ただ、六〇年安保以降、本土の米軍基地は劇的に減らされ、米軍基地問題を起点にしたところでは、この論旨は妥当しなくなる）。ただし、この時点の竹内の考え方は、米軍基地問題から発想された一時の思い付きでもない。竹内がずっと考えていたのは、中国（大陸）と日本（島）との比較であったのだから。いずれにせよ、琉球弧を中国大陸との関わりで描写するならば、それが日本にとっての参照枠となることは必定である。何よりも琉球王朝は、中華との間で朝貢関係を結んでいた。そして、竹内がかつて述べていた日本に関わる「転向」文化の規定は、単に「脱亜入欧」を批判するだけのものではなかった。竹内が述べていた日本の真の独立とは、中国からの文化的独立も含むものであった。

周知の通り、日本の近代化の過程において、暴力装置を動員した「処分」によって琉球王朝は廃止された。さらに清朝との協議のプロセスの中で琉球弧全体の所属問題が話し合われながら、最終的には日清戦争の勝利によって琉球弧全体の実効支配が完成、琉球弧は日本の内部に組み入れられた。琉球弧の運命は、外部との関わりにおいて受動的に決定されてしまったのである。その意味において、先の竹内の言うところの「運命」は、日本の近代国家としての成立と成長を前提とするものであって、日本（ヤマト）からする琉球への一方的印象とも見做せよう。ただ、にもかかわらず、日本と琉球が同様の近代史の「運命」にあること――これもペリーの浦賀への来航の直前、その艦隊が沖縄に立ち寄っていた事蹟などからも、否定できない歴史の一部となっている。さらにまた第二次大戦末期、沖縄は日本が起こした戦争の唯一の地上戦の舞台となった。こういった歴史的な文脈が生じた限りにおいて、琉球弧にとって日本（ヤマト）はまた純粋な外部とは言い難いものとなっている。

日本国憲法との関係

ここから考えてみたいのは、「私案」が日本国に対して「好むところの道を行くがよい」と、お互いの離別の意向を仄めかしながら、ただやはり「私案」の中に響いている日本国憲法（戦後憲法）との参照関係である。

戦後憲法の最大のキーポイントは、第一条において「天皇」の地位を規定しなければならなかったことにある。戦後憲法は法理上、欽定憲法たる明治帝国憲法を修正したものとして成立しているからだ。その修正のポイントとしてあるのが、天皇を国民統合の「象徴」と定め、「主権」の所在を国民へと書き換えなければならなかった事態である。翻って、王朝が既に存在しなくなっていた琉球弧においてこの問題は生じえない。戦後の日本は、この「象徴」――何が何を象徴するのか、またそれは正当なことなのか――という問題をめぐって、幾ばくかは思想的な挑戦が為されて来た。ただこの広義の「象徴」の持つ強制性は、九〇年代に入ったところから、さらに現実のものとして惹起されるところとなった。それまで法的地位が曖昧であった「君が代」と「日の丸」は法的に位置づけ直され、それに忠誠の姿勢を見せない人々に対して「非国民」のレッテルを貼る状態へと日本社会は落ち込んだのである。

九〇年代、日本は湾岸戦争への参加を躊躇する態度を示したことに対して「旗を見せろ」と批判され、そのような米国の要請も含んだところで政府主導の「国際化」が叫ばれるようになっていた。君が代・日の丸の法制化は、そのような「国際化」の行き着いた結果である。このような日本社会の変化を鑑みたところで、「私案」における「象徴」の扱いはまた興味深く読める。第十二条（琉球共和社会象徴旗）に「琉球共和社会の象徴旗は、愚かしい戦争の犠牲となった『ひめゆり学徒』の歴史的教訓に学び、白一色に白ゆり一輪のデザインとする」とある。そしてさらに次の第十三章（不戦）において、この象徴旗を活用し、「侵略行為がなされた場合でも、武力をもって対抗し、解決をはかってはならない。象徴旗をかかげて、敵意のないことを誇示」とも記されている。

ここで彷彿とさせられるイメージがある。マスメディアでもよく引用されている、米軍によって撮影された沖縄戦の記録の中のシーンである。一つは、海に突き出た断崖で命を断つひめゆりの少女の絵、そしてもう一つは、白い布を掲げて投降して来た童女の絵である。いずれも、沖縄という「島」を襲った極限的な苦しみとして「孤島苦」の近代戦バージョンとなるものであり、まさに「私案」全体は、この沖縄戦の苦しみを「慈悲」というコンセプトの元に結晶化したものとも言えるだろう。

ではここからまた日本（ヤマト）の側の広義の「象徴」を考えてみよう。例えば、日の丸。それは日本人においてではなく、日本列島の外側においてどのような機能と歴史記憶を持ったのか。先に述べたところで、九〇年代からの「国際化」がなぜ東アジアにおいて失敗しているかはその証左となる。さらに比喩的に言えば、日の丸は末端の日本兵にとっても、たとえ投降を企図したとしても「赤い丸」に邪魔され、その用途を果たせないものであったろう。そしてまた昭和天皇の声。日本の降伏は、玉音放送「万世ノタメニ太平ヲ開ク」という宣言から始まったとされる。この著しく身体性を消した朱子学由来のコンセプトが意味するのは、島国へと借り受けられてきた中華王朝の欺瞞的代補である（竹内の言う中国からの文化的独立とは、ここに響いている）。先に紹介した仲里氏が「私案」に対して示したコンセプトの一つ、「非暴力」をここに置いてみよう。言うなれば、自らの暴力を隠蔽する王の欺瞞である。柳田がそう規定したところの、「孤島苦」の感覚を振り払う「虚偽」として「玉音放送」が聞こえて来るようだ。そしてまた戦後日本の秩序は、天皇側とGHQが合作の後に推し進めてきた「陰謀」の歴史として見えて来るではないか。

さてその他、日本国憲法との参照関係を思考するための材料は、「私案」の中に豊富に潜在している。特に気になる戦後憲法のコンセプトとの差異に関して、大きくまとめると二点あるように思われる。まず一点目、「私案」には私有財産と商取引の制限が書き込まれている。これを思想的にまとめるなら、資本主義の否定であろう。そしてもう一点、「私案」には納税の義務の廃止、そして司法機関を設置しないことが記されている。これをまた思想的にまとめるなら、近代国家の否定であろう。このような思想傾向を単純に表現すれば、おそらくアナーキズム、あるいは国家装置を媒介としない社会主義＝アソシエーショニズムということになるだろうか。これはまさに、日本の戦後憲法には存在していない成分である。ただここで持ち出したアナーキズムにしても、アソシエーショニズムにしても、言うなればヨーロッパ思想の分類から採られたカテゴリーである。むしろ仲里効氏が「私案」のコンセプトに関して示したところの「民衆自治・自立」、これがその思想内容を説明するのに最も適合的であろうと思われる。ただこの「私案」における「民衆自治・自立」なる発想にしても、ヤマトの市民運動の側が想定しているよりも色濃く、労働や食や居住、そして教育の問題が有機的に組み合わせられている。

ところで、この「私案」にかかわる「民衆自治・自立」の成分についてこれ以上の分析を加えることは、筆者の能力を超えている。ただし一点だけ申せば、先に述べたように、「私案」の作者には「民衆自治・自立」の原光景となる「島」の記憶――「慈（幸せを与えること）」――が潜在しているということ、さらにその記憶の中にある民衆の生活が根こぎにされ、破壊されたという「悲（苦しみを取り除くこと）」の感覚があるに違いない、ということだ。つまり、「私案」の作者が試みようとしているのは、この原光景を「憲法」というある意味では近代的な枠組みの中で止揚し、回復せんとする所作であるに違いないのだ。

東アジアの論理構造

二〇〇〇年代、沖縄と韓国との間で、米軍基地の再編をめぐる共通点から、太い交流が生み出されている。すなわち東アジアの中で、冷戦国家群体制の枠を超えた繋がりが模索されて来ている。特に韓国の場合には、済州島江汀《カンジョン》村に軍港が建設されようとし、それへの反対運動が起きていた。この動きは、世界的な冷戦構造の再編が起きた後の一九九三年からのことだが、二〇一〇年代に入った今日の、いわゆる米国による「アジア回帰」に伴い、俄かに圧倒的な力として浮上して来た。当然のこと、この軍港は、北の共和国への監視と、台頭する中国へのけん制の意味を強く持つ（米国艦隊の寄港が念頭におかれている）。その反証として、済州島における基地建設とそれへの反対運動の惹起について、日本のマスメディアはほとんど触れようとしない。

このような朝鮮半島の不安定状況と並んで、二〇一〇年代の大きな懸案となっているのが、日中の間で発生した尖閣諸島（釣魚列島）をめぐる領土問題である。この問題に関しても、やはり安全保障に携わる一握りの人間だけに任せておいてよいはずはない。その意味でも、ほぼ三十数年前に書かれたものではあれ、「私案」を読み直す作業は、実に今日的な東アジアの課題と鋭く交差するはずのものであり、またそうでなければならない。とはいえ、これが初めに書かれたのは一九八一年段階である。北の共和国は核開発にまだ踏み出していなかったし、大陸中国はソ連との激烈な敵対関係を抱えており、米国と日本との協調関係を優先し、日本社会もそれを受け入れていた。八〇年代における日本の世論調査における中国への好感度は、実に七〇％を超えていた。

いずれにせよ、「私案」は、現在の東アジアにおける危機に直面しつつ読み直さねばならない。そこで鍵となるのは、かつて柳田や竹内が採った、日本と琉球弧を「島」の論理で繋げていたことは別種の操作を発明することである。端的に言えば、「島」と「大陸（中国）」を如何に有効に対比し、そして繋げるかということである。これも、先に引用した柳田が先駆的に大陸の論理について、「沃野千里という大陸であったならば、こんなに事情の切迫する前に、住民は必ずもっと分布したであろう」と素描していた問題意識に繋がる。先にも述べたように、大陸においては、不都合な抑圧や蓄積は横への移動によって解消されてしまう傾向があるのだが、だからこそ大陸では過剰な流動性が常々生じる。かつての中国における革命や時に露わになる社会的混沌は、それに起因するものと見做せよう。柳田が「島」の論理として「孤島苦」を言い当てたとすれば、おそらく大陸に関しては「流動苦」といった概念があてがわれることになるかもしれない。そして、この「流動苦」を抑える装置として、党や国家（中央政府）の介在が民衆自身からも必要視されてしまう。その意味からも、先に紹介した仲里氏と孫歌氏との間で交わされた往復書簡は、貴重であった。孫歌氏はその中でこう述べている。

沖縄から、自由の代償がいかに重いか、ということを学びました。その目で、私は中国社会を見ています。今日世界的に「人権問題」と「言論自由」の枠を押しつけられた中国にも決して地勢学の問題がないわけではありません。しかしそれは、仲里さんの鋭く指摘した「国家を介在させない民衆における異集団との接触の思想の現像」を原点にしなければ、地勢学どころか、いわゆる「反体制」の地政学に止まるのみで、それ以上に原理的な精神を生み出すことはできないでしょう。……

膨大な人口を抱えている中国は、冷戦期に形成された国際的な不平等な環境において、グローバルな資本にけん制されながら、国内の格差と国際的格差という二重の意味で、限界状況に直面しています。しかし、宙づり状態になった「人権イデオロギー」によって抹殺された「民衆」の意志そのものは、かえって国家を介在させることによってしか表出できませんでした。もしも沖縄のつらい自由からアジア性が生まれてくるとすれば、中国大陸という混沌たる空間において、「内在化された近代」へのあらがいがあってはじめて、つらい自由を生み出し、アジアに向かって開くことになるでしょう。(http://www7b.biglobe.ne.jp/~whoyou/ofukushokan0805.htm)

より具体的に中国との対話というテーマを取り出したとして、大陸に住む一般庶民(老百姓)を直接的な対話対象として選ぶことは、まだ難しいと言わざるを得ない。彼らは生活するのに手いっぱいで、大陸の外の論理を想像する条件が十分に与えられているわけではないからだ。このような一般庶民(老百姓)との対位法として、特に中国においては知識人(広義の意味であり民間の活動家も含む)の存在がやはり、今更ながら外に開かれたアクターとして一定の機能を果たしている。この知識人たちと今後どのように有効な対話が為されるのか、これを過渡期の対話形態として、まずは追求すべきである。

それとともに、日本と東アジアの間に起きた近過去の出来事を振り返るなら、東アジア共同体という構想の頓挫のプロセスを省察してみるべきだろう。この構想は数年前、鳩山政権時代に大きく前進する可能性があった。この鳩山政権が潰れた主たる要因も、沖縄の米軍基地の移転問題に起因して生じたものである。私たちはこの教訓を忘れてはならない。そこで鍵となるのも、やはり大陸中国との関係性である（もちろん、台湾との関係も無視できないものであるが）。

繰り返すことになるが、大陸と「島」は類似という観点では全く繋がり様がないほど異なった社会である。類似しない者同士が繋がるとすれば、かつての朝貢を模した交流の記憶もさりながら、さらに必要なのは共通の理想を設定することであろう。しかしてその理想の中身が重要となる。その理想の中身が確認された地点から、お互いのお互いに対する認識の転換が生まれることとなるだろう。孫歌氏から出された理想への一つの筋道は、「内在化された近代」へのあらがい、というものであった。そしてそれは、実に「私案」の求めているものでもあった。

結びに代えて

冒頭で紹介したように、私が「私案」を意識し始めるようになったのは二〇〇七年からだが、四年後の二〇一一年、不思議なことに私は同じ北京にてご本人、川満信一氏と出会うことになった。魯迅生誕一三〇年を記念するため、北京の魯迅博物館にて、沖縄の佐喜眞美術館に所蔵されていたケーテ・コルヴィッツの多くの作品が展示され、またそこでシンポジウムが開催されていた。川満氏も発言者として参加されていたのである。周知の通り、コルヴィッツの版画作品は、一九三〇年代に魯迅とその弟子によって紹介され、反帝国主義抵抗運動の象徴となったが、実際のところ中国に保管されている実物は少なかった。そこで、むしろより多くの作品を所蔵する佐喜眞美術館が魯迅博物館に作品を貸与する形で、展覧会とシンポジウムが組織されたのである。私も当日、傍聴者の一人としてその場に居合わせたのだが、川満氏の発言に、深く心を揺さぶられることになった。

歴史を省みますと、民衆は性懲りもなく、自分で自分の墓穴を掘るという誤りをくりかえしています。民衆のそのような愚かさには辛い、悲しみの鞭を打たなければなりません。だけど一方、民衆は希望であり、思想の宝石です。田畑や、山林、川や海に糧を求める民衆は、人間が生存するという純粋の喜びを体現しています。しかしその純粋さは、悪知恵に感染されやすく、結果として自分の墓穴を掘る破目に落とされるのです。魯迅先生の民衆に対するこのような深い哀惜は、私の血となり、肉となって、私の思想や生き方を決定づける要素になっています。皆さんは『阿Q正伝』からどのようなことを学んでいますか。

……日本の思想が、アジア植民地侵略について、深く反省し、アジア共同体的発想で国際関係に向かわないかぎり、アジアの危機を回避するのは難しいと思います。沖縄は東アジアにおける戦争の火種になっていますから、国と国との関係という大きな問題についても関心を持ち、発言もしなければなりません。あの難しい時代に、ドイツからケーテ・コルヴィッツの作品を購入し、青年たちに生きる希望をもたらした魯迅先生の思想と勇気を、遅ればせながら、私たちもまた引き継がなければならないと思います。今回の魯迅生誕百三十年記念展を機会に、アジアの文化窓口を大きく開き、歴史に明るい展望を見出すことが出来れば、と期待してやみません。（シンポジウム当日に配布された資料より）

「皆さんは『阿Q正伝』からどのようなことを学んでいますか」という川満氏の問いかけにどのような応答があったか、私は残念ながら覚えていない。しかし確かに、このような問いが発せられたこと自体に東アジアの新しい時代の到来が感じ取れた。だが、まさにこのシンポジウムの翌年二〇一二年、領土問題が爆発した。ここで川満氏が述べたように、（いわゆる政治家が行うようなやり方ではないにしても）「国と国との関係という大きな問題」について回避できない時代となったのである。

私の「私案」に対する読み方は、まさにこの文脈に負っている。「国と国との関係という大きな問題」に対する一つの「島」からの応え方としても「私案」がある、と私は読む。いずれにせよ、川満氏のそのような応え方の中に魯迅の思想が潜在してあることは、（私のこの時の経験からも）紛れもないことであるようだ。すなわち、沖縄の抵抗思想と中国における抵抗思想には、共通の根があり、共通の理想があるということだ。私はそのように川満氏の「私案」を読んだ。

あとがき

二〇一五年の一月〜二月、この文章を書いている最中に起こったのは、安倍首相が中東地域を歴訪、「積極的平和主義」に基づき通称「イスラム国」と呼ばれているグループへの対策に関与する二億ドルの「人道援助」を申し出た――その直後から進展した人質事件も含む一連の「騒動」である。今私が書いているのは、東アジア地域に関わる一冊の本の「あとがき」であって、そこから離れた話題への言及は本書の腰の据わらなさを印象づけるかもしれない。しかし敢えてこの場を借りて記したいのは、今日世界で起きている出来事はすべからく、これまでにないスピードと拡がりをもってリンクするという「現実」である。現政権による「積極的平和主義」とは元より、領土問題を核とする東アジアの「緊張」に対応するコンセプトでもあったはずだ。本書の示しておきたかったことは、今日の東アジアの「緊張」とは実にどこに原因があり、どこから来たものであるのか、であった。

しかして、現日本政府の「積極的平和主義」によって引き起こされた今回の事件は、今後の日本の行方に関し、二つのどちらかの方向へと流れて行く起点となるように思う。すなわち、一つは（そう願いたいのだが）、この「積極的平和主義」の破綻と挫折である。そしてもう一つは、この「騒動」を奇貨として、むしろ日本政府が「反テロ」戦争の流れにさらに深くリンクし、従って「集団的自衛権」の実質的行使が目指され、合わせて戦後憲法の書き換えの流れが強まること。だが、現日本政府による「積極的平和主義」は、今回の「騒動」の顛末からしても、何ら本当の意味での平和に貢献しないものである――冷静に考えれば、このことは明らかであろう。

二〇世紀の東アジアは、いわば戦争の中心的震源であり続けた。そして二一世紀、巨視的に見れば、東アジアは過去との比較から言えば、実は比較的平和なのである。この平和状態が維持されているのは、第一に、中国が米国との間で国交を樹立したからであり、また台湾との間での武力衝突の危険が著しく低くなったことに起因する。また第二に、韓国が国際的な発言力を増し、中国との間で外交関係を結び、さらに朝鮮半島情勢についても、自主的な判断が可能になりつつあるからだ。このような平和状態をできる限り、より実のある方向へ導くには何が必要なのか――東アジアで起きた一九世紀後半からの戦争と植民地支配、そして冷戦がもたらした深い傷を注意深く見つめ直すこと、これが本書の主要コンセプトであった。それがうまく書けているかどうか、その判断は読者に委ねるしかない。

＊

今回、本書をまとめるに当たって尽力していただいたのは、せりか書房の武秀樹さんである。武さんとは一〇年ほど前から、『週刊読書人』時代からの付き合いである。私の意図を深く理解してくださる、その度量の広さには感謝の言葉もない。今後ともよろしくお願いします。

そしてもう一つ言及しておきたいのは、ここ十年ほどの私の発想法の元を辿るとそこに必ず現れる一人の人物のことである。それは、一橋大学の言語社会研究科でお世話になった松永正義先生である。私はアカデミーとの関係でいえば、かなりフラフラしていた人間で、その意味で自分はホンモノの研究者になれない、という自覚もある。そんな私にとって、松永先生は実に畏怖の対象である。私の書いたものが先生の目にかなうものであるかどうか、ずっと緊張している、また今後もずっと緊張するであろう。ただ私から見て、先生は単にアカデミーの人でもない。日ごろの先生の言動に接していて、常に日本近代が生み出した思想家の系譜というものを感じてきた。例えて言うと、かつての民権活動家やアジア主義者のような気風――戦後では竹内好、藤田省三などを彷彿とさせる。おそらく私が先生から学んだものは、そういった近代日本に潜在するある種の精神的傾向であった。またそんな松永先生が師事していたのは、台湾出身の戴国煇氏であり、またずっと愛読していたのは魯迅の作品なのだった。近年、私はどういうわけか、ますます魯迅の重要性に気づくことになった。ここに先生への感謝の意を記しておく。

最後に私の両親、丸川雄浄（父）と栄子（母）に感謝したい。この二人は、大阪大学在学中に六〇年新安保条約改定反対運動を通じて知り合ったのである。そしてその数年後、私が生まれることとなる。……いきなり時間は飛ぶが、中国との間で領土問題が激しく惹起された二〇一二年夏のころであったろうか、父がやや興奮気味に日本政府の対応についてどう思うか、電話で私に意見を聞いてきた。この時、私は昔から家の本棚にあったある一冊の写真集のことを思い出した。六〇年安保に関わる写真記録集――樺美智子氏の名などが散見される――が本棚に挟まれてあったのを思い出した。こうしたことが今日の私の思考の背景にある、家庭史でもあり、家庭史を越えたものでもある歴史の脈動である。

二〇一五年二月二日

丸川　哲史

初出一覧

●Ⅰ　戦争編

「東アジア共同体の原点を求めて――日清戦争、朝鮮戦争と「永遠平和」」（『神奈川大学評論』神奈川大学、第78号、二〇一四年七月）

「朝鮮戦争に帰れ！――第二次朝鮮戦争と「核」を回避する力」（『現代思想』青土社、vol.35-2、二〇〇七年二月）

「複数の戦争、複数の裁き――東アジア戦争認識の分有に向けたノート」（『現代思想』青土社、vol.35-10、二〇〇七年八月）

「「改造」と「認罪」――中国における「戦犯管理所」の起源と展開」（『世界』岩波書店、第768号、二〇〇七年八月）

「劉連仁・横井庄一・「中村輝夫」にとっての戦争――戦後六〇年からの内省」（『岩波講座アジア・太平洋戦争 4 帝国の戦争経験』岩波書店、二〇〇六年二月）

●Ⅱ　文化編

「李小龍（ブルース・リー）と中国」（『現代思想〈10月臨時増刊号〉』青土社、vol.41-13、二〇一三年九月）

「ドキュメンタリーフィルム作家・王兵の時空文体――現代中国史と『鉄西区』『和風鳴』」（『軍縮地球

市民』明治大学軍縮平和研究所、No.11、二〇〇八年一月）
「植民地の記憶／亡霊をめぐる闘い――台湾のポストコロニアル心理地図」（『インパクション』インパクト出版会、第120号、二〇〇〇年七月）
「戦後台湾における戦争文学の形成」（『社会文学』日本社会文学会、第33号、二〇一一年七月）
「「以前」の回帰／大島渚とアジア」（『ユリイカ』青土社、Vol.32-1、二〇〇一年一月）
「記録する眼――開高健にとっての中国／ベトナム体験」（『文藝別冊　開高健』河出書房新社、二〇一〇年一月）

●Ⅲ　政治編

「現代中国周辺問題の基本構造――チベットと台湾の間から」（『現代思想〈7月臨時増刊号〉』青土社、vol.36-9、二〇〇八年七月）
「日米安保体制と大陸中国／台湾」（『「日米安保」とは何か？』藤原書店、二〇一〇年八月）
「往還する「眼」、あるいは「冷戦」の旅――緑島から北京へ」（『現代思想』青土社、vol.34-10、二〇〇六年九月）
「第三世界／中華世界の知識人――戴国煇が闘って来たこと」（『戴国煇著作選Ⅰ　客家・華僑・台湾・中国』みやび出版、二〇一一年四月、「解説」）
「台湾「反サービス貿易協定」運動の可能性と限界――代表制の危機、あるいは阿Qの連帯」（『atプラス』太田出版、第20号、二〇一四年五月）

「台湾「反サービス貿易協定」運動の歴史的整理」（※原題：「「反サービス貿易協定」運動（＝ひまわり学生運動）に至る台湾内外の政治、経済、歴史の整理」を改題）（『社会運動』市民セクター政策機構発行／インスクリプト発売、第４１５号、二〇一四年一一月）

●Ⅳ　自治編

「方法としての香港」（羅永生著『誰も知らない香港現代思想史』「解説」、レプブリカ、二〇一五年四月）
「済州島への歴史の旅――東アジア冷戦／平和の起点」（『越境広場』越境広場刊行委員会、二〇一五年二月）
「「孤島苦」と「流動苦」――「琉球共和社会憲法私案」の根拠と可能性」（川満信一・仲里効編著『琉球共和社会憲法の潜勢力――群島・アジア・越境の思想』未來社、二〇一四年六月）

著者紹介

丸川哲史（まるかわ てつし）

一九六三年和歌山市生まれ。二〇〇二年一橋大学大学院言語社会研究科博士課程修了。二〇〇七年同研究科にて博士号（学術）取得。現在、明治大学政治経済学部／教養デザイン研究科教授。専攻は東アジアの思想・文化。

著書に、『台湾 ポストコロニアルの身体』（青土社、二〇〇〇年）、『リージョナリズム』（岩波書店、二〇〇三年）、『冷戦文化論』（双風舎、二〇〇五年）、『竹内好』（河出書房新社、二〇一〇年）、『台湾ナショナリズム』（講談社、二〇一〇年）、『魯迅と毛沢東』（以文社、二〇一〇年）、『思想課題としての現代中国』（平凡社、二〇一三年）、『魯迅出門』（インスクリプト、二〇一四年）など。

訳書に、『ジャ・ジャンクー「映画」「時代」「中国」を語る』（ジャ・ジャンクー著、佐藤賢との共訳、以文社、二〇〇九年）、『中国にとって農業・農村問題とは何か？』（温鉄軍著、作品社、二〇一〇年）、『脱帝国 方法としてのアジア』（陳光興著、以文社、二〇一一年）、『毛沢東と中国』（銭理群著、鈴木将久・羽根次郎・阿部幹雄との共訳、青土社、二〇一二年）など。

阿Qの連帯は可能か？——来たるべき東アジア共同体のために

2015年4月10日　第1刷発行

著　者　丸川哲史
発行者　船橋純一郎
発行所　株式会社　せりか書房
〒101-0064　東京都千代田区猿楽町 1-3-11　大津ビル 1F
電話 03-3291-4676　振替 00150-6-143601
http://www.serica.co.jp
印　刷　信毎書籍印刷株式会社
装　幀　木下弥

ISBN978-4-7967-0340-6